U0933062

教育部人文社会科学研究青年基金项目资助成果

Uncertain Quality Attributes Control and Diagnosis Based on Process Perspective

侯世旺 / 著

不确定质量特性控制与诊断

——基于过程视角

经济管理出版社
ECONOMY & MANAGEMENT PUBLISHING HOUSE

图书在版编目（CIP）数据

不确定质量特性控制与诊断：基于过程视角/侯世旺著. —北京：经济管理出版社，2016.12
ISBN 978-7-5096-4832-2

Ⅰ. ①不… Ⅱ. ①侯… Ⅲ. ①质量管理—研究 Ⅳ. ①F273.2

中国版本图书馆 CIP 数据核字（2016）第 311767 号

组稿编辑：申桂萍
责任编辑：高　娅
责任印制：黄章平
责任校对：王淑卿

出版发行：经济管理出版社
（北京市海淀区北蜂窝 8 号中雅大厦 A 座 11 层　100038）
网　　址：www. E-mp. com. cn
电　　话：(010) 51915602
印　　刷：北京九州迅驰传媒文化有限公司
经　　销：新华书店
开　　本：720mm × 1000mm/16
印　　张：16.5
字　　数：306 千字
版　　次：2016 年 12 月第 1 版　2016 年 12 月第 1 次印刷
书　　号：ISBN 978-7-5096-4832-2
定　　价：59.00 元

联系地址：北京阜外月坛北小街 2 号
电话：(010) 68022974　　邮编：100836

前　言

不确定性是指个体由于认知的有限而对复杂多变的客体难以准确预测。制造过程的相关参数、变量及约束等都有一定的模糊不确定性。尤其是质量特性值在测量、评价方面存在的模糊不确定性，使传统的质量控制图不再适用。基于过程视角，研究不确定质量特性控制图的构建及其异常识别与诊断，是一个既有理论价值又具有现实意义的研究课题，它可以为制造系统实施不确定质量特性监控提供理论指导，为制造系统不确定异常的诊断开辟新的实践途径。

第一，本书对统计过程控制（SPC）的基本理论以及常规控制图类型及其绘制进行了总结与回顾，为借鉴传统 SPC 基本原理，从过程视角，对不确定质量特性进行监控提供理论基础。

第二，借助模糊集合理论，阐述了不确定质量特性的模糊属性，给出了离散取值与连续取值不确定质量特性的表示方法，并介绍了模糊综合评判、模糊排序、模糊推理、模糊聚类等不确定质量管理中常用的模糊集合论方法。

第三，针对不确定质量特性控制图的构建，提出了基于贴近度与模糊数两种方案。前者利用样本模糊集与标准样品模糊集间的贴近度与给定阈值之间的关系，获得绘制计数型不确定特性控制图的数据，而利用区间数描述计量型质量特性，构建一种区间数的端点值的组合型控制图；后者利用评分统一处理两种不同类型的质量特性，并将评分转换为不同隶属函数类型的模糊数，以模糊数为样本数据绘制控制图。

第四，为了实现对不确定控制图模式的识别，提出了逐点识别方法、小波分解重构方法以及基于贝叶斯理论的方法。逐点识别方法逐点计算控制图触发各异常模式的模糊度，量化临界状态下异常模式发生的程度；小波分解重构方法用于处理控制图可能出现的不确定性异常的并发模式，通过控制图模式信号的小波分解重构，将并发异常模式分解为基本的异常模式；基于贝叶斯规则的模式识别方法，逐点计算各种模式参数的极大似然估计量，应用贝叶斯规则推算各模式出现的信度大小，并依据每个采样时点模式决策统计量的取值，对控制图模式做出判断。这些识别方法解决了模糊不确定条件下，由于缺乏大量确定性数据而难以应用基于统计的方法进行模式识别的难题，也避免了模式模糊性对传统模式识别方法应用精度的影响。

第五，提出了用于两种不同情况下的异常诊断方案。为了适应历史数据不全面或过程复杂度不太高的制造过程质量异常粗诊断的需要，建立了基于模糊推理的质量异常粗诊断系统。该系统通过逐点计算控制图异常模式特征数，按异常严重度分段设置隶属函数，将控制图异常模式特征数转换为隶属度，并根据由模糊异常—异因类之间的模糊关系转化规则进行模糊推理。系统还按照异常模式与异因的关系度，为每个异因类设计了聚合算子，聚合中间推理结果，实现模糊质量异常识别及粗诊断，将不同异因类对异常模型贡献程度做出量化判断，并对可能的异因类优先排序。

对于需要进行质量详细诊断的复杂制造过程，建立了基于模糊关系方程遗传算法（GA）求解的质量异常详细诊断系统。该系统以控制图数据为输入，计算监控窗口内异常模式发生隶属度。对于难以由控制图数据直接计算特征数的异常模式，利用小波分解重构及拟合方法，将控制图数据分解为基本模式信号的组合，选择其中不同部分重构模式信号，并用参数方程对重构信号的拟合度作为异常模式特征数，计算相应的隶属度。用模糊关系矩阵及异常模式隶属度构建模糊关系方程，将其转化为优化问题，构造了GA求解模型，实现对质量异常的详细诊断，并通过精密轴加工质量诊断实例，对上述方法进行了应用研究。

第六，为了动态展示不确定质量异常的发生与传播过程，建立了质量异常诊断的模糊推理Petri网（FRPNs）模型，根据模糊质量异常及其诊断特点，提出了FRPNs模型的模糊推理规则及运行规则，鉴于常规Petri网仿真方法在实际应用方面的困难，通过建立FRPNs模型与状态流（Stateflow）仿真工具基本元素之间的对应关系，设计了质量诊断FRPNs模型的Stateflow仿真方法，实现由控制图数据触发，实时分析控制图模糊异常模式发生程度，动态异常诊断及结果显示。

第七，借鉴传统过程能力及过程能力指数的相关概念，提出基于模糊统计的不确定质量特性过程能力指数的估算方法，根据不确定质量特性的主观评分数来估计相应评价模糊数统计特征值，并以该特征值估算过程的工序能力指数，实现利用不确定质量特性的模糊评价信息对过程能力的估计。

最后，以Matlab为开发平台，建立了不确定质量特性控制原型系统，设计了系统的结构功能，分析了各功能模块的处理流程、数据类型及交互界面等关键问题，并以应用实例验证了系统的运行效果。

本研究成果得到教育部人文社会科学研究青年基金项目（13YJC630049）的资助。

由于作者水平有限，错误与不当之处在所难免，诚望各位读者提出宝贵意见和建议！

侯世旺

2016 年 10 月

目 录

第一章
绪　论

第一节　研究背景及意义

控制图作为统计过程控制（Statistical Process Control，SPC）的主要工具之一，被广泛应用于过程稳定状态及过程能力的监控。它以制造过程的一个或几个质量相关特性的度量值为操作对象，通过控制界限及统计检验将正常波动与异常波动区分开来。控制图由不同采样时点的质量特性数据绘制而成，发生异常时，一般的过程信号通常由多种频率成分组成，体现为控制图的多种异常模式，每种异常模式都可反映丰富的相关过程异常因素，大都具有明显的物理意义。这些模式在具体的应用场合中常常映射出不同的过程失控原因。

生产过程处于受控状态的标准一般为：控制图上的点不超过控制界限且点的排列分布没有缺陷。所谓缺陷，即控制图异常模式主要有“链”、“偏离”、“倾向”、“周期”、“接近”、“分层”、“突变”与“混合分布”等多种情况，每一种模式都有各自的特征。最常用的方法是利用满足一定统计规律的判别条件来进行判断，如连续 7 点不断上升或下降时应判断为“倾向”异常模式，不同应用场合有不同的判别规则。在控制图模式识别的基础上，过程质量诊断的目标是建立异常状态与异常原因之间的映射关系，实现对异常的定位。将过程视为一个多因素作用的复杂质量系统，控制图模式代表对系统的实时采样检测，通过诊断将其转换为相应的物理信息。

对于复杂系统，由于其异常是多种多样的，而且其异常和征兆之间不存在一一对应的简单关系，其异常诊断往往是一种探索的过程。这一过程可用图 1-1 表示。

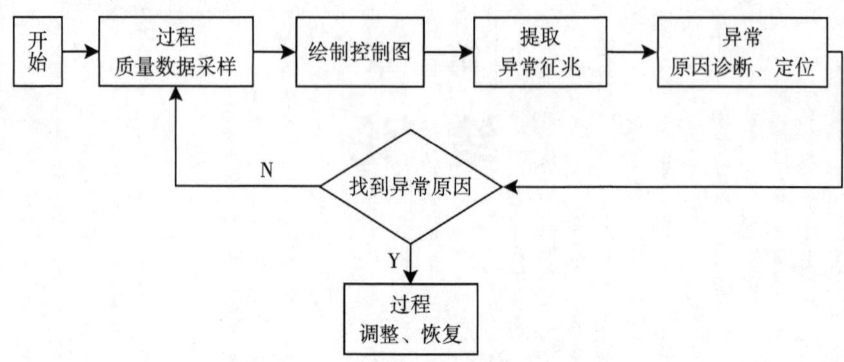

图 1-1　过程质量异常识别诊断流程

不确定性是指个体由于认知的有限而对复杂多变的客体难以准确预测。在全球化市场中，企业必须应对高度变化的经营环境，制造系统的相关参数、变量及约束等都有一定的模糊不确定性。质量特性值在测量、评价方面存在的模糊不确定性，使传统的质量控制图不再适用。研究不确定质量特性控制图的构建及其异常识别与诊断，是一个既有理论价值又具有现实意义的研究课题，它可以为制造系统实施不确定质量特性监控提供理论指导，为制造系统不确定异常的诊断开辟新的实践途径。

（1）拓展统计质量控制的理论研究，为不确定质量特性控制图构建提供理论指导。控制图作为统计质量控制的基本工具，可以有效实现过程异常的报警，减少过程的异常运行时间与不良品，但制造系统中存在大量模糊不确定质量特性，对于这类特性，大多是用专家评分、语言评价等处理手段，无法构建常规的计量控制图。本书为构建不确定质量特性的控制图提供一般理论与方法，从而将计量性控制图的适用范围拓展到全质量特性。

（2）有助于将不确定质量特性纳入质量监控体系，推进制造系统实施精细化质量控制。由于制造系统与产品本身的复杂性及检测控制技术等各方面因素的制约，不可能将影响制造质量的全部质量特性，尤其是不确定质量特性，纳入控制体系。由于部分或全部不确定质量特性的监控缺失，对复杂制造过程而言，即使采用先进的设备、工艺、管理方法，也会出现难以预料的质量缺陷。通过构建不确定质量特性控制图，为不确定质量特性的测量、评价提供工具与手段，可以对不确定质量特性从非此即彼的二分评价，转变为对其变化全过程的评价，如图 1-2 所示，从而将不确定质量特性纳入质量监控体系，对于实现过程质量的精细化控制具有重要意义。

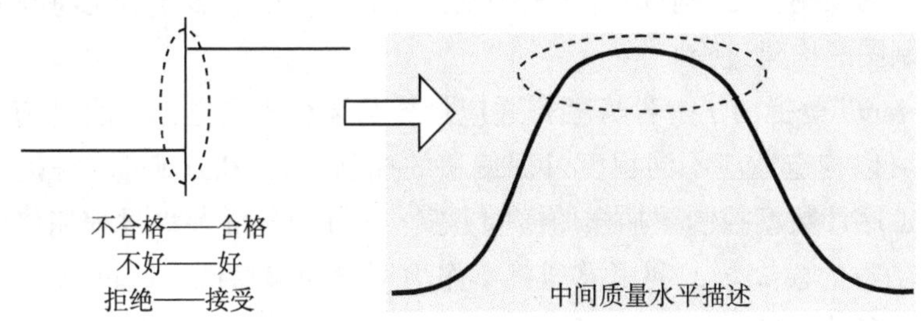

图 1-2 不确定质量特性的描述方法

（3）有助于实施不确定条件下的质量异常诊断，全面提升制造系统的质量控制水平。制造过程中影响质量的人、机、料、法、环、测六大因素构成一个复杂系统，其异常产生和传播是典型的动态行为过程。一个异常状态的出现可能导致一系列后续状态的发生，表现为异常的并发性；一个异常也可能由多个原因造成，多个不同的原发性异常沿各自不同的传播途径可引发同一系统级异常，因此，在应用控制图进行过程异常模式识别诊断过程中存在诸多模糊不确定性问题：点子处于控制线上或边界时，过程状态的确定；异常点数非常接近异常规则规定的点数时，过程状态的确定；控制图上的某一点同时触发两种或两种以上异常模式时，异常原因的诊断；多种质量异常混合且并发情况下，异常模式的分类识别及异因定位等。研究不确定质量特性控制图异常模式的识别与诊断，可以及早发现潜在异常，并对实施预防提供决策支持，全面提升制造系统的质量控制水平。

第二节 不确定质量特性控制的研究现状

一、不确定质量特性控制图的构建

一般计数型质量控制图中所处理的数据都是布尔型的数据，如可用或不可用、合格或不合格。自从 L. A. Zadeh 在 1965 年提出模糊集合论后，模糊数学的发展十分迅速。应用模糊的观念来处理一些模糊资料，用隶属度替代传统的布尔逻辑，可以解决模糊重叠、划分不清的原始资料的量化处理问题，比如对水泥抗压强度的预测，对统计数据的分析及置信区间的估计，对变压器的故障检测，对人力资源效率的预测，对企业销售决策的支持等，国内外许多学者也将模糊技术引入质量控制图的构建过程。

Fazel Zarandi 等提出了一种模糊自适应抽样与运行规则方案，通过调整隶属函数的参数可以构造适应不同程度过程偏移的控制图。Orhan Engin 等提出了一种适用于多工序计数型控制图抽样的模糊方案。Y. K. Chen 等将过程偏移视作服从已知隶属函数的模糊数，利用模糊截集作为可能的偏移量，通过 Min-Max 原则优化控制图参数。Murat Gülbay 和 Cengiz Kahraman 提出了一种直接模糊方案，对于样本质量评价的一系列语言变量以及控制限始终用模糊集合表示，不用解模糊化为特征值，而根据各样本模糊结合与控制限模糊集合的—截集的重合度来决定受控状态，并由 α 决定检验的宽严程度。H. Taleb 与 M. Limam 以及天津大学的张剑、李从东等提出应用模糊集合表示产品的语言型数据，采用加权平均法来解模糊化将语言型数据的模糊集合转变为真实值来建立控制图。蔡正英、程谷辉通过预先建立质量标准的模糊语言变量集合以及相应的模糊集，给定质量标准的三角隶属函数，将控制图分为不同质量层次。徐斌通过模糊分类器与神经网络的结合，解决了小批量生产环境难以满足构造 SQC 控制图的大样本要求的问题。Zarandi 等提出了以模糊隶属函数为参数的模糊多目标模型，实现 XBar 控制图的优化设计。S. M. El-Shal 等通过应用模糊规则对 SQC 规则进行改进，致力于减少控制图误发警报，改善检测速度。P. Grzegorzewski 等提出了一种基于必要性系数的模糊控制图。K.L. Hsieh 等给出了应用模糊理论构造 IC 制造过程晶体片缺陷检测的 c 图。J.D.T. Tannock 提出了构造单值模糊控制图的方法。H. Rowlands 等通过将模糊逻辑与控制图集成，提出了模糊 SPC（Statistical Process Control）方法。

二、不确定质量特性控制图异常模式识别与诊断

近年来，国内外学者对控制图的异常模式识别与诊断技术展开了积极的研究，采用的方法大致可分为基于统计的方法、模式识别法、基于神经网络的方法和模糊诊断法。

（一）基于统计的方法

许多工业生产过程产生了大量的过程数据，通过对过程数据的统计分析可以监测系统的运行状况，评估控制性能的优劣以及对出现的故障情况进行判断。这

种基于数据驱动的统计监控及故障诊断方法得到了广泛的应用。

统计过程监控根据正常工况的历史数据，使用数理统计理论建立统计监控模型，用于在线的生产过程监控。统计模型降低了过程变量中数据的维数，消除了变量之间的相关关系，能够提取出正常工况数据的重要信息。

目前广泛使用的统计方法主要有主元分析（PCA）、Fisher 判别分析（FDA）、规范变量分析（CVA）、独立主元分析（ICA）和偏最小二乘（PLS）等方法。然而这些方法都是基于线性变换的统计方法，即假定过程变量之间满足线性相关关系。为了处理非线性系统，许多学者提出了基于核函数的方法，如 KFDA、KPCA。

（二）模式识别方法

在得不到准确的系统数学模型时，进行故障检测和诊断的一个有效途径是采用模式识别方法。其前提条件是必须收集并保存好正常操作以及故障状态下的历史数据，然后将这些历史数据作为训练样本进行处理，提取出关键信息。这一过程称为特征提取，其目标是提取出那些可以明确地识别出的、某一类型区别与其他类型的特征，然后设计出一个决策算法，基于提取出的特征集合，最优地对采集到的样本进行分类。当新的样本出现时，首先提取出该样本中的特征信息，然后便可以基于上述决策算法，判定是哪一种故障最有可能产生了这一样本。

模式识别的特点是不需要系统的数学模型，而使用测量数据来分类，对于控制图的分析和判断通常是基于由判别函数体现的特定的判别规则，在过程诊断中应用十分广泛，在各类机械故障诊断、工程结构诊断及通信系统故障诊断等方面都获得了成功的应用。

赵文仓等通过对柴油机的几种常见油管压力故障信号的分析，提出了一种提取模板向量和信息向量的方法，并且建立了五种模板库，采用欧式距离作为信息向量和模板向量的相似性测度，设计了一种基于最近邻准则的试探聚类算法来进行故障诊断。欧阳晓黎等对故障诊断问题进行了数学描述，分析了模式识别和故障诊断之间的联系，研究了基于模式识别的故障诊断过程及一般自适应诊断系统的设计理论，并重点讨论和分析了数据参数化、模式类构成、特征选取和分类器设计的具体实现过程。张成宝等以 AR 模型参数和残差方差为模式向量，采用三种统计模式识别方法对变速箱的齿轮状态进行了识别，说明模式识别技术在故障诊断中有重要的作用。白雷石等提出一种基于模式识别的故障诊断方法，利用传感器检测柴油机燃油压力波形，对波形进行数学建模和特征提取，并选用 Euclidean 距离最小判别法，将其应用到柴油机燃油压力波形的故障诊断中，得到相当理想的诊断结果。F. Akbaryan 等提出了模式识别方法在多元过程故障诊断中的应用。

（三）基于神经网络的方法

大型复杂过程的不确定性使得其建模困难，对它的了解程度直接影响诊断规则的准确性。近年来，神经网络由于其自适应性、高容错性和很强的自学习能力而被应用于故障诊断中，它通过训练使网络中的权值变化，最后达到某一稳定状态，相当于用具体的示例来达到一般化，类似于人的形象思维。Guh 用 BP 神经网络对控制图中的异常模式进行识别；Chiu 等提出了用 BP 神经网络识别不同自相关系数下，时间序列 AR（1）模型的不同参数偏移，可以很好地识别 1~3σ 偏移数据；乐清洪提出一种利用局部有监督特征映射（Regional Supervised Feature Mapping，RSFM）网络进行识别的方法，在一定程度上有效提高了对控制图异常识别的准确性；D.T. Pham 等提出了激励神经网络（Spiking Neural Networks，SNNs）在控制图模式识别方面的应用；郑唯唯等利用 Elman 型反馈神经网络对过程质量进行预测和诊断；Jamal Arkat 等利用神经网络对一阶自回归残差累积和控制图异常进行检测；S. T. A. Niaki 等提出应用 ANN 对多元控制图异常时的异常变量进行识别诊断；昝涛等采用自适应修改学习率 BP 网络和概率神经网络对控制图异常进行识别；Jianbo Yu 等提出一种基于知识库的 ANN，用于在线监控整个制造过程并对不同质量等级的产品进行分类；Samanta 等阐述了 ANN 诊断方案在滚动轴承故障诊断中的实际应用；陈平等提出了改进的 BP 算法用于控制图模式识别，以改善训练速度及识别准确率指标；吴少雄针对控制图的特殊模式和混合模式，提出了将输入数据经小波分解后的近似系数与各层细节系数的能量成分组成的特征向量作为概率神经网络的输入进行控制图模式识别的方法。研究表明，采用神经网络的方法比传统的统计判别方法具有更好的性能。

（四）模糊诊断方法

对于具有模糊特性的质量异常识别诊断问题，许多学者尝试使用模糊方法来处理，即利用质量异常的模糊征兆进行状态识别，推理并做出决策，最终推断出产生故障的原因。其基本思路就是根据实际问题进行特征提取或特征变换（将原来普通意义上的特征值变为模糊特征），建立模糊集的隶属函数，或建立元素之间的模糊相似关系，并确定这个关系的隶属函数（相关程度），然后运用有关模糊数学的原理方法进行分类识别诊断。

刘伯鸿等通过模糊数学模型描述检测参数结果和故障原因之间的关系，用模糊关系矩阵来反映相应的故障机理。龚雯提出了在机械加工误差源诊断领域利用模糊理论对模糊信息、模糊知识进行数字化表达的方法，通过建立诊断知识与加工误差源之间的模糊关系，运用模糊推理及模糊模式识别，诊断主要加工误差源。李春泉等提出将实际质量特性与合理质量特性对应比较，作为模糊输入向量，以故障缺陷发生可能度作为模糊输出向量，通过模糊规则与正反向模糊推理，推理合成后得到产品质量模糊故障诊断。郑再象等将生产线所加工的产品质量数据所生成的控制图的各种异常形态进行归类，建立相应的数学模型和异常模式集，同时也对变速器生产线上的常见故障进行归类并建立相应的故障集，并在异常模式集与故障集之间建立模糊关系模型，依靠计算机进行自动识别，完成生产线常见故障的快速诊断。巩敦卫等考虑模糊特征分量对识别模糊特征的重要程度，给出了一种新的模糊模式识别方法，能够由工序失控原因特征向量给出工序失控原因。高峻等对输入的异常现象进行模糊分析，推断导致异常的根源，并给出排除异常原因的方案。H. M. Hsu 等提出一种应用模糊推理机制诊断 XBar 控制图异常的方法。J. D. T. Tannock 等给出了基于模糊逻辑的单值控制图的三种典型异常模式（偏移、趋势及周期或循环）的识别诊断方法。N. Saravanan 等提出一种基于振动信号的模糊分类器，用于齿轮变速箱的故障诊断。Alexander P. 提出应用模糊关系进行异常的因果分析，通过对模糊关系方程的求解实现异常原因的定位。Sourabh Dash 等提出一种用于识别趋势异常模式的模糊推理方案，根据相似性测度判别故障模式类型。张晓丹等将模糊理论和专家系统相结合来处理故障诊断问题，专家系统的输入部分做相应的模糊处理，在推理过程中采用模糊推理机制，再对输出进行解模糊，最终得出推理结果。

综上所述，已有文献关于模糊控制图构建方面的共同特点在于预先给定模糊集合的隶属函数，然后在此基础上通过模糊运算及解模糊化方法构建模糊控制图，不足之处在于当先验信息出现偏差时，无法对应用过程做出调整，从而可能引发结果的失真。基于统计的诊断方法常用于多元过程质量监控与诊断，需要大量的过程测量数据，对于质量指标难以清晰度量或无法用数值表示的场合显然难以适用。模式识别诊断法对具有良好类间分离特性的不同异常模式分类比较有效，但是质量控制图有多种模式，又包含许多关于生产过程的信息，这些规则并不能完全详尽地描述某一过程的特定模式，同时控制图中常常夹杂着大量的干扰信号，造成模式间的差异比较模糊，影响基于规则的识别系统的判别精度。神经网络诊断法的不足在于它的知识分布于系统内部，没有明确的物理意义；不能清楚地解释推理过程，也不能直接利用规则；由于求解是以示例为基础的相似近似解，求解不可能完全正确；由于过程的复杂性，训练样本数据集难以完全覆盖过程异常—异因集合，对于未加学习的异常模式，它无法识别诊断。已有文献有关模糊诊断方法，对于异常模式本身的模糊不确定性研究，即对于异常模式的定义模糊性、不同异常模式发生与否的模糊性以及不同异因对异常的贡献程度的不确定性研究较少。

三、基于不确定质量特性指标的过程能力评价

过程能力分析技术是在综合考虑质量标准与质量指标实际值之间关系的基础上，对过程实际状态达到质量标准的程度作出评判。该技术可以发现生产过程存在的问题，并根据变量之间的相互关系来进行过程能力的分析、诊断与改进。摩托罗拉、施乐以及得州仪器（Texas Instruments，TI）等公司，采用过程能力分析技术成功实施了企业质量管理水平的提升与改善，并实现了六西格玛质量水平（即 3.4 ppm）。

工序能力指数（Process Capability Indexs，PCIs）定义为产品规格限与工序固有波动特性的比值，是评价制造过程能力性能的一个重要指标，可为同类型制造企业间评比及企业内部质量改善与提升提供依据。费根鲍姆、朱兰首次提出用 6σ 衡量工序的固有能力，工序能力指数则把工序固有能力与产品的公差范围联系起来，强调工序本身对客户要求的满足。第一代工序能力指数 C_p 为：

$$C_p = \frac{USL - LSL}{6\sigma} \tag{1-1}$$

没有考虑过程均值与目标值之间的偏差，从而可能会出现均值不同的过程得出相同的 C_p（见图 1-3），对过程做出错误的评价决策；为了避免上述缺陷，提出了基于合格品率的第二代工序能力指数 C_{pk}：

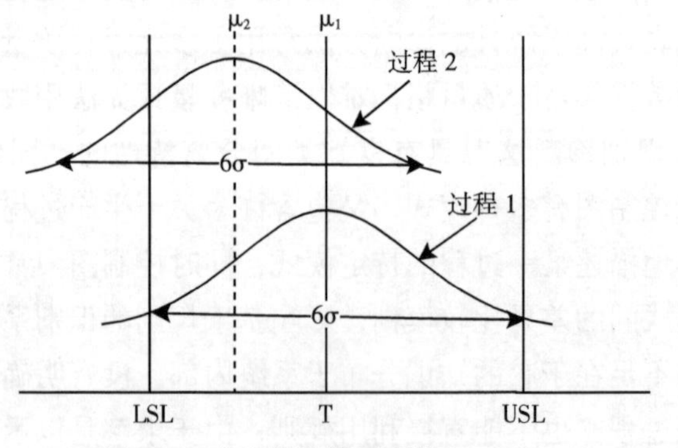

图 1-3 中心偏移情况下的 C_p

$$C_{pk}=\min\left\{\frac{USL-\mu}{3\sigma},\ \frac{\mu-LSL}{3\sigma}\right\} \tag{1-2}$$

与 C_p 相比，过程均值偏离目标值越多，过程能力指数越低，但该指数本身无法显著区别当前过程均值是否偏离目标值，如图 1-4 所示的两种过程具有相同的 C_{pk}，但过程 2 比过程 1 的波动小，系统精度及制造维护成本要高。

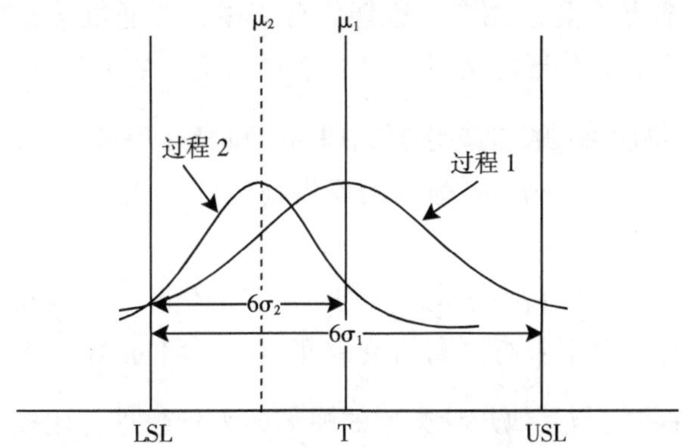

图 1-4 具有相同的 C_{pk} 的两种过程

为了有效克服 C_{pk} 的上述缺陷，提出了基于田口损失函数的第二代能力指数 C_{pm}：

$$C_{pm}=\min\left\{\frac{USL-T}{3\sqrt{\sigma^2+(\mu-T)^2}},\ \frac{T-LSL}{3\sqrt{\sigma^2+(\mu-T)^2}}\right\} \tag{1-3}$$

第三代工序能力指数 C_{pmk} 综合了 C_{pk}、C_{pm} 对 C_p 的改进，即同时考虑过程均值与目标值的偏差以及过程的离散程度：

$$C_{pmk}=\min\left\{\frac{USL-\mu}{3\sqrt{\sigma^2+(\mu-T)^2}},\ \frac{\mu-LSL}{3\sqrt{\sigma^2+(\mu-T)^2}}\right\} \tag{1-4}$$

从三者的关系上看，$C_{pmk}\leqslant C_{pm}$（或 C_{pk}）$\leqslant C_p$，即 C_{pmk} 灵敏度最高。

但传统的过程能力分析主要基于确定性质量指标，对于不确定质量特性的测量及评价过程，尤其对于计数型质量特性的连续评价，不可避免会出现一些无法或不便精确量化的不确定、模糊信息，例如，用语言变量或模糊数描述的规格限，测量数据本身的模糊描述等，利用不确定信息对过程能力进行评估十分必要。许多学者尝试使用模糊集合与模糊逻辑相关理论对常规的 PCIs 进行扩展，以建立适应不确定质量特性环境下的过程能力评价。

Chen Yongting 首先阐述了质量的模糊性以及模糊过程能力指数，并给出了模糊过程能力指数 $\tilde{C}_p$ 的计算方法；Tsai 提出了利用模糊数计算模糊指数 $\tilde{C}_{pk}$ 的方法，并利用该指数对过程能力进行了评价；针对$\tilde{C}_{pm}$对应的确切隶属函数的复杂性，Chen 和 Nien（2008）提出采用模糊样本 α-cut 的近似隶属函数来简化$\tilde{C}_{pm}$的计算。

基于模糊能力指数的过程能力分析已经有了工程应用实例，Kaya 和 Cengiz Kahraman 等将模糊集理论应用在过程能力分析中，并通过结合模糊参数变量为制造业生产的过程能力分析提供了更多的信息和更多的灵活性；Hsu 等（2006）应用$\tilde{C}_{pm}$实现了对供应商的测试与选择；Cheng 和 Hsu 等利用$\tilde{C}_{pm}$对过程性能进行测试与择优；Kaya 和 Kahraman 等应用模糊稳健能力指数进行大气污染的风险评价。

鉴于过程能力指数 C_{pmk} 可揭示过程均值更多的信息，并且相比于其他过程能力指数对与均值的相对偏差有更高的灵敏度，Abdolshah M.提出了利用模糊数求取$\tilde{C}_{pmk}$的方法，并将它与其他几种类型的模糊能力指数进行比较，得到了与确定性能力指数一致的结论：模糊能力指数$\tilde{C}_{pmk}$较$\tilde{C}_{p}$、$\tilde{C}_{pk}$及$\tilde{C}_{pm}$对偏差具有更高的灵敏度。

第三节　主要内容

针对不确定质量特性控制中存在的问题，本书的主要内容及章节安排如下：

第一章：绪论。

介绍本书的选题背景及意义，在此基础上，从模糊理论在不确定质量特性控制图构建方面的应用、控制图不确定异常识别诊断以及基于不确定质量特性指标的过程能力评价三个方面，对国内外有关不确定质量特性控制与诊断的研究现状进行总结分析，并给出全书的研究内容和结构安排。

第二章：统计过程控制的基本理论。

阐述控制图的工作原理、判异准则以及计量型与计数型两类控制图的绘制等，并分析了传统休哈特控制图的局限性，结合本书涉及的研究内容，对质量控制过程及异常相关的概念作了阐述，为从过程视角研究不确定质量特性的控制奠定了基础。

第三章：模糊质量管理。

借助模糊集合理论，阐述了不确定质量特性的模糊属性，给出了离散取值与连续取值不确定质量特性的表示方法，并介绍了模糊综合评判、模糊排序、模糊推理、模糊聚类等不确定质量管理中常用的模糊集合论方法。

第四章：不确定质量特性控制图。

休哈特控制图对于具有不确定质量特性的质量控制场合难以正常发挥作用，鉴于常规控制图在统计质量控制中的良好效果，对于产品质量中间水平的模糊表示以及相应控制图的构造有明显的应用价值。提出构建不确定质量特性控制图的两种方案：基于贴近度的模糊控制图构建方案，利用样本模糊集与标准样品模糊集间的贴近度与给定阈值之间的关系，获取绘制计数型不确定特性控制图的数据，而利用区间数描述计量型质量特性，构建一种区间数的端点值的组合型控制图；基于模糊评分的控制图构建方案，根据不确定质量特性指标的专家评分数据，应用相应算法构造不同隶属函数类型的模糊数，以模糊数的截集作为模糊控制图的打点数据，并应用模糊数均值的模糊测度作为判异准则，可以有效避免预先给定隶属函数的先验失真对控制图的影响。借助不确定质量特性控制图，可以方便实现由质量评分数据构建控制图并对其受控状态做出判断，实现利用控制图对不确定质量特性指标的控制，从而有效解决常规计数型控制图非此即彼的二分质量控制。

第五章：不确定质量异常模式识别。

实际发生的质量异常与质量控制图上的打点呈现的模式之间存在着对应关系，这在常规控制图中已经得到证实，对于模糊质量异常模式的识别直接决定着异常诊断结果的正确与否。针对不同情况提出三种异常模式识别的方法。逐点识别方法通过逐点计算控制图触发各异常模式的模糊度，可以实现临界状态下异常模式发生程度的量化判别，为质量异常的预防提供可靠信息；小波分解重构方法用于处理控制图可能出现的不确定性异常的并发模式，通过控制图模式信号的小波分解重构，实现并发模式的分解，将其转换为基本异常模式的组合；基于贝叶斯规则的模式识别方法，逐点计算各种模式参数的极大似然估计量，应用贝叶斯规则推算各模式出现的信度大小，并依据每个采样时点模式决策统计量的取值，实现控制图每一次采样打点时，利用贝叶斯先验知识不断更新对控制图普通模式决策的信度，利用模式决策变量的样本值对控制图模式做出判断。这些识别方法解决了模糊不确定条件下，由于缺乏大量确定性数据而难以应用基于统计的方法进行模式识别的难题，也避免了模式模糊性对于传统模式识别方法应用精度的影响。

第六章：不确定质量异常诊断。

利用异常模式与引发异常的原因之间的对应关系进行异常诊断是传统质量诊断中的主要原理，利用模糊异常模式隶属度及模糊异常与异因之间的模糊关系进行诊断对于模糊质量异常诊断至关重要。根据制造过程质量控制图，判断相关异常模式的发生程度，利用模糊推理规则、模糊关系方程实现对控制图异常的模糊诊断，实现适应不同应用条件的质量异常大类异因粗诊断及具体异因细诊断，即对发生何种异常以及不同异常因素对其贡献程度做出量化判断，并对可能的异常因素做出优先排序，这对于模糊质量异常的诱发原因的定位及异常排除具有重要指导作用。同时有效解决了基于神经网络的诊断方法对于学习样本的强依赖性。

第七章：基于模糊 Petri 网的不确定质量异常诊断建模与仿真。

对于不确定异常诊断过程及结果的动态显示，可以实时观察诊断过程的运行流程，及时发现诊断执行过程中的错误及遗漏，从而为修正与完善模糊诊断规则与模型提供帮助。基于模糊推理规则库，构建模糊推理 Petri 网质量异常诊断模型，应用 Stateflow 建立模型的仿真方案，实现模糊诊断的动态仿真，解决其他方法诊断过程无法解释或诊断过程难以动态展示的问题。

第八章：基于不确定质量特性的过程能力评价。

利用模糊集合以及模糊逻辑理论，将常规的过程能力分析评价技术扩展应用到不确定质量特性控制过程，建立相应模糊过程能力指数的计算方法，建立模糊过程能力指数与过程能力的对应关系。

第九章：不确定质量控制原型系统。

利用 Matlab 语言，开发包括不确定质量特性控制图绘制及不确定质量异常模式识别与诊断两大功能的不确定质量特性控制原型系统，并实例验证系统运行效果。

第四节　本章小结

本章介绍了选题背景及意义，对模糊理论在不确定质量特性控制图构建方面的应用、控制图不确定异常识别诊断以及基于不确定质量特性指标的过程能力评价三个方面的国内外研究现状进行了总结分析，并对全书的研究内容和结构做了安排。

第二章
统计过程控制的基本理论

统计过程控制（Statistical Process Control，SPC）是一种借助数理统计方法的过程控制工具。它对生产过程进行分析评价，根据反馈信息及时发现系统性因素出现的征兆，并采取措施消除其影响，使过程维持在仅受随机性因素影响的受控状态，以达到控制质量的目的。当过程仅受随机因素影响时，过程处于统计控制状态（简称受控状态）；当过程中存在系统因素的影响时，过程处于统计失控状态（简称失控状态）。由于过程波动具有统计规律性，当过程受控时，过程特性一般服从稳定的随机分布；当失控时，过程分布将发生改变。SPC 正是利用过程波动的统计规律性对过程进行分析控制的。因而，它强调过程在受控和有能力的状态下运行，从而使产品和服务稳定地满足顾客的要求。

第一节　SPC 概述

一、SPC 的起源、发展

SPC 的基本原理和方法是 20 世纪 30 年代由 Shewhart 博士为了有效地对生产过程中的产品质量进行监测控制而提出的，至今已有 70 多年的历史。自创立以来，它就在工业和服务等行业得到了推广和使用。“二战”时期美国将其制定为战时质量管理标准，为保证军工产品的质量和及时交付起到了重要作用。1950~1980 年战后的日本在工业界广泛推广和应用 SPC，使日本跃居世界产品质量和生产率的领先地位，以至于美国著名的质量管理专家 Berger 教授也曾说：日本成功的基石之一就是 SPC。从 20 世纪 80 年代起，SPC 在许多工业发达国家复兴，世界很多大公司也纷纷在内部积极推广和应用 SPC。虽然，SPC 是从产品的质量监控开始的，但经过 70 多年的实践和发展，尤其是与计算机技术的紧密结合，其原理和方法现已广泛应用于设计、销售、服务、管理等过程。

要精确地获得总体的具体数值，需要收集总体的每一个样品的数值。这对于一个无限总体或一个数量很大的有限总体来说往往是不可能的，或者是不必要的。在实际工作中，一般是从总体中随机地抽取样本，对总体参数进行统计推断。样本中含有总体的各种信息，因此样本是很宝贵的。但是如果不对样本进一步提炼、加工、整理，则总体的各种信息仍分散在样本的每个样品中。为了充分利用样本所含的各种信息，常常把样本加工成它的函数，一般将这个（或若干个）不含未知参数的样本函数称为统计量。

过程控制的实质，就是这样一个统计推断过程，所依据的统计量的形式应根据统计推断的目的和应用条件的不同而有所不同。从实用和简化计算的角度来看，往往是利用样本的平均值$\overline{X}$和极差 R 来进行。

值得注意的是，利用样本的平均值$\overline{X}$及极差 R 推断总体的 μ 和 σ 时，由于总体构成的不均匀性以及抽样误差的存在，$\overline{X}$及 R 的变化同 μ 及 σ 的变化并不完全一样，即使在工序处于稳定的状态下，μ 及 σ 本身并无异常变化，但从工序中抽取样本的$\overline{X}$及 R 也是有所变化的，也就是说，$\overline{X}$及 R 都是随机变量，都有其特定的概率分布。它们各自的概率分布与总体分布既有一定的内在联系，又与总体分布不完全相同。在过程控制中，虽然通常依据一次抽样的结果进行一次统计推断，但由此所得出的结论却是建立在大量观测结果所遵循的统计规律的基础上的，是依样本统计量的概率分布来描述总体概率分布过程的。

二、过程质量影响因素

过程或工序，是指一个（或一组）工人在一个工作场地上（如一台机床或一个装配工位等）对一个（或若干个）工作对象连续完成的各项生产活动的总和，是产品在制造过程中质量特性发生变化的加工单位。

过程质量即工序质量因行业而异。一般来说，对产品可分割的工序，工序质量即为产品质量特性，如尺寸、精度、纯度、强度、额定电流、电压等。对产品不可分割或最终才能形成的，则通常指工艺质量特性。如化工产品，其工序质量通常指生产装置的温度、压力、浓度和反应时间等。有时工序质量也可表现为物耗和效率。工序质量属于制造质量的范畴。质量有时主要表现为产品或工艺质量特性符合设计规范、工艺标准的程度，即符合性质量。

过程质量一般是由操作者、机器设备、材料、方法、测量、环境六大因素（5M1E）决定。如果这六大因素配合适当则能保证产品质量的稳定，反之则出现不合格产品。

操作者（Man）：操作者的文化程度、技术水平、劳动态度、质量意识和身体状况等。

机器设备（Machine）：设备及工艺装备的技术性能、工作精度、使用效率和维修状况等。

材料（Material）：原材料及辅助材料的性能、规格、成分和形状等。

方法（Method）：工艺规程、操作规程和工作方法等。

测量（Measurement）：测量器具和测量方法等。

环境（Environment）：工作地的温度、湿度、照明、噪声和清洁卫生等。

围绕 5M1E，企业形成了多项管理职能。如关于“人”的管理或工作，构成包括招聘、培训、激励等在内的人力资源管理；“料”的管理或工作，构成包括采购、仓储、检验等在内的多项职能，如图 2-1 所示。这些职能工作的质量状况，都将通过 5M1E 传递表现为工序质量的状况。

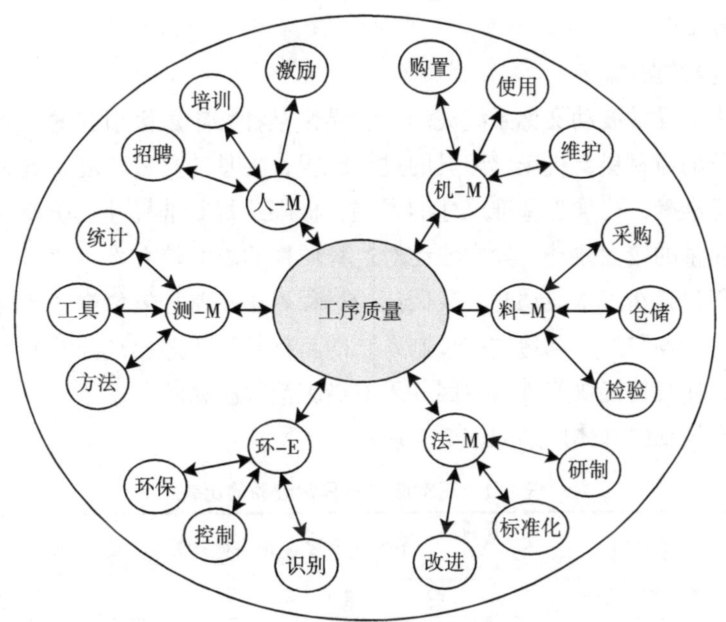

图 2-1　过程质量影响因素模型

过程质量是影响产品质量的重要因素，因此在产品生产中必须要对过程质量进行严格的控制。过程质量控制的重要方法是通过控制 5M1E 来控制过程质量。反推过来，通过对过程质量的评价，就可揭示 5M1E 的管理状况，进而促进相关职能工作的改善。过程质量是检验企业质量管理是否具备真功夫的试金石，抓住过程质量能切实带动其他诸多职能工作的改进。

三、过程质量的波动

过程质量在各种影响因素的制约下，呈现波动性。过程质量波动包括产品之间的波动、单个产品与目标值之间的波动。由于设计已经确定了产品质量水平，所以考核过程质量的好坏，主要看波动性大小。波动小，过程质量稳定；波动大，过程质量就不稳定。如果进一步分析，过程质量波动可分为正常波动和异常波动两类。

（一）正常波动

过程中的正常波动又称随机波动。应当指出，即使是在符合规定的工艺条件下生产，仍会存在原材料性质上的微小差异，机床的轻微振动，刀具的正常磨损，夹具的微小松动，工人操作上的轻微变化，车间温度、适度等条件的微小差异等，它们都会使过程质量产生波动。但是它们什么时候发生，具有一定的随机性（偶然性），因此也称为随机波动。正常波动对过程质量影响较小，在技术上难以测量和消除。

（二）异常波动

过程中的异常波动又称系统波动。它是由某种特定原因引起的，如混入了不同规格成分的原材料，机床、刀具的过度磨损，夹具的严重松动，机床或刀具安装和调整不准确，孔加工基准尺寸的误差，极限量规基准尺寸的误差等，它们引起了过程质量的较大波动。异常波动对过程质量的影响较大。

当过程只存在正常波动时，我们认为过程处于正常控制之中，此时的过程生产性能是可以预测的。制造过程控制系统的目标是当工序出现异常波动时，迅速发出信号，使我们能快速查明原因并采取措施消除波动源。

这两类波动的具体区别如表 2-1 所示。

表 2-1　正常波动与异常波动的比较

类型	发生原因	对过程质量影响程度	是否可避免	消除难易度	消除费用	处理
正常波动	复杂、难以定位	小	不可避免	难	高	保持
异常波动	单一	大	可避免	易	低	消除

随着科技发展以及人们认识水平的提高，正常波动可以转化为异常波动。因此，仍需密切注意和控制正常波动，使其保持在一个适度水平。否则，任其发展、不加控制，机床的轻微振动也有可能转化为严重振动，刀具的正常磨损也有可能转化为过度磨损。这时正常波动就可能转化为异常波动。概括地说，工序质量控制的任务就是保持正常波动，消除异常波动。

四、过程质量波动的统计特征

产品质量虽然是波动的，但正常波动是有一定规律的，即存在一种分布趋势，形成一个分布带，这个分布带的范围反映了产品的制造精度。由概率论的中心极限定律可知，n 个相互独立，具有相同分布的随机变量之和的分布渐近于正态分布。对于制造工序而言，众多彼此相互独立的随机因素共同对工序质量产生影响，最终使工序质量特性的波动服从正态分布。

（一）正态分布曲线

统计证明，在正常波动下，大量制造过程中，产品质量特性波动的趋势大都服从正态分布。因此，正态分布是制造过程中一个最普遍、最基本的分布规律。正态分布是一条中间高、两边低的“钟形”曲线，它具有集中性、对称性等特点，如图 2–2 所示。

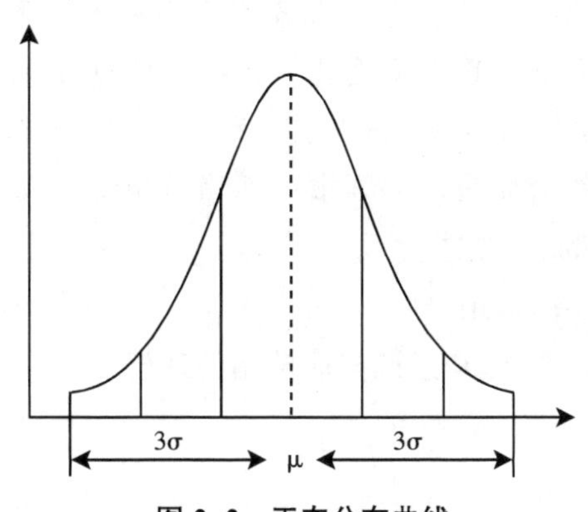

图 2–2 正态分布曲线

（二）正态分布的特点

正态分布曲线的形状由两个参数决定：均值 μ 和标准偏差 σ。μ 是曲线的位置参数，σ 是衡量数据分布离散程度的参数。当 σ 相同时，曲线形状相同，只是曲线中心的位置不同；当 μ 相同时，曲线中心的位置相同，而曲线形状不同。随着 σ 的增大，曲线变得越来越“矮”、越来越“胖”。正态分布曲线与 x 轴所围成的面积等于 1。通过计算，在 μ±σ 范围内的面积为 68.26%，在 μ±2σ 范围内的面积为 95.45%，在 μ±3σ 范围内的面积为 99.73%。

影响制造工序质量的六大因素（5M1E）造成工序质量特征 μ 或 σ 的差异。制造过程中，当某个因素的作用变大，则工序质量特性分布就会发生变化，偏离正常分布，这个显著变化就是前面所说的系统波动，相应的因素就是系统性因素。这样能通过监控工序质量特性所遵循的分布规律是否发生变化，对工序的状态做出判断并采取相应措施使工序保持随机波动状态。

五、过程质量状态

以预防为主是一种主动的质量管理方式，制造工序质量控制的主要目的是保证工序能始终处于受控状态，稳定持续地输出合格产品。为此，必须及时了解制造工序的质量状态，判断其受控与否。如前面工序质量波动特性及其分布所述，这一目的是通过了解和控制 μ 和 σ 两个参数来实现的。通常，在实际中对制造工序（动态总体）进行随机抽样，通过对收集到的数据的统计计算得到样本统计量，即样本的平均值 $\bar{x}$ 和样本标准差 s，用 $\bar{x}$ 和 s 估计 μ 和 σ，通过 μ 和 σ 的变化情况与质量标准规格的比较，做出对制造工序状态的判断，其依据就是数理统计学的统计推理原理。

从 μ 和 σ 的情况出发，制造过程状态有以下两种表现形式：一是受控状态（或稳定状态）。指 μ 和 σ 不随时间变化，且在质量规格范围内。二是失控状态。包括稳定状态和不稳定状态两种形式。其中稳定状态（或假稳定状态）指 μ 和 σ 不随时间变化，但不符合质量规格要求；不稳定状态指 μ 和 σ 或其中之一随时间变化，且不符合质量规格要求。

（一）受控状态（In Control）

如图 2-3 所示，μ_0 和 σ_0 是经调整后控制的理想状态，即符合质量标准要求。

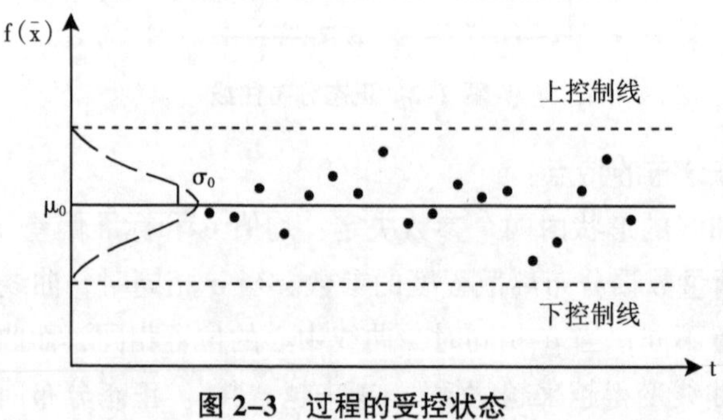

图 2-3 过程的受控状态

可以看出，随着时间的推移，制造过程的质量特性值或其统计量均在控制界限内，且分布均匀，这就是所谓的受控状态，也是制造过程质量控制的目标。

（二）失控状态（Out of Control）

1. 稳定状态（假稳定状态）

如图 2–4 所示，μ 和 σ 不随时间变化，但质量特性值统计量的分布超出了控制界限，图中为超出控制上限的情况，这时制造工序处于失控状态，需要采取措施，调整 μ_1 恢复到 μ_0 的位置。这种情况，通常是由于制造工序发生系统性波动所引起的。

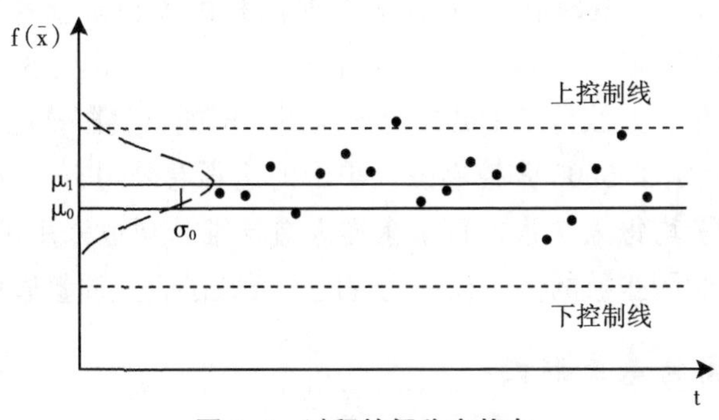

图 2–4 过程的假稳定状态

2. 不稳定状态

如图 2–5 所示，μ 随时间推移发生变化，图中所示为 μ 逐渐变大的情况。例如，在实际加工过程中，由于刀具的不正常磨损使所加工零件的外径尺寸变得越来越大。这种情况说明制造工序发生了异常波动，应该查明原因及时消除影响。

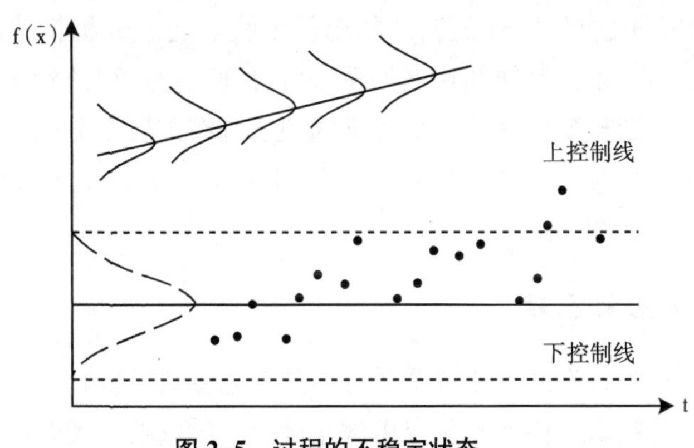

图 2–5 过程的不稳定状态

第二节 控制图原理

控制图是指用于分析和判断工序是否处于稳定状态所使用的带有控制界限的图，它是判断和预报生产过程中质量状况是否发生异常波动的一种有效方法。它通过监视生产过程的质量波动情况，判断并发现工艺过程中的异常因素，具有稳定生产、保证质量、积极预防的作用。控制图是由美国质量管理专家休哈特在1924年首先提出的，经过多年的不断发展和完善，控制图方法已经成为工序质量控制的主要方法，并获得了十分广泛的应用。例如，美国某电气公司的一个工厂有3000人，制定了5000张控制图；美国柯达彩卷公司有5000人，制定控制图有3.5万张，平均每人7张；日本东洋人造纤维公司也采用了几千张控制图。可以说，应用控制图张数的多少在一定程度上反映了企业质量管理水平的高低。

一、控制图的基本形式

控制图是在平面直角坐标系中，作出三条平行于横轴的线段而形成的。其中，纵坐标表示需要控制的质量特性；横坐标表示按系统取样方式得到的编号。在三条横线中，中间一条实线段称为中线，记为CL（Central Line）；上面一条虚线称为上控制界限，记为UCL（Upper Control Line）；下面一条虚线称为下控制界限，记为LCL（Lower Control Line）。在控制时，通过抽样检验，测量质量特性数据，用点描在图中相应的位置，便得到了一系列坐标点，将这些点连起来，就得到一条能够反映质量特性值波动状况的折线。通过分析折线的形状和变化趋势，以及折线与三条控制线的相互关系，可得到工业过程的状况。事实上，控制图是由正态分布图转变而来的，将通常的正态分布图转个方向，使自变量增加的方向垂直向上，将μ、$\mu+3\sigma$和$\mu-3\sigma$分别标为CL、UCL和LCL，这样就得到了一张控制图，如图2-6所示。

二、控制图的原理

在生产过程中，有两点非常重要：一是工艺参数的优化；二是保持生产过程处于较为稳定的状态。前者需要应用试验设计、质量功能展开等方法，而后者主要通过控制图将生产过程保持在统计控制状态。

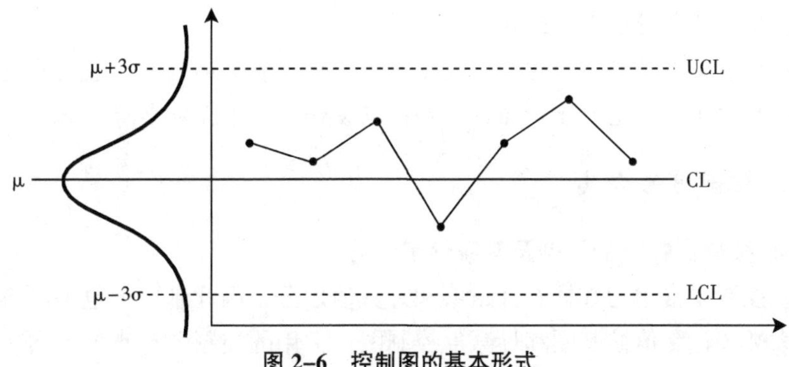

图 2-6　控制图的基本形式

控制图在本质上就是假设检验的图形表示。当控制图的上下控制线确定后，就建立了一个假设检验的接受域。在控制图上每描一个点，就是进行了一次假设检验，原假设为过程处于稳定状态。当点落于上下控制线之间时，处于接受域内，表明原假设可以接受。当点落在上下控制线之外，即落于拒绝域，表明原假设不成立，应给予拒绝。造成点落于控制线之外的原因可能有两种：一是过程正常，点落于控制线外纯属偶然原因；二是过程受到异常因素的干扰。前者发生的概率很小，而后者发生的概率则要大得多，有可能大几十倍乃至几百倍。因此，当点落于控制线外时，宁可认为后者情况发生。这就是假设检验的小概率事件原理：小概率事件一般视为不可能发生。

采用控制图进行监控，当控制图显示异常时，就去找出异常因素并采取措施予以消除，这样，过程中的异常因素就少了一个。由于异常因素只有有限个，因此经过上述有限个步骤后，就可使过程处于统计控制状态。

三、控制图的作用

控制图的基本功能是用样本数据推断生产过程的状态，预防过程失控和生产不合格的产品，控制图的主要作用有：

- 贯彻预防为主的原则。应用控制图有助于保持过程处于控制状态，从而起到保证质量，防患于未然的作用。
- 提高生产率。应用控制图可以减少废品和返工，从而提高生产率、降低成本和增加生产能力。
- 减少不必要的过程调整。控制图可用以区分质量的偶然波动与异常波动，从而使操作者减少不必要的过程调整，避免引起过程性能的劣化。
- 过程诊断。通过控制图可以分清上下工序的质量责任，抓住提高质量的关键工序，从而使质量问题得到及时解决。

• 提供有关工序能力的信息。控制图可以提供重要的过程参数的数据以及它们的时间稳定性，这些对于产品设计和过程设计都是十分重要的。

四、控制图的分类

（一）按质量数据的类型及其统计量划分

质量控制中常用的数据有计量值和计数值之分，因此基本上也可以将控制图分为两大类：计量值控制图和计数值控制图。常用的控制图有八种，如表 2-2 所示。需要注意的是，控制图的种类虽然不同，但它们的基本原理却是相同的。

表 2-2 控制图的类型

数据		分布	控制图符号	控制图类型
计量值		正态分布	$\bar{X}-R$	均值—极差控制图
			$\bar{X}-S$	均值—标准差控制图
			$\tilde{X}-R$	中位数—极差控制图
			$X-R_S$	单值—移动极差控制图
计数值	计件值	二项分布	p	不合格品率控制图
			np	不合格品数控制图
	计点值	泊松分布	u	缺陷数控制图
			c	单位缺陷数控制图

控制图的类型不同，它所适用的场合也有所差异，下面简单说明各类控制图的特点和用途：

1. 均值—极差控制图（$\bar{X}$–R 图）

均值—极差（$\bar{X}$–R）控制图是计量值控制图中最常用的一种，它是由均值控制图和极差控制图联合应用的一种控制工具。均值（$\bar{X}$）控制图用于观察正态分布均值的变化；极差（R）控制图用于观察正态分布分散程度的变化。它的控制对象主要是长度、重量、强度等计量值。适用于产品批量较大，长期稳定生产的场合。

2. 均值—标准差控制图（$\bar{X}$–S 图）

均值—标准差（$\bar{X}$–S）控制图与$\bar{X}$–R 控制图相似，只是用标准差（S）图代替极差图。由于极差计算简便，因此这种控制图得到了广泛的应用，但当样本容量 n>10 时，应用极差估计总体标准差的效率降低，这时就需要用 S 图代替 R 图。S 图的计算相对复杂，但由于计算机技术的推广，计算量大的问题已经可以解决，$\bar{X}$-S 图的应用范围也越来越广。

3. 中位数—极差控制图（$\tilde{X}$-R 图）

由于中位数和极差的计算都比较简单，所以多数用于现场需要把测定的数据直接作控制图进行控制的情况，但是控制效果比较差。事实上，由于计算机的推广使用，计算的速度大大提高，这种控制图已基本被淘汰。

4. 单值—移动极差控制图（X-R_S 图）

多应用于因各种原因（时间、费用等）每次只能得到一个数据或希望尽快发现并消除异常原因的场合。比如采用自动化检验和测量、取样费时、成本高昂、样本均匀、多抽样意义不大的场合等。由于它不像前几种控制图那样能取得较多的样本数据，所以它对过程变化的灵敏度也要差一些。

5. 不合格品率控制图（p 图）

多应用于控制对象为不合格品率或合格品率等计数值质量指标的场合。使用该图时应选择重要的检查项目作为判断不合格品的依据。p 图的 p 可以指不合格品率、废品率、交货延迟率、缺勤率，以及邮电、铁道等部门的各种差错率等常见的不良率。对于不合格品率控制图来说，样本容量的大小可以是不固定的，这时其控制界限就会呈现出凹凸不平的状态，不但作图困难，而且难以判断工序的异常状态，因此在实际企业过程控制中很少使用这类控制图。

6. 不合格品数控制图（np 图）

多应用于控制对象为不合格品数的场合。n 为样本容量，p 为不合格品率，则 np 为不合格品的个数。该图要求样本容量固定，这时控制界限呈直线状，计算简单，方便操作人员使用。

7. 缺陷数控制图（c 图）

用于控制一部机器、一个部件、一定的长度、一定的面积或任何一定的单位中出现的不合格数目。如布匹上的疵点数、铸件上的砂眼数、机器设备的不合格数或故障次数、电子设备的焊接不良数、传票的误记数、每页印刷错误数和差错次数等。

8. 单位缺陷数控制图（u 图）

当样本容量 n 保持不变时，可以应用 c 控制图，而当 n 有变化时则应换算为平均每单位的不合格数后再使用 u 控制图。例如，在制造厚度为 2 毫米的钢板的生产过程中，一批样品是2平方米的，下一批样品是3平方米的，这时就应都换算为平均每平方米的不合格数，然后再对它进行控制。

（二）按用途划分

根据不同的用途，控制图也可以分为分析用控制图和控制用控制图两类。

1. 分析用控制图

用间隔取样的方法获得数据。依据收集的数据计算控制线、作出控制图，并将数据在控制图上打点，以分析工序是否处于稳定状态，若发现异常，寻找原因，采取措施，使工序处于稳定状态；若工序稳定，则进入正常工序控制。

2. 控制用控制图

当判断工序处于稳定状态后，用于控制工序用的控制图。操作工人按规定的取样方式获得数据，通过打点观察，控制异常因素的出现。

实施上述分析用控制图和控制用控制图的过程实际上就是不断进行质量改进的过程。

五、控制图的应用程序

一般来讲，控制图的应用程序如下：

（1）明确应用控制图的目的。应用控制图的主要目的可以归纳为：发现工序异常点，追查原因并加以消除，使工序保持受控状态；对工序的质量特性数据进行分析，以掌握工序状态。

（2）确定控制的质量特性。就是选择符合运用目的、可控、易于评价的质量特性或项目。如对产品的使用效果有重大影响的质量特性；对下道工序的加工质量关系重大的质量特性；生产过程中波动大的质量特性；与经济性、安全性、可靠性有关的质量特性等。

（3）选择控制图。根据质量特性和数据的收集方式等来决定选用何种控制图。

（4）绘制分析用控制图。随机收集20~25个样本，绘成控制图，分析判断工序是否处于受控状态。如果判定工序处于受控状态，则进入下一步骤；否则，追查原因，采取措施，直到工序回到受控状态。

（5）绘制控制用控制图。当用分析用控制图判定工序过程受控，则应尽量维持这种状态，这时可延长控制线，作为控制用控制图。

（6）日常工序质量控制。在日常生产活动中，随机间隔取样，进行测量和计算，在图上描点、观察分析、判断工序状态。如无异常现象，则维持现状进行生产；如果出现异常，这时一定要贯彻以下20个字：“查出异因，采取措施，保证消除，不再出现，纳入标准。”如果不贯彻这20个字，控制图就形同虚设，不如不用。

（7）修订控制界限。为使控制图的控制界限反映实际工序质量状况，应定期修订控制界限。除定期修订外，当遇到下列情况时，还应进行不定期修订：①工序出现异常，已采取措施消除之后。②通过积累的数据分析，表明工序质量发生了显著的变化。③生产条件如材料成分、工艺方法、工艺装备和环境条件发生了显著变化。④取样方法发生改变。修订时，应重新收集数据，通过第（4）、第（5）两步，得到新的控制界限。

六、控制图的观测与分析

稳态是生产过程追求的目标。过程是否处于稳态，其基本判断条件有以下两条：

（1）所有的点基本上都落在控制界限内。这一条件意味着：

1）连续25个点中，没有一个点超出控制界限。因为用少量数据作控制图容易产生错误的判断，所以至少要有25个点才能作出相对正确的判断。

2）连续35个点中，最多有一个点超出控制界限。从概率理论可知，连续35个点中，至多有一点落在界外的概率为0.0041，是个小概率事件。

3）连续100个点中，最多有两个点超出控制界限。在连续的100个点中，至多有两个点超出控制界限的概率为0.0026，不超过1%，也是个小概率事件。由概率论可知，小概率事件可以认为不会发生。

（2）在控制界限内的点随机排列。随机排列意味着满足以下三个条件：

1）样本点分布均匀，位于中心线两侧的样本点各占50%。

2）靠近中心线的样本点约占2/3。

3）靠近控制界限的样本点极少。

第三节 两类错误和3σ方式

一、两类错误

控制图通常根据点子的分布状况来判断生产过程是否处于统计控制状态。但这种判断方式却不能保证结果的绝对正确。通常可能犯两类错误：第一类错误是把正常判断为异常；第二类错误是把异常判断成正常。

在生产过程正常的情况下，纯粹出于偶然，而点出界的概率虽然很小，但不是绝对不可能发生的。因此，在生产正常但点偶然出界的场合，错误的判定生产过程出现异常，就犯了虚发报警的错误，或称为第一类错误，发生这种错误的概率通常记为 α。如图 2–7 所示，在上下控制线之外的两块阴影部分分别为 α/2。

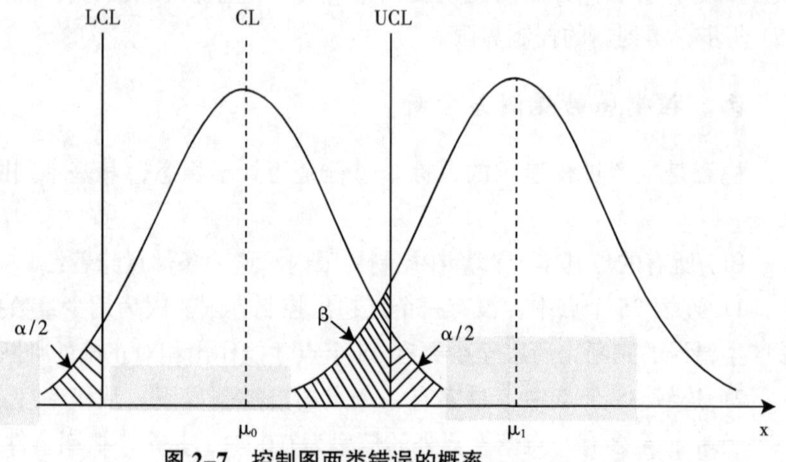

图 2–7　控制图两类错误的概率

如果生产过程出现异常，产品质量分别偏离了典型分布，但总还有一部分产品的质量特性值是在上下控制线之内的。如果抽到这样的产品进行检测并在控制图上描点，这时由于点未出界而判断生产过程正常，就犯了漏发报警的错误，或称为第二类错误，发生这种错误的概率通常记为 β。如图 2–7 所示，当过程均值 μ 由 μ_0 偏离至 μ_1，则以 μ_1 为分布中心的生产过程应判为异常，但由于还有一部分产品仍然处于控制线内（图中 CL 与 UCL 之间的阴影部分），若抽取到这部分产品，就会得到生产过程正常的错误结论。

第一类错误会加重人们的工作量；第二类错误会使人们失去控制机会，造成不良后果。因此，应尽量减少这两类错误的发生。但在应用控制图的过程中，是通过抽样来判断产品质量的，要想不犯错误几乎是不可能的。实际上，在控制图应用过程中，能改变的不外乎是上下控制线之间的间距。如果把间距拉大，犯第一类错误的概率就会减小，而犯第二类错误的概率则会增大；如果把间距缩小，犯第二类错误的概率就会减小，但是犯第一类错误的概率则会增大，这两者显然是矛盾的。因此，只能根据这两类错误所共同造成的总损失最小这一准则来确定上下控制线的位置。实践和理论分析均证明，采用±3σ 方式确定的控制线可使两类错误造成的总损失最小（见图 2–8），所以人们通常采用±3σ 控制图。

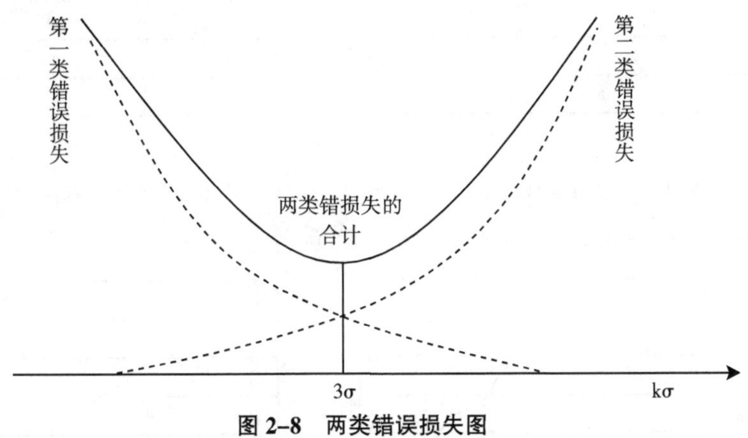

图 2–8　两类错误损失图

需要注意的是，把规格（公差限）作为控制界限是不对的。规格是用来区分产品的合格与否的，而控制图的控制界限是用来区分偶然波动和异常波动的，即区分偶然因素和异常因素这两类因素的。这二者不能混为一谈。

二、控制图的判异准则

判异准则包括有点出界和界内点排列不随机两类。由于对点子的数目未加限制，故后者的模式原则上可以有很多种，但在实际中经常使用的只有具有明显物理意义的若干种。在控制图的判断中要注意对这些模式加以识别。

国标 GB/T 4091—2001《常规控制图》中规定了八种判异准则。为了应用这些准则，将控制图等分为六个区域，每个区宽 1σ。这六个区的标号分别为 A、B、C、C、B、A。其中两个 A 区、B 区及 C 区都关于中心线 CL 对称。需要指明的是，这些判异准则主要适用于$\overline{X}$图和单值 X 图，且假定质量特性 X 服从正态分布（见图 2–9）。

准则一：1 点落在 A 区以外。在许多应用中，准则一甚至是唯一的判异准则。准则一可对参数 μ 的变化或参数 σ 的变化给出信号，变化越大，则给出信号越快。准则一还可对过程中的单个失控做出反应，如计算错误、测量误差、原材料不合格、设备故障等。在 3σ 原则下，准则一犯第一类错误的概率为 α_0=0.0027。

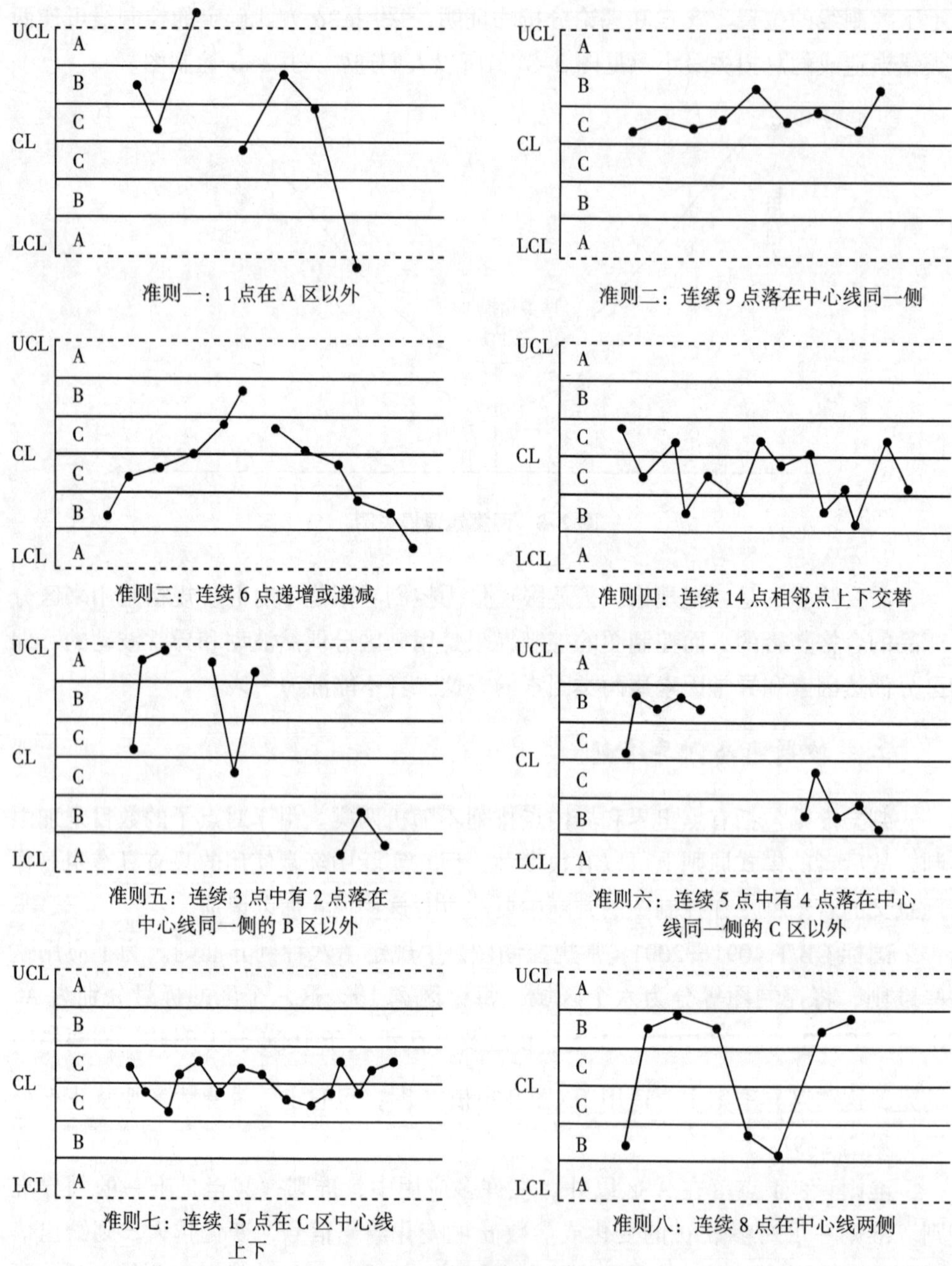

图 2–9　控制图判异准则

准则二：连续 9 点落在中心线同一侧。此准则是为了补充准则一而设计的，以改进控制图的灵敏度。选择 9 点是为了使其犯第一类错误的概率 α 与准则一

的 $\alpha_0=0.0027$ 大体相仿。出现准则二的现象，主要是过程平均值 μ 增大或减小的缘故。

准则三：连续 6 点递增或递减。此准则是针对过程平均值的趋势进行设计的，它判定过程平均值的较小趋势要比准则二更为灵敏。产生趋势的原因可能是工具逐渐磨损、操作人员技能的逐渐提高等。

准则四：连续 14 点相邻点上下交替。本准则是针对由于轮流使用两台设备或由两位操作人员轮流进行操作而引起的系统效应。实际上，这就是一个数据分层不够的问题。选择 14 点是通过统计模拟试验得出的，使其 α 大体与准则一的 $\alpha_0=0.0027$ 相当。

准则五：连续 3 点中有 2 点落在中心线同一侧的 B 区以外。过程平均值的变化通常可由本准则判定，它对于变异的增加也较灵敏。这里需要说明的是，3 点中的 2 点可以是任何两点，至于第 3 点可以在任何处，甚至可以根本不存在。出现准则五的现象是由于过程的参数 μ 发生了变化。

准则六：连续 5 点中有 4 点落在中心线同一侧的 C 区以外。与准则五类似，这第 5 点可在任何处。本准则对于过程平均值的偏移也是较灵敏的，出现本准则的现象也是由于参数 μ 发生了变化。

准则七：连续 15 点在 C 区中心线上下。出现本准则的现象是由于参数 σ 变小。对于这种现象不要被它的良好“外貌”所迷惑，而应该注意到它的非随机性。造成这种现象的原因可能有数据虚假或数据分层不够等。在排除了上述两种可能性之后才能总结现场减少标准差 σ 的先进经验。

准则八：连续 8 点在中心线两侧，但无一在 C 区中。造成这种现象的主要原因也是数据分层不够，本准则即为此而设计的。

三、控制图的应用要点

（一）注意分层

同一产品使用多台设备加工时，由于每台设备的精度、使用年限、保养状态不同，其质量特性值的分布状态也各有差异。因此，应按不同的设备采集数据，分别进行质量分析与控制。

同样，对不同的原材料、不同的操作人员、不同的工艺装备等条件也应采取相应的措施，进行分层控制，只有这样才能使控制图及时反映异常，并准确、及时地找出异常原因。同一样本中的几个数据，也应尽可能取自相同的生产条件，如换刀前后的数据不应放入一个样本，以充分反映生产过程中生产条件之间的差异。

（二）选择适当的样本容量 n 和抽样时间间隔 h

在一定的生产速度和批量条件下，选择适当的样本容量和抽样间隔是使用控制图时首先要解决的问题。样本容量过小、抽样间隔时间过长显然不能及时、准确地反映工序状况。n 大一些，h 小一些，对生产过程的了解就会及时和准确一些，结论也相对可靠一些。但 n、h 的加大又会造成工作量及费用的增加。综合考虑可靠性和经济性两方面的因素，在选择 n、h 时应注意以下原则：

（1）用小样本、勤检查比大样本、少检查好。

（2）对控制图的灵敏度要求高时，n 应取大一些。

（3）工序偏离正常状态后造成的损失较大时，h 应小一些；反之，检测费用较大时，h 可取大一些。

第四节 计量型控制图

一、均值—极差控制图

由数理统计理论可知，当特性值 X 服从总体为 N（μ，σ^2）的正态分布时，n 个样本 X_1，X_2，…，X_n 的平均值$\overline{X}$的期望值和标准偏差分别为 E（$\overline{X}$）$=\mu$，D（$\overline{X}$）$=\sigma/\sqrt{n}$。其中，μ 和 σ 可通过样本容量为 n 的 k 组样本数据求得：

$$\hat{\mu}=\overline{\overline{X}}=\frac{\overline{X}_1+\overline{X}_2+\cdots+\overline{X}_k}{k}$$

$$\hat{\sigma}=\frac{\overline{R}}{d_2}=\frac{R_1+R_2+\cdots+R_k}{k\cdot d_2} \tag{2-1}$$

其中，R_i 为各个样本组内的极差，即各样本组内最大观测值与最小观测值之差，$R=X_{max}-X_{min}$；$\overline{\overline{X}}$是$\overline{X}$的平均值，$\overline{R}$是 R 的平均值，d_2 是由 n 确定的系数，可由表 2-3 查出。所以，$\overline{X}$图的控制界限为：

$$UCL=\mu+3\frac{\sigma}{\sqrt{n}}=\overline{\overline{X}}+3\frac{\overline{R}}{d_2\sqrt{n}}=\overline{\overline{X}}+A_2\overline{R}$$

$$LCL=\mu-3\frac{\sigma}{\sqrt{n}}=\overline{\overline{X}}-3\frac{\overline{R}}{d_2\sqrt{n}}=\overline{\overline{X}}-A_2\overline{R} \tag{2-2}$$

$$CL=\overline{\overline{X}}$$

A_2 的值可以由 $\sqrt{n}$ 和 d_2 计算得到，也可由表 2-3 查出。

而样本组内极差 R 的期望值和标准偏差为 E（R）$=d_2\sigma$，D（R）$=d_3\sigma$。d_3 是由 n 确定的系数，可由表 2-3 查出。所以，R 图的控制界限为：

$$UCL=d_2\sigma+3d_3\sigma=(1+3\frac{d_3}{d_2})\ \overline{R}=D_4\overline{R}$$

$$LCL=d_2\sigma-3d_3\sigma=(1-3\frac{d_3}{d_2})\ \overline{R}=D_3\overline{R}$$

$$CL=\overline{R} \tag{2-3}$$

其中，D_3、D_4 可由 d_2 和 d_3 计算得到，也可由表 2-3 查出。

表 2-3　计量值控制图系数表

n	A_2	A_3	B_3	B_4	D_3	D_4	d_2	d_3
2	1.880	2.659	0	3.267	0	3.267	1.128	0.853
3	1.023	1.954	0	2.568	0	2.575	1.693	0.888
4	0.729	1.628	0	2.266	0	2.282	2.059	0.880
5	0.577	1.427	0	2.089	0	2.115	2.326	0.864
6	0.483	1.287	0.030	1.970	0	2.004	2.534	0.848
7	0.419	1.182	0.118	1.882	0.076	1.924	2.704	0.833
8	0.373	1.099	0.185	1.815	0.136	1.864	2.847	0.820
9	0.337	1.032	0.239	1.761	0.184	1.816	2.970	0.808
10	0.308	0.975	0.284	1.716	0.223	1.777	3.173	0.797

二、均值—标准差控制图

均值—标准差控制图的做法与均值—极差控制图十分类似，只是应由 S 图来代替 R 图。经过与均值—极差控制图类似的推导，可得下列 $\overline{X}-S$ 图的控制界限。

$$\overline{X}图：\begin{cases} UCL=\overline{\overline{X}}+A_3\overline{S} \\ CL=\overline{\overline{X}} \\ LCL=\overline{\overline{X}}-A_3\overline{S} \end{cases}$$

$$
S\text{图：}\begin{cases} UCL = B_4\bar{S} \\ CL = \bar{S} \\ LCL = B_3\bar{S} \end{cases} \tag{2-4}
$$

其中，A_3、B_3、B_4 可由表 2-3 查出。

三、中位数—极差控制图

Me-R 图与$\bar{X}$-R 图类似，只是用 Me（中位数）图代替$\bar{X}$图。若样本来自正态分布总体，Me 为样本中位数，m 个样本的中位数平均值为：

$$
\overline{Me} = \frac{1}{m}\sum_{i=1}^{m} Me_i \tag{2-5}
$$

可以导出 $E(Me) = \mu$，$\sigma_{Me} = m_3\sigma/\sqrt{n}$，$m_3$ 为一个与样本量 n 有关的常数，可从表 2-4（计量值控制图系数表）查得。

于是$\hat{\mu} = \overline{Me}$，由此得 σ 已知情形下的 Me 图的控制线为：

$$
\begin{cases} UCL_{Me} = \overline{Me} + 3\sigma_{Me} \\ CL_{Me} = \overline{Me} \\ LCL_{Me} = \overline{Me} - 3\sigma_{Me} \end{cases} \tag{2-6}
$$

其中，若 σ 未知，则需应用估计量$\bar{R}/d_2$。代入式（2-6）后，得 σ 未知情况的 Me 图的控制线为：

$$
\begin{cases} UCL_{Me} = \overline{Me} + 3m_3\bar{R}/d_2\sqrt{n} = \overline{Me} + m_3A_2\bar{R} \\ CL_{Me} = \overline{Me} \\ LCL_{Me} = \overline{Me} - 3m_3\bar{R}/d_2\sqrt{n} = \overline{Me} - m_3A_2\bar{R} \end{cases} \tag{2-7}
$$

当 n=5 时，从表 2-4 可查得 $m_3 = 1.198$，所以 Me 图的控制界限间隔要比$\bar{X}$图的约宽 20%，因而 Me 图检出过程偏移的能力要比$\bar{X}$图降低不少。

四、单值—移动极差控制图

单值控制图样本量为 1，所以要通过相邻两个样本间的移动极差 R_S 来估计过程标准差 σ。设从过程抽取的样本为 X_i（i = 1，2，…，n），则移动极差定义为：

$$
R_{Si} = |X_{i+1} - X_i| \quad (i = 1, 2, \cdots, n-1) \tag{2-8}
$$

表 2–4 计量值控制图系数表

样本大小	均值控制图			标准差控制图						极差控制图							中位数控制图	
	控制界限系数			中心线系数		控制界限系数				中心线系数			控制界限系数				控制界限系数	
n	A	A_2	A_3	C_4	$1/C_4$	B_3	B_4	B_5	B_6	d_2	$1/d_2$	d_3	D_1	D_2	D_3	D_4	M_3	M_3A_2
2	2.121	1.880	2.659	0.798	1.253	0	3.267	0	2.606	1.128	0.887	0.853	0	3.686	0	3.267	1.000	1.880
3	1.732	1.023	1.954	0.886	1.128	0	2.568	0	2.276	1.693	0.591	0.888	0	4.358	0	2.574	1.160	1.187
4	1.500	0.729	1.628	0.921	1.085	0	2.266	0	2.088	2.059	0.486	0.880	0	4.698	0	2.282	1.092	0.796
5	1.342	0.572	1.427	0.940	1.064	0	2.089	0	1.964	2.326	0.430	0.864	0	4.918	0	2.114	1.198	0.691
6	1.225	0.483	1.287	0.952	1.051	0.030	1.970	0.029	1.874	2.534	0.395	0.848	0	5.078	0	2.004	1.135	0.549
7	1.134	0.419	1.182	0.959	1.042	0.118	1.882	0.113	1.806	2.704	0.370	0.833	0.204	5.204	0.076	1.924	1.214	0.509
8	1.061	0.373	1.099	0.965	1.036	0.185	1.815	0.179	1.751	2.847	0.351	0.820	0.388	5.306	0.136	1.864	1.160	0.432
9	1.00	0.377	1.032	0.969	1.032	0.29	1.761	0.232	1.707	2.970	0.337	0.808	0.547	5.393	0.184	1.816	1.223	0.412
10	0.949	0.308	0.975	0.973	1.028	0.284	1.716	0.276	1.669	3.078	0.325	0.797	0.687	5.469	0.223	1.777	1.176	0.363
11	0.905	0.285	0.927	0.975	1.025	0.321	1.679	0.313	1.637	3.173	0.315	0.787	0.811	5.535	0.256	1.744		
12	0.886	0.266	0.886	0.978	1.023	0.354	1.646	0.346	1.610	3.258	0.307	0.778	0.922	5.594	0.283	1.717		
13	0.832	0.249	0.850	0.979	1.021	0.382	1.618	0.374	1.585	3.336	0.300	0.770	1.025	5.647	0.307	1.693		
14	0.802	0.235	0.817	0.981	1.019	0.406	1.594	0.399	1.563	3.407	0.294	0.763	1.118	5.696	0.328	1.672		
15	0.775	0.223	0.789	0.982	1.018	0.428	1.157	0.421	1.544	3.472	0.288	0.756	1.203	5.741	0.347	1.653		
16	0.750	0.212	0.763	0.984	1.017	0.448	1.552	0.440	1.526	3.532	0.283	0.750	1.282	5.782	0.363	1.637		
17	0.728	0.203	0.739	0.985	1.016	0.466	1.534	0.458	1.511	3.588	0.279	0.744	1.356	5.820	0.378	1.622		
18	0.707	0.194	0.718	0.985	1.015	0.482	1.518	0.475	1.496	3.640	0.275	0.739	1.424	5.856	0.391	1.608		
19	0.688	0.187	0.698	0.986	1.014	0.497	1.503	0.490	1.483	3.689	0.271	0.734	1.487	5.891	0.403	1.597		
20	0.671	0.180	0.680	0.987	1.013	0.510	1.490	0.504	1.470	3.735	0.268	0.729	1.549	5.921	0.415	1.585		
21	0.655	0.173	0.663	0.988	1.013	0.253	1.477	0.516	1.459	3.778	0.265	0.724	1.605	5.951	0.425	1.575		
22	0.640	0.167	0.647	0.988	1.012	0.534	1.466	0.528	1.448	3.819	0.262	0.720	1.659	5.979	0.434	1.566		
23	0.626	0.126	0.633	0.989	1.011	0.545	1.455	0.539	1.438	3.858	0.259	0.716	1.710	6.006	0.443	1.557		
24	0.612	0.157	0.619	0.989	1.011	0.555	1.445	0.549	1.429	3.895	0.257	0.712	1.759	6.031	0.451	1.548		
25	0.600	0.153	0.606	0.990	1.011	0.565	1.435	0.559	1.420	3.931	0.254	0.708	1.806	6.056	0.459	1.541		

平均移动极差为：

$$R_S=\frac{1}{n-1}\sum_{i=1}^{n-1}R_{Si} \tag{2-9}$$

若样本取自正态总体，可以导出 E $(R_S)=\frac{2}{\sqrt{\pi}}\sigma$，$\sigma_{R_s}=\sqrt{2-\frac{4}{\pi}}\sigma$，从而可知$\hat{\sigma}=\frac{2}{\sqrt{\pi}}\bar{R}_S$。对于 σ 已知的情形，X 图的控制线为：

$$\begin{cases}UCL_X=\bar{X}+3\sigma\\CL_X=\bar{X}\\LCL_X=\bar{X}-3\sigma\end{cases} \tag{2-10}$$

而 R_S 图的控制线为：

$$\begin{cases}UCL_{Rs}=\frac{2}{\sqrt{\pi}}\sigma+3\sqrt{2-\frac{4}{\pi}}\sigma=3.69\sigma\\CL_{Rs}=\frac{2}{\sqrt{\pi}}\sigma=1.13\sigma\\LCL_{Rs}=\frac{2}{\sqrt{\pi}}\sigma-3\sqrt{2-\frac{4}{\pi}}\sigma=0\end{cases} \tag{2-11}$$

其中，LCL 的计算值为负，但 R_S 不可能取负值，所以直接取 LCL =0 作为 R_S 的自然下界。

对于 σ 未知的情况，X 图的控制线为：

$$\begin{cases}UCL_X=\bar{X}+\frac{\sqrt{\pi}}{2}\bar{R}_S=\bar{X}+2.66\bar{R}_S\\CL_X=\bar{X}\\LCL_X=\bar{X}-\frac{\sqrt{\pi}}{2}\bar{R}_S=\bar{X}-2.66\bar{R}_S\end{cases} \tag{2-12}$$

而 R_S 图的控制线为：

$$\begin{cases}UCL_{R_s}=\bar{R}_S+3\sqrt{2-\frac{4}{\pi}}\frac{\sqrt{\pi}}{2}\bar{R}_S=3.267\sigma\\CL_{R_s}=\bar{R}_S\\LCL_{R_s}=\bar{R}_S-3\sqrt{2-\frac{4}{\pi}}\frac{\sqrt{\pi}}{2}\bar{R}_S=0\end{cases} \tag{2-13}$$

其中，LCL 的计算值为负，但 R_S 不可能取负值，所以直接取 LCL=0 作为 R_S 的自然下界。

第五节　计数型控制图

一、不合格品率控制图（p 图）

p 图的统计基础是二项分布。当控制对象为不合格品率时，过程处于稳定状态是指任何单位产品不合格的概率为一常数 P，且所生产的各个单位产品都是独立的。设取一个包含 n 个单位产品的随机样本，其中不合格单位产品数为 X，则 X 服从参数为 n 和 P 的二项分布：

$$P(X=x)=C_n^x P^x(1-P)^{n-x},\ x=0,\ 1,\ \cdots,\ n \tag{2-14}$$

从概率统计可知，随机变量 X 的均值和方差分别为 nP 和 nP（1－P）。样本不合格品率 p 为样本不合格品数 X 与样本容量 n 的比值，p=X/n。而 p 的均值和标准差就为：

$$\mu_p=P,\ \sigma_p=\sqrt{\frac{P(1-P)}{n}} \tag{2-15}$$

若过程不合格品率 P 已知，则 p 图的控制界限为：

$$\begin{cases} UCL=P+3\sqrt{\dfrac{P(1-P)}{n}} \\ CL=P \\ LCL=P-3\sqrt{\dfrac{P(1-P)}{n}} \end{cases} \tag{2-16}$$

若不合格品率 P 未知，则需根据以往数据对其进行估计。通常取至少 k=25 个样本，设每个样本的样本容量为 n_i，第 i 个样本中的不合格品数为 X_i，则这个样本的不合格率为：

$$p_i=X_i/n_i\ (i=1,\ 2,\ \cdots,\ k) \tag{2-17}$$

而样本平均不合格率为：

$$\bar{p}=\frac{\sum_{i=1}^{k}X_i}{\sum_{i=1}^{k}n_i} \tag{2-18}$$

将$\bar{p}$作为不合格品率 P 的估计值，于是，若不合格品率 P 未知，则 p 图的控制界限为：

$$\begin{cases} UCL_i=\bar{p}+3\sqrt{\dfrac{\bar{p}(1-\bar{p})}{n_i}} \\ CL=\bar{p} \\ LCL_i=\bar{p}-3\sqrt{\dfrac{\bar{p}(1-\bar{p})}{n_i}} \end{cases} \tag{2-19}$$

二、不合格品数控制图（np 图）

若过程处于稳定状态，过程的不合格品率为 P，则在样本容量为 n 的一个随机样本中出现的不合格品数 X 服从二项分布，随机变量 X 的均值和方差分别为 nP 和 nP（1－P）。若考虑 3σ 控制界限，则 np 图的控制界限为：

$$\begin{cases} UCL=nP+3\sqrt{nP(1-P)} \\ CL=nP \\ LCL=nP-3\sqrt{nP(1-P)} \end{cases} \tag{2-20}$$

若不合格品率 P 未知，同样可以用$\bar{p}$来进行估计，这时 np 图的控制界限为：

$$\begin{cases} UCL=n\bar{p}+3\sqrt{n\bar{p}(1-\bar{p})} \\ CL=n\bar{p} \\ LCL=n\bar{p}-3\sqrt{n\bar{p}(1-\bar{p})} \end{cases} \tag{2-21}$$

对于 p 图和 np 图来说，实际上起作用的是上控制线，下控制线只用来检查生产过程中是否发生好的变化。如果点子超出下控制线，只说明生产过程更加稳定。因此，建议可以不画出下控制线。

三、单位缺陷数控制图（u 图）

单位缺陷数控制图也称 u 控制图，其与 c 控制图的关系类似于 p 控制图与 np 控制图的关系。如果各个样本的检查单位，即样本大小是变化的，这时应将各个样本的缺陷数折算成平均每个检查单位的缺陷数，即单位缺陷数，然后用控制图进行控制。

假设从参数为 λ 的泊松分布总体 P（λ）中随机抽取一个包含 n 个检查单位的样本，样本的总缺陷数为 c，则样本的单位缺陷数为：

$$u=\frac{c}{n} \tag{2-22}$$

其中，u 为服从泊松分布的随机变量。假设 n 个检查单位的缺陷数分别为随机变量 X_1，X_2，…，X_n，则有：

$$u=\frac{1}{n}\sum_{i=1}^{n}X_i \tag{2-23}$$

故 u 为 n 个独立泊松随机变量的线性组合。如果已知过程的单位缺陷数为 U，易知 $\mu_u=U$，$\sigma_u=\sqrt{\frac{U}{n}}$，按照 3σ 准则，u 控制图的控制线为：

$$\begin{cases} UCL=U+3\sqrt{\frac{U}{n}} \\ CL=U \\ LCL=U-3\sqrt{\frac{U}{n}} \end{cases} \tag{2-24}$$

如果参数 U 未知，则需根据历史数据进行估计。假设检验了 m 个检查单位的产品，其缺陷数分别为 u_i（i=1，2，…，m），则样本的平均单位缺陷数为：

$$\bar{u}=\sum_{i=1}^{m}u_i\Big/\sum_{i=1}^{m}n_i \tag{2-25}$$

可以用$\bar{u}$来估计参数 U。由此，当 U 未知时，控制图的控制线为：

$$\begin{cases} UCL=\bar{u}+3\sqrt{\frac{\bar{u}}{n}} \\ CL=\bar{u} \\ LCL=\bar{u}-3\sqrt{\frac{\bar{u}}{n}} \end{cases} \tag{2-26}$$

类似地，当样本大小 n_i 不等时，由于控制线呈凹凸不平的阶梯状，在应用控制图判异准则判断过程是否存在异常时，对界内点子非随机排列的各种模式需要特别注意。在这种情况下，可以将 u 控制图转变为通用 u_T 控制图（通用单位不合格数）。

四、缺陷数控制图（c 图）

c 控制图是计数值中计点值控制图，其控制对象是一定单位（如长度、面积和体积等）n 上面的缺陷数。例如，一定长度的金属线上的疵点数，一种铸件表面上的气孔数，一部机器装好后发现的故障数等。c 控制图就是通过对产品上面的缺陷数来控制产品质量的。

产品上面缺陷数的分布常常服从泊松分布，即：

$$p(x)=\frac{e^{-\lambda}\lambda^{x}}{x!}\quad(x=0,\ 1,\ 2,\ \cdots,\ n)\tag{2-27}$$

其中，x 为 0，1，2，…，是零或正整数值，λ 为泊松分布的平均值，也是泊松分布的方差。考虑 3σ 控制限，则已知 λ 的情况下，c 图的控制线为：

$$\begin{cases}UCL=\lambda+3\sqrt{\lambda}\\CL=\lambda\\LCL=\lambda-3\sqrt{\lambda}\end{cases}\tag{2-28}$$

当 λ 未知，则须根据以往的统计数据进行估计。设检验了 m 个检查单位的产品，其不合格品数为 c_i（i=1，2，…，m），于是样本的平均不合格数为：

$$\bar{c}=\frac{1}{m}\sum_{i=1}^{m}c_i\tag{2-29}$$

可以用$\bar{c}$来估计参数 λ。因此，当平均不合格数 λ 未知时，c 图的控制线为：

$$\begin{cases}UCL=\bar{c}+3\sqrt{\bar{c}}\\CL=\bar{c}\\LCL=\bar{c}-3\sqrt{\bar{c}}\end{cases}\tag{2-30}$$

关于 c 图的几点讨论：

（一）检查单位的大小

一个检查单位可以包含一个或若干个产品，确定检查单位的大小主要考虑以下因素：①便于取得数据；②参数 λ 不能过小，以保证 c 图对过程偏移有一定的检出能力；③考虑检查产品不合格的费用，所以 λ 也不能过大；④要求 $\lambda>1$，否则样本不合格经常取 0 值，容易造成误解，以为过程已处于良好状态。因此要求检查单位大小合适，一般地，应满足 $1<\lambda<5$，λ 可以用$\bar{c}$估计。

（二）通常 c 图用于检查单位即样本量保持不变的场合

如果检查单位无法保持固定，则 λ 也将随之而变，导致 c 控制图的 UCL、CL 和 LCL 三者都呈凹凸状，造成 c 控制图的绘制以及过程失控信号的判断都极其不便。在这种情况下，可使用由 c 控制图转变而成的通用控制图 c_T（通用不合格数）图。无论检查单位有无改变，c_T 图均可应用。

第六节　休哈特控制图的不适应性分析

一、不适应现象

现代制造模式具有复杂性、非线性、时变性、连续性、不确定性和不完全性等特点。它们使得休哈特控制图难以适应的具体表现为：质量数据采集量不足；有些工序数据不是正态分布；有些工序数据是大量的、海量的，如在线质量控制，由于计算机按时序在线采集数据，会致使工序质量数据量是大量的、海量的；质量控制要面对多过程和多参数；由于计算机集成制造和智能制造环境下的质量参数具有连续性、再现性等特点，致使质量数据相互相关；有的工序质量达到或接近零不合格过程，如时序参数长时间几乎不发生变化或微小变化，致使休哈特控制图在应用中失去判异作用等；形成了休哈特控制图不适应性的新环境。

二、应用条件和原理上的局限性

休哈特控制图是基于数理统计的原理，对生产过程中产生的系统原因进行识别并加以控制，从而达到对产品在生产过程中的质量控制，其应用条件主要有三个：

(1) 质量特征数据是大批量的（$n \geqslant 25$，一般 $n \geqslant 100$）。

(2) 质量特征数据呈正态分布，或者接近正态分布。

(3) 质量特征变量相互独立，即判断随机变量 X 的数学问题。

$$
\text{即：}\begin{cases} x_i - \mu_i \leqslant |3\sigma_i|,\ i = 1,\ 2,\ \cdots,\ N \\ \text{s.t.} \\ N \geqslant 25 \\ X \sim N\ (\mu,\ \sigma^2),\ (\mu,\ \sigma) \in R \times R^+ \\ P(x_1,\ x_2,\ \cdots,\ x_i,\ \cdots,\ x_N) = P(x_1)P(x_2)\cdots P(x_i)\cdots P(x_N) \end{cases}
$$

实际情况只要与三个应用条件之一发生冲突，就会发生休哈特控制图应用条件的限制。而休哈特控制图本身还存在精度不够的问题，以及休哈特控制图对数据量微小变化的迟钝等，属于休哈特控制图原理上的局限性。

三、造成不适应性的原因和解决方案

造成休哈特控制图的各种不适应性，其本质原因是应用条件的限制和原理上的局限性，前者导致了无法建立休哈特控制图，后者仅仅运用休哈特控制图已经达不到质量控制的目的；客观原因是数据采集与大批量制造模式相比发生了变化。解决不适应性问题的方法有两个：一是化解本质原因，即改变休哈特控制图的局限性，将原休哈特控制图改造成为柔性动态的系统，由于以往休哈特控制图的斐然成绩，人们不习惯这种改变；二是改变客观原因，即调整或改造质量数据的变化，经过变换之后能够适应休哈特控制图的应用条件，这是可行的解决方法。同时，质量数据不仅是休哈特控制图和其他质量控制方法的必要条件，还蕴含着不同制造模式的特点。为此，需要分析各种制造模式与质量数据的关系，整理出规律，便于正确运用休哈特控制图，达到质量控制的目的。

第七节　通用控制图

当样本大小 n 变化时，计数控制图的控制线呈凹凸状，不但作图困难，更无法判异、判稳。于是我国的张公绪、阎育苏提出了通用控制图。

通用控制图的控制线经过 3σ 标准变换后，计数控制图（p 图、u 图）的控制线由凹凸状变成了直线，将计数控制图的 UCL、CL、LCL 三条线变换成七条线。

统计量变换公式：

$$X_T=\frac{X-\mu}{\sigma} \tag{2-31}$$

通用控制图的控制线：

$$UCL_T=\frac{UCL-\mu}{\sigma}=\frac{\mu+3\sigma-\mu}{\sigma}=3$$

$$CL_T=\frac{CL-\mu}{\sigma}=0$$

$$LCL_T=\frac{LCL-\mu}{\sigma}=\frac{\mu-3\sigma-\mu}{\sigma}=-3 \tag{2-32}$$

由于判异的准则是点出界和界内点排列不随机，因此需将界内分成八个区，使通用控制图变成了七线（K=0、±1、±2、±3）八区（见图 2-10），以便描点。

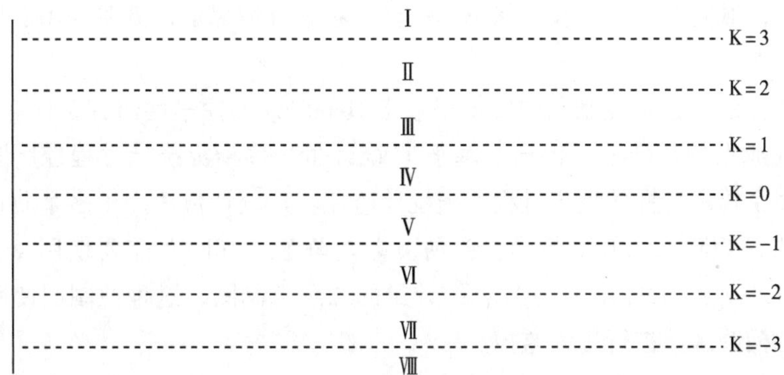

图 2-10 通用控制图

为了在通用控制图上能迅速地找到点子的位置，需要在现场数据中找出与通用控制图的七条线对应的数据，称为“现场标杆数据”。当得到现场数据后，将它与“现场标杆数据”比较，就可知该数据在通用控制图上的打点位置。现场标杆数据可从下式的标准变化直接导出：

（1）通用的现场标杆数据公式：

$$d_{k,n}=\mu+K\sigma \quad (K=0、\pm1、\pm2、\pm3) \tag{2-33}$$

（2）np_T 图的现场标杆数据公式：

$$d_{k,n}=n\bar{p}+K\sqrt{n\bar{p}(1-\bar{p})} \quad (K=0、\pm1、\pm2、\pm3) \tag{2-34}$$

（3）c_T 图的现场标杆数据公式：

$$d_{k,n}=\bar{c}+K\sqrt{\bar{c}} \quad (K=0、\pm1、\pm2、\pm3) \tag{2-35}$$

第八节 多元质量控制图

在许多实际问题中，经常会遇到需要同时监控多个质量特性的情形。有的人或许认为，对有多个质量标准要求的质量管理问题，可以分别独立地进行观察和控制，但这种做法未免过于粗糙，因为产品的各个质量特性客观上存在着联系，一味割断这种关系会产生处理中的“硬伤”，更何况多元统计理论研究证明，即使各个质量特性相互之间保持着独立性，对于同样的显著性水平，分别控制的置信度并不等于联合控制的置信度。对于同样的置信度，分别控制的置信域与联合控制的置信域的范围大小和形状也不一样。在这种情况下，需要采用多指标统计过程控制图。

多指标统计过程控制图的发展得益于 Hotelling 的探索性研究工作。Hotelling 在其研究成果的基础上，提出了基于 T^2 统计量的多指标统计过程控制图，用于对包含多个质量特性的生产过程实施统计监控。T^2 统计量适用于多个质量特性之间的协方差矩阵 Σ 未知的情形。当协方差矩阵 Σ 已知时，需要使用 χ^2 统计量。Gharee 和 Torgerson 提出了基于 χ^2 统计量的二维控制图，这种控制图使用二维坐标系中的椭圆区域进行过程监控。

多指标均值控制图是多元统计过程控制中最为广泛的统计控制图，包括总体协方差矩阵 Σ_0 已知时的多指标 χ^2 控制图和总体协方差矩阵 Σ 未知时的多指标 T^2 控制图。

假设产品质量特性可用 p（$p \geqslant 2$）个指标刻画（X_1，X_2，…，X_p）。

记 $X^{(i)}=(X_{i1}, X_{i2}, \cdots, X_{in})$，$i=1, 2, \cdots, m$，m 是 m 组相互独立的、样本容量为 n（$n>p$）的、观测值分别来自多元正态总体 $N_p(\mu_i, \Sigma_i)$，$i=1, 2, \cdots, m$ 的随机样本。这 m 组样本组成一个样本子组。其中，$X_{ij}=(x_{ij1}, x_{ij2}, \cdots, x_{ijp})'$，$X_{ij} \sim N_p(\mu_i, \Sigma_i)$，$i=1, 2, \cdots, m$，$j=1, 2, \cdots, n$ 为第 i 个样本的第 j 个观测值。记：

$$\bar{X}_i=\frac{1}{n}\sum_{j=1}^{n}X_{ij}\quad (i=1, 2, \cdots, m) \tag{2-36}$$

为第 i 个样本的样本均值向量；

$$A_i=\sum_{j=1}^{n}(X_{ij}-\bar{X}_i)(X_{ij}-\bar{X}_i)'$$

$$S_i=\frac{1}{n-1}A_i\quad (i=1, 2, \cdots, m) \tag{2-37}$$

分别为第 i 个样本的样本离差阵和样本协方差阵；

$$\bar{X}=\frac{1}{m}\sum_{i=1}^{m}\bar{X}_i,\ \bar{S}=\frac{1}{m}\sum_{i=1}^{m}S_i \tag{2-38}$$

分别为此样本子组的均值向量和样本子组的协方差阵。

一、χ^2 控制图

当总体的协方差矩阵 Σ_0 已知时，一般采用 χ^2 控制图对均值向量进行监控。这时，使用每个样本均值 $\bar{X}_i$（$1 \leqslant i \leqslant m$）与目标值 μ_0 的 n 倍马氏距离 $\chi^2=n$（$\bar{X}_i-$

$\mu_0)'\Sigma^{-1}(\overline{X}_i-\mu_0)$ 作为样本统计量（χ^2 统计量），也即各个样本在控制图上的打点值。可以证明，当实际的分布中心 $\mu=\mu_0$ 时，该统计量服从自由度为 p 的 χ^2 分布，由其建立的控制图称为 χ^2 控制图。给定置信度 α，多指标 χ^2 控制图的上控制线为：

$$UCL=\chi_p^2(1-\alpha) \tag{2-39}$$

针对每个样本，计算相应的样本统计量 χ_i^2（$1\leqslant i\leqslant m$），如果至少存在某个样本使得 $\chi_i^2>UCL$（$1\leqslant i\leqslant m$）成立，则可以认为该生产过程失控，否则认为过程受控。

二、T^2 控制图

当总体的协方差矩阵Σ未知时，需要利用有限的样本信息对Σ进行估计，定义 T^2 统计量为：

$$T^2=n(\overline{X}_i-\mu_0)'S^{-1}(\overline{X}_i-\mu_0) \tag{2-40}$$

当实际分布中心为 μ_0 已知时，统计量 $\frac{n-p}{p(n-1)}T_i^2$ 服从第一自由度为 p，第二自由度为 n-p 的 F 分布。

如果分布中心 μ 也是未知的，且每个样本的协方差矩阵 S_i（$1\leqslant i\leqslant m$）存在波动，则用各个样本均值向量 $\overline{X}_i$ 的均值 $\overline{X}$ 代替总体均值 μ，用各个样本的协方差矩阵 S_i 的均值 $\overline{S}$ 代替协方差矩阵Σ，并定义为：

$$T^2=n(\overline{X}_i-\overline{X})'S^{-1}(\overline{X}_i-\overline{X}) \tag{2-41}$$

作为第 i 个样本的打点值。给定置信度 α，多指标 T^2 控制图的上控制线为：

$$UCL=\frac{n-p}{p(n-1)}F_{p,n-p}(1-\alpha) \tag{2-42}$$

针对每个样本，计算相应的样本统计量 T_i^2（$1\leqslant i\leqslant m$），如果至少存在某个样本使得 $T_i^2>UCL$（$1\leqslant i\leqslant m$）成立，则可以认为该生产过程失控，否则认为过程受控。多指标 T^2 控制图的优点是能够较为全面地考察各个变量之间的相关性，并在变量相关的条件下给出置信度 α。缺点是控制图显示异常后，无法直接知道是哪个或哪些变量引起的异常。

第九节 控制图的经济性

在大多数生产中，需要对多个过程进行监控，从而获得最大的经济效益。毫无疑问，监控是必须的。因为即使目前生产过程正处于受控状态，并按照控制人员所期望的进行生产，但是它随时会因为发生某个异常而造成失控。控制图长期以来被用于生产过程的监控，当过程失控时进行报警。

在质量控制图中，中心线通常定在被控制对象的平均值 μ_0 上。对于控制界限，世界上大多数国家采用 3σ 法则，即上、下控制界限被定为 $\mu_0 \pm 3\sigma_0$。休哈特控制图的参数设计的原则是从统计标准和实际使用经验的双重考虑得出的。控制图的上、下控制界限，以及 m 和 t，即样本大小和抽样时间间隔的确定完全是根据使用经验进行的，因为它们的确定涉及很多因素，是一个比较复杂的问题，不是用一般的统计方法所能解决的。这样一来就有理由怀疑或者说对凭经验选择的 m 和 t 的科学性产生疑问。即使是有经验的设计者根据实际情况对 m 和 t 的取值做出一定修正也难以保证其科学性。正因为传统休哈特控制图在确定统计参数方面的缺点，就存在着使用其他标准来确定控制图参数的必要了。显然，经济标准是最容易想到，同时也是非常合理的，充分体现了科学管理的优化思想。

从经济角度看，控制图的参数设计涉及以下成本：抽样和试验成本；调查报警信号和纠正失控原因的成本；允许有缺陷产品进入消费的成本等。反过来，这些成本都受到控制图参数的影响。因此，从逻辑上讲，从经济观点来设计控制图就非常合理，通常把“使控制图参数设计所涉及的各种成本的总和最小”作为标准而建立的控制图称为“经济控制图”，其模型称为“控制图的经济模型”。

第十节 过程质量异常

一、质量异常及其属性

质量异常就是质量控制过程检测到的或由质量专家评估认定的质量指标偏离

正常范围的情形。在应用控制图实施过程质量控制时，质量异常是指控制图点子的异常排列情形。

质量控制过程的异常包含如下属性：

(1) 异常诱发异因，即引发质量异常的可能因素。造成制造过程质量波动的原因主要是 5M1E（Man，Machine，Material，Method，Measurement，Environment）。

(2) 异常参量，制图点子所描述的质量特性指标对应的物理量。如规格尺寸、精度、灵敏度、振动、噪声、效率、外观质量等，不同种类的产品有不同的要求。上述参量值超出了规定的范围，即表明质量控制过程发生了异常。

(3) 异常症状，即异常参量超出了规定的范围，且被人们观测到的现象。它是异常的外在表现。

(4) 异常信息，即反映质量控制过程异常状况的特征信息。异常症状显然是异常信息，设备的异常现象、报警信号、系统测试分析结论、设备的使用期限、维护保养状况、运行及修理记录等在一定的条件下也是异常信息。异常信息及其与异常的某种对应关系，是异常诊断的起点和依据。

(5) 异常范围，即异常的涉及面。有的异常是单一性的，有的异常是并发性的。前者是由个别因素异常引起的结果，后者涉及多种因素，对于复杂制造过程而言，后者更为常见。

(6) 异常强度，即异常的严重程度，表现为质量指标与规格之间的偏离程度。严重异常强度高，轻微异常反之。质量监控过程，应注意发现异常趋势，避免严重异常发生，轻微异常信息量不充分、不明显，异常分析诊断的难度要大。

(7) 劣化速度，即异常发生与发展的速度。有的异常是突然产生的，另一些则是逐步渐进发展的。对于突发型异常，应注意掌握异常的预兆。对于渐变型异常，应长期监测，弄清其发展趋势。

(8) 异常时效，即异常的持续状况。有的异常是暂时的、间断性的、时有时无的。另一些异常一旦出现只有在修理或更换了零件之后才能恢复功能，这类异常是永久性异常或故障。暂时性异常的原因在制造过程外部，永久性异常的直接原因在制造过程内部。

(9) 异常频率，即异常出现的频繁性。有的异常经常出现，有的异常偶尔出现。对经常出现的异常，应考虑采取有力措施消除其根本原因。偶发性异常分析起来要困难得多。

二、过程质量异常特点

质量控制过程及其异常具有下列特点：

（1）质量指标模糊性。对于制造过程质量的评价，存在许多语言性描述，比如质量等级的优良中差等，使常规的定量质量控制方法难以适用。

（2）异常诱发异因的隐蔽性。质量控制过程存在大量的不确定性模糊质量异常描述，在过程终端——产品身上反映出来的异常，其诱发异因分散于过程的每道工序及其每一个5M1E点上，由于检测技术的限制以及异因本身的模糊属性，任何制造过程不可能将所有的质量相关因素都纳入监测体系，在多数场合对现场质量工程师的经验判断依赖较大，造成异常诱发异因定位的复杂性。

（3）交错性。质量控制过程的异常症状与原因之间存在各种各样的重叠与交叉。一个症状有多种可能原因，一个异常源也可能引起多处的症状，一个症状也可能同时由多个异常源叠加起来形成。对于一个症状有多种可能原因的情形，应采取有效手段剔除不存在的原因。对于一个异常源产生多个症状的情形，可利用多个症状的组合去确定异常源。对于叠加现象，应全面考虑影响因素，分清各因素作用的主次轻重。

（4）随机性。在质量控制系统运行过程中，受到各种各样的随机性因素的影响，使异常具体发生点及变化方向不确定，引起判断与定量分析的困难。

此外，质量控制作用的对象为制造过程，属于非线性时变系统，基于精确数学模型的异常诊断方法在工业生产现场难以实际应用，相比之下，基于知识、经验和模糊推理的人工智能诊断方法效果会更好。

第十一节　本章小结

本章介绍了控制图的工作原理、异常状态判断以及计量型与计数型两类控制图的绘制等内容，分析了传统休哈特控制图的局限性，并结合本书涉及的研究内容，对质量控制过程及异常相关的概念作了阐述，为从过程视角研究不确定质量特性的控制奠定基础。

第三章
模糊质量管理

普通集合论创立于 19 世纪末，模糊集合论创立于 1965 年。模糊集合论由于在处理广泛存在的一种不确定性——模糊性方面的成功，在处理复杂系统方面的简捷有力，在某种程度上弥补了经典数学与统计数学的不足，使之得到了广泛的应用，在质量管理中也受到越来越广泛的重视。

第一节 质量的模糊属性及其表示方法

一、两类不确定性

客观世界存在着两类不确定性。

第一类不确定性是“随机性”。所谓“随机性”就是指在个别试验中呈现不确定性，也即某些现象在每次试验之前无法预知确切的结果，但是在相同条件下，在大量重复试验中又呈现某种规律性。第一类不确定性的典型例子，就是“掷硬币”。在每次抛掷硬币之前，我们无法预知其究竟是正面向上还是反面向上，但是在相同条件下，在大量重复抛掷中，正面向上和反面向上次数的比越来越接近 1：1。对于“随机性”的研究，构建了概率论与数理统计的主要内容，并在质量管理中得到了重要的广泛应用。

第二类不确定性是“模糊性”，它是由于人们不可能给某些事物以明确的定义和确定性的评定标准而具有的不确定性，而模糊集合论正是研究客观事物模糊性的科学。在质量管理中，具有“模糊性”的事物是广泛存在的。例如，质量等级的划分，一般是以质量特性指标值的各个界点为标准的，这种划分方法必然导致界点邻近的细微变化产生质量等级的跃变，这就产生十分明显的不合理性。事实上，顾客的实际评估，在各质量等级之间并不存在“截然分明”的界点，顾客的心理活动事实上存在着“中介过渡”和“亦此亦彼”的特性，因此，质量等级的边界应该是“软”的、富有“弹性”的。质量管理中，如质量的好差、造型的美观、手感的舒适、操作的灵活、使用的方便、性能的可靠、服务的周到、管理的严格、体系的完善等，无不具有模糊性，这就为模糊集合论的应用提供了广阔的空间。

二、普通集合和模糊集合

（一）普通集合

普通集合是指具有某种特定属性的对象的全体。普通集合一般用大写英文字母表示，如 A、B、C 等；普通集合中的元素则用小写英文字母表示，如 a、b、c 等。如元素 a 属于集合 A，则记为 $a \in A$；如元素 a 不属于集合 A，则记为 $a \notin A$。当涉及集合时，界定一个讨论对象的范围，这称为论域，一般记为 U。

如论域可以是全体实数，则 U=R；A=[2，4] 就是 R 上的一个集合；U 中的元素 $u_1 = 3 \in A$，而 $u_i = 5 \notin A$。

表示集合 A 有三种方法。第一种为列举法，即把集合中的每一个元素都一一表示清楚，如 A={2，4，6}。

第二种为描述法，即把集合中元素的特征描述清楚，如 $A = \{x \mid 2 \leqslant x \leqslant 6\}$。

第三种为特征函数法，即对 U 中每一个元素给出一个标志值的方法，也就是对 U 中每一个元素赋予一个“特征值”，当其属于 A 时，赋予特征值 1，而当其不属于 A 时，赋予特征值 0，如上述集合 A 可表示为：

$$\chi_A(u) = \begin{cases} 1 & 2 \leqslant u \leqslant 4 \\ 0 & 其他 \end{cases} \tag{3-1}$$

$\chi_A(u)$ 称为集合 A 的特征函数，它可用图 3-1 表示。

集合可以表达概念，也即可以用符合概念的对象全体来表达这个概念。但是这种概念对一个对象是否符合这一个概念而言，必须具有“是”、“否”、“两者居一”且“仅居其一”的特征。

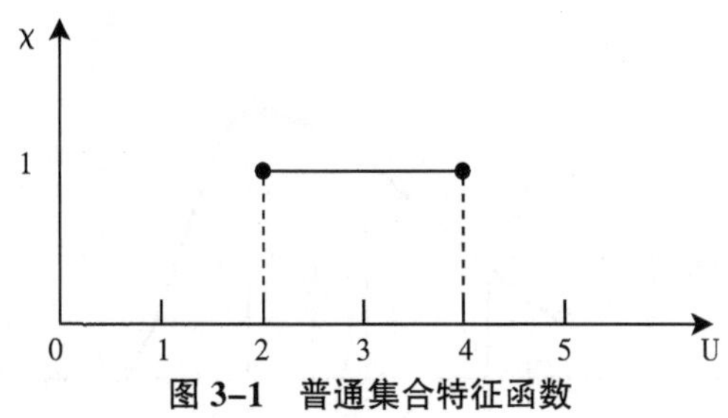

图 3-1　普通集合特征函数

（二）模糊集合

实际上，客观世界除了清晰概念以外，模糊概念也几乎无处不在。例如，在质量管理实际中，缺陷的严重、服务的周全、体系的完整、团队的协调等，无不是模糊的概念。要表达这些概念，普通集合的应用往往是牵强附会的。对于一个缺陷是否可称“严重”、一项服务是否可称“周全”、一个体系是否可属“完整”、一个团队是否可归“协调”，表面看来似乎不成问题，但一旦进入操作层面，必须给出“严重”、“周全”、“完整”、“协调”的定义和评判标准，这时如果仅仅停留在“是”与“否”的两维抉择模式，那么是难以前进一步的。因为对于这些概念的边界而言，一个对象的归属，是不能简单地在“是”与“否”之间做出“两取其一”且“仅取其一”的抉择的。这里存在着事实上的“过渡”和“渐变”，这些概念的边界是“模糊的”，是“弹性的”，也即其所包含对象的全体的轮廓具有不确定性。例如，“年轻人”就是一个典型的模糊概念。不同年龄对于“年轻”而言，有不同的符合程度，对于 18 岁可说完全符合“年轻”，而对于 28 岁似乎只能说只有 0.8 的符合程度了。

模糊集合正是摒弃了与客观实际不符的非此即彼的二维抉择模式，转而承认对象对概念归属的渐变与过渡，从而成为表达模糊概念的有力工具。

模糊集合的定义如下：

论域 $U=\{u\}$ 上的模糊集合 A 是由隶属函数 $\mu_A(u)$ 来表征的，其中 $\mu_A(u)$ 在 [0，1] 上取值，其大小是 u 对于 A 的隶属程度的反映。

隶属函数可以用图形表示，从而使颇为抽象的模糊集合有一个直观形象的表示，如图 3-2 所示。

从图 3-2 可知，$\mu_A(a)=0.4$，$\mu_A(b)=0.8$，$\mu_A(c)=1$。

例如，在 g_i 管理中，顾客要求某机械手的快速启动时间在 0.2 秒之内，采用传统的思维模式，启动时间小于 0.2 秒为“符合”要求，而大于或等于 0.2 秒为“不符合”要求。但是这种确定“符合”和“不符合”的模式和顾客要求的实际

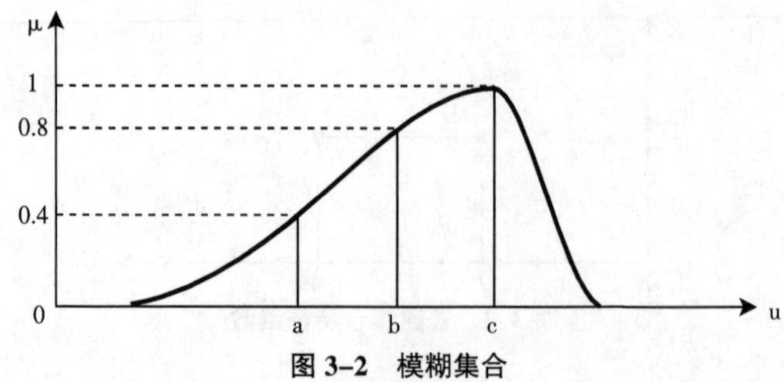

图 3–2 模糊集合

心理活动是不一致的。顾客的心理活动不可能在 0.2 秒这一界点上产生“突变”和“飞跃”，而是存在事实上的“中介过渡”。于是采用模糊集合来表达顾客要求更为符合实际。图 3–3 就是一个表达顾客要求的模糊集合的隶属函数图形。

在图 3–3 中，出现了一个 0.19~0.21 秒的弹性边界。

$\mu_{顾客要求}(0.18s)=1$，$\mu_{顾客要求}(0.19s)=1$，$\mu_{顾客要求}(0.20s)=0.5$

$\mu_{顾客要求}(0.21s)=0$，$\mu_{顾客要求}(0.22s)=0$

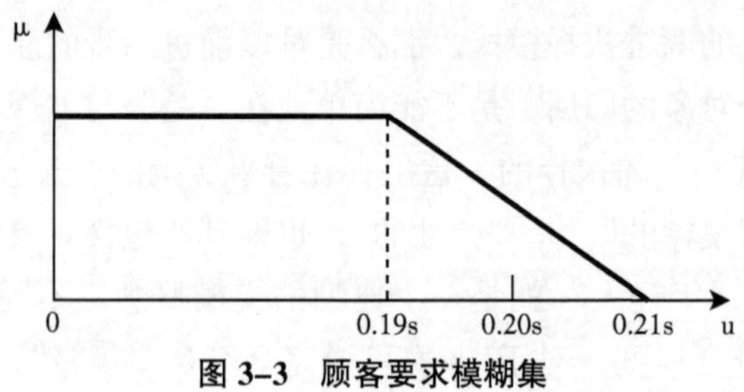

图 3–3 顾客要求模糊集

三、质量的模糊属性

在质量管理中，对于质量模糊属性的认识是和质量观念从“规格符合性”向“用户适用性”飞跃密切相关的。

国际质量管理权威朱兰有一段精辟的论述：对用户来说，质量就是“适用性”而不是“规格符合性”，最终用户很少知道规格到底是什么，用户对质量的评价总是以到手的产品是否适用且其适用性是否持久为标准的。

当人们在回顾自身享用一个产品和服务之时，肯定会深切地感受到朱兰的论述确实清晰地刻画了用户对产品和服务评价的心路历程，不禁为其深刻性、客观性拍案叫绝。

“规格符合性”是以产品的质量特性数值是否符合规定标准来评判质量的；“适用性”则是指产品或服务一切适合用户“使用要求”的特征和特性的总和。

这一质量观是“以市场为导向”、“顾客需求第一”的质量观。这里，“规格符合性”被弱化了，顾客评判心理活动的因素被强调了，从而模糊属性也凸显了。在市场经济的环境下，在仓库里积压无法销售的产品大批存在，如果单纯从“规格符合性”的标准来衡量恐怕都可加盖“合格”印章，然而“市场规律”、“顾客需求”却以铁的规律下达了“死刑”判决书。

“适用性质量”从其实质而言，由于凸显了“用户主体感受”的第一要素的品格，所以不能避免质量评判标准以及用户评判心理活动的模糊属性。

“适用性质量”的观念如果没有合适的数量化工具予以支撑，那么它无法在质量管理实践中站稳脚跟，也无法在应用领域走得更远。“适用性质量”呼唤新的数学工具的诞生，而模糊集合论正为“适用性质量”提供了一个坚实的基础。

“适用性质量”在质量管理实践中的重要意义还充分体现在“感觉性质量”的评判方面。“感觉性质量”是一种人们无法应用的检测工具和仪器，而只能以人的感觉作为检测手段来检测一种产品的质量，如产品的美感、质感、气味等。对这类质量特性的评价，只能给出一个对于各种质量评价等级的符合程度，也即采用模糊隶属度予以表达，而绝不是仅用“有无”、“好坏”、“优劣”等评语可以绝对表示的。这里“适用性”、“模糊性”的特征是十分明显的。

对于质量管理活动的自身质量的评价，也离不开“适用性”和“模糊性”评价。在全面质量管理中，除了产品质量，还包括工作质量。工作质量是一个企业为保证产品质量而开展的组织、管理、技术、服务等工作的质量及其协调运作的质量的总和，它是产品及服务质量的前提、基础和保证。对工作质量的评价也是缺乏直接的检测工具的，这里离不开人为的评价。一旦试图对工作质量进行数量化表征和处理时，传统数学面临的困难就十分明显地暴露了出来。于是，摒弃其清晰性，转而承认其模糊性，从而采用模糊集合论的方法则是顺理成章的了。

全面质量管理贯穿产品的设计、制造、使用、辅助的全过程。这里必须源于顾客、归宿于顾客，必须对顾客的需求、满意、抱怨等来自市场的原始信息进行采集和分析处理。这些已经归入质量管理范畴的活动，无不与行为科学、生理学、心理学、社会学等学科密切相关。在这些学科的研究对象中，不能回避模糊信息、模糊对象，不能不进行模糊推理和决策，这时采用传统数学工具就勉为其难了。

全面质量管理又是一项全员性的管理活动。在企业质量主管的全面负责下，在质量职能部门的具体组织下，在以全员参与为基础的质量管理小组实施下，全面质量管理实际已成为以提高质量为中心的群众性活动。它已不是单纯的技术工作，而是需要协调、协动、协力的社会活动，这就必然和具有广泛模糊研究对象的行为科学、心理学、生理学、社会学等学科密切相关，其应用模糊集合论是必然的了。

目前，六西格玛管理正风靡全球，在六西格玛管理中，在界定阶段，需要选择、确定、分析、描述项目；在测量阶段，需要收集数据、发现缺陷；在分析阶段，需要确定原因；在改进阶段，需要揭示输出、输入的内在关系，确定项目的改进优化方案并予以评估、实施；在控制阶段，需要保持过程稳定、巩固成果，并保持持续改进。这些活动都是以团队形式来实施的，在这些活动中揭示对象的模糊性的客观存在，应用模糊集合论方法已经引起广泛注意。

至于对顾客满意和顾客忠诚的测评活动，采用模糊等级量表，以优化原始数据测定的客观性和科学性，也已经进入实用阶段。

四、质量模糊属性的表示方法

（一）质量特性取离散值的情况

设质量特性论域 $U=\{u_1, u_2, \cdots, u_n\}$，其中 u_i（$i=1, 2, \cdots, n$）表示质量属性的第 i 个取值。

图 3-4 用模糊集合$\tilde{A}$表示了一个产品的模糊属性。

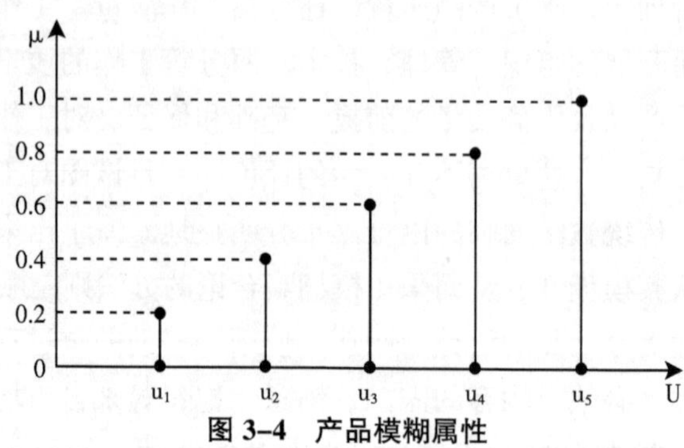

图 3-4　产品模糊属性

在模糊集合论中，采用如下的表示式可表达上述模糊集合：

$$\tilde{A}=0.2/u_1+0.4/u_2+0.6/u_3+0.8/u_4+1/u_5 \tag{3-2}$$

式（3-2）表示，当质量特性取值为 u_1 时，其对合格品的隶属度为 0.2；当质量特性取值为 u_3 时，其对合格品的隶属度为 0.6；当质量特性取值为 u_5 时，其对合格品的隶属度为 1。

这里还需指出一个特殊情况。有时可以用模糊集合来表示产品的各个质量特性对“合格品”的符合程度，这时 u_i（i=1，2，…，n）不是表示一个数值，而是表示某一质量特性，而斜线上侧的数值，则表示对于这一质量特性而言，该产品对“合格品”的隶属程度。

例如，某产品为75D化学纤维，其评判的质量特性为“毛丝”、“硬头丝”、“色差”、“油污”，对于这四个质量特性，特别对于“色差”、“油污”两个质量特征，显然具有明显的“模糊性”，因此可用模糊集合 $\tilde{A}$ 表示为：

$\tilde{A}$ = 0.9/毛丝 + 0.8/硬头丝 + 0.9/色差 + 1/油污

上式表示，对某一批75D化学纤维，从“毛丝”而言，合格程度为0.9；从“硬头丝”而言，合格程度为0.8；从“色差”而言，合格程度为0.9；从“油污”而言，合格程度为1。

当然，也可用“不合格”模糊集合来表示产品质量，这时，斜线上的数值则是对于某一质量特性而言，某一产品对“不合格”的隶属程度。

（二）质量特性取连续值的情况

设质量特性论域U=R，u为U中元素。

（1）双向封闭型。一般产品具有如下特点：当 $a \leq u \leq b$ 时，产品完全合格；当 $u \leq c$，$u \geq d$ 时，完全不合格；当 $c<u<a$，$b<u<d$ 时，存在模糊边界，称为弹性合格。模糊边界的设定应根据产品质量特性的具体情况，决定其宽度以及采用何种曲线。

图3–5表示了双向封闭型“合格”模糊集。

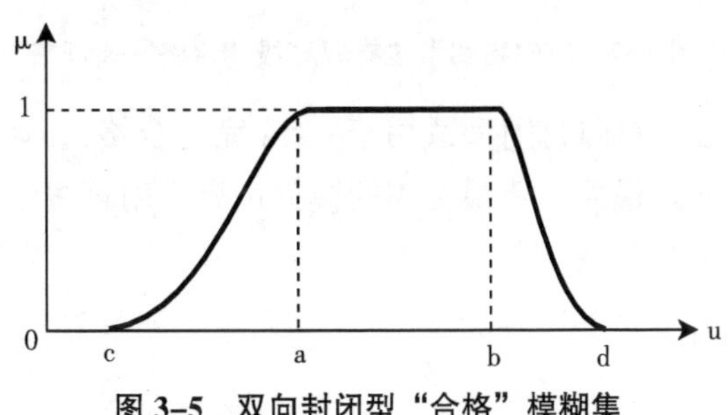

图3–5　双向封闭型“合格”模糊集

最简单、最常用的模糊边界采用直线型，这时模糊集隶属函数是如图3–6所示的曲线。

这时，A的隶属函数表示为：

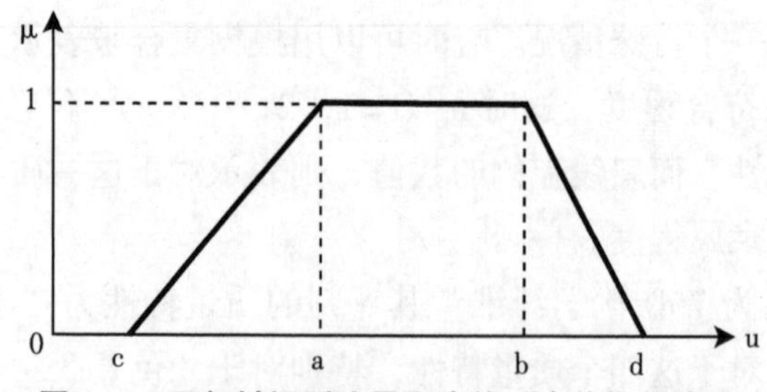

图 3-6 双向封闭型边界取直线“合格”模糊集

$$\mu_A(u)=\begin{cases}0 & (u<c)\\ \dfrac{1}{a-c}(u-c) & (c\leqslant u\leqslant a)\\ 1 & (a<u<b)\\ \dfrac{1}{b-d}(u-d) & (b\leqslant u\leqslant d)\\ 0 & (d<u)\end{cases} \tag{3-3}$$

（2）右向封闭型。右向封闭型适用于 u≤b 完全合格，u≥d 完全不合格，b<u<d 弹性合格的情况。最简单、最常用的模糊边界采用直线型，这时模糊集隶属函数是如图 3-7 所示的曲线。

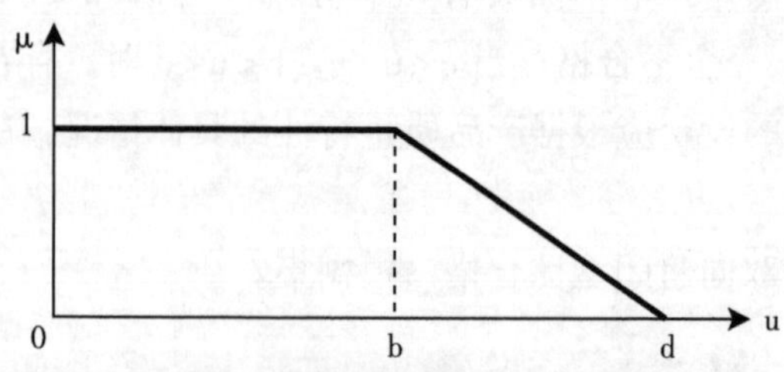

图 3-7 右向封闭型边界取直线“合格”模糊集

（3）左向封闭型。左向封闭型适用于 u≥a 完全合格，u≤c 完全不合格，c<u<d 弹性合格的情况。最简单、最常用的模糊边界采用直线型，这时模糊集隶属函数是如图 3-8 所示的曲线。

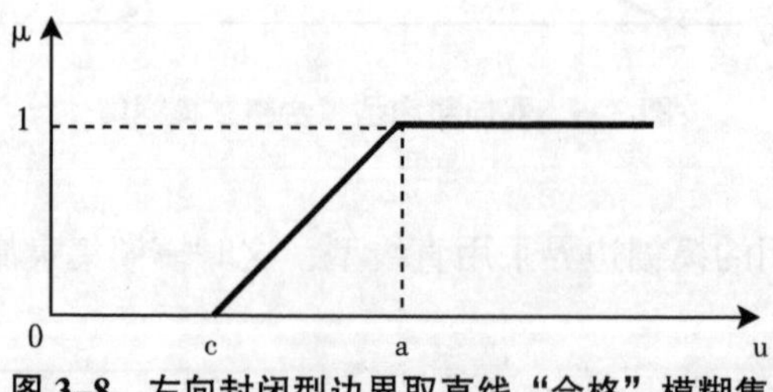

图 3-8 左向封闭型边界取直线“合格”模糊集

（三）清晰质量等级边界模糊化方法

在传统的质量管理中，质量等级是用清晰界点来划分的，这种划分势必使界点左右邻近的微小差异引发质量等级的跃变，这是明显不合理的。在质量管理中，采用模糊集合论的方法，首先要改清晰等级为模糊等级，这时可以采用清晰等级的边界模糊化方法。

清晰等级是用区间来表示的，如表 3–1 所示，其中表示了 z 个清晰等级的区间范围和中心值。

表 3–1　清晰等级

等级	1	2	…	j	…	n
区间	$u_1 \leqslant u < u_2$	$u_2 \leqslant u < u_3$	…	$u_j \leqslant u < u_{j+1}$	…	$u_n \leqslant u < u_{n+1}$
中心值	$m_1 = \frac{u_1 + u_2}{2}$	$m_2 = \frac{u_2 + u_3}{2}$	…	$m_j = \frac{u_j + u_{j+1}}{2}$	…	$m_n = \frac{u_n + u_{n+1}}{2}$

对应第 j 个清晰等级的模糊等级，现记为$\tilde{U}_j$，它实为一个模糊集合，对这一模糊集合规定如下的隶属函数确定原则是合理的。

（1）$\mu_{\tilde{U}_j}(m_j) = 1$，因为 m_j 是第 j 个清晰等级的中心值，完全属于模糊等级$\tilde{U}_j$，因此隶属度为 1 是合理的。

（2）$\mu_{\tilde{U}_j}(u_j) = \mu_{\tilde{U}_{j-1}}(u_j) = 0.5$，因为 u_j 是第 j–1 个、第 j 个清晰等级的界点，其属于模糊等级$\tilde{U}_{j-1}$及$\tilde{U}_j$的程度相同，因此隶属度均为 0.5 也是合理的。

能够符合这两条原则的隶属函数可以有多种，最简单也是最常用的有两种：直线型和正弦型。采用这两种函数时，模糊边界在界点两侧的宽度一般取为相同。

（1）直线型。图 3–9 表示以 u_0 为界点的清晰等级，在界点两侧各取 d 为宽度，采用直线型隶属曲线构建模糊边界。

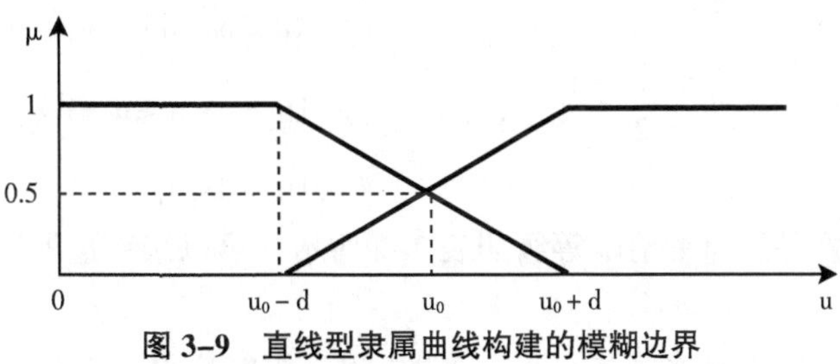

图 3–9　直线型隶属曲线构建的模糊边界

这时，左侧的模糊等级隶属函数为：

$$\mu_{左}(u)=\begin{cases}1 & (u\leqslant u_0-d)\\ -\dfrac{1}{2d}(u-u_0)+0.5 & (u_0-d<u\leqslant u_0+d)\\ 0 & (u_0+d<u)\end{cases} \tag{3-4}$$

右侧的模糊等级隶属函数为：

$$\mu_{右}(u)=\begin{cases}0 & (u\leqslant u_0-d)\\ \dfrac{1}{2d}(u-u_0)+0.5 & (u_0-d<u\leqslant u_0+d)\\ 1 & (u_0+d<u)\end{cases} \tag{3-5}$$

（2）正弦型。图 3–10 表示，以 u_0 为界点的清晰等级，在界点两侧各取 d 为宽度，采用正弦型隶属曲线构建模糊边界。

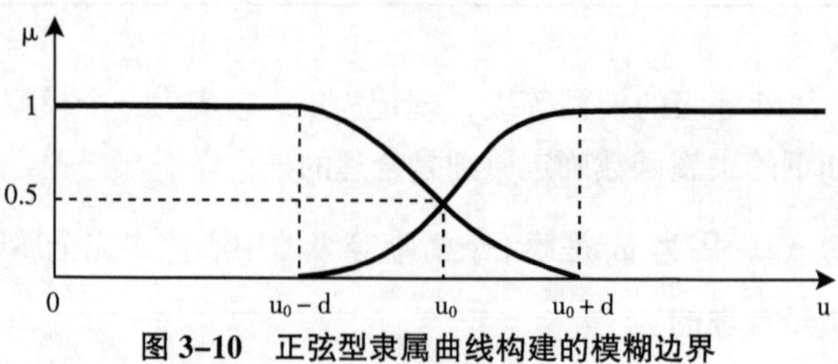

图 3–10　正弦型隶属曲线构建的模糊边界

这时，左侧的模糊等级隶属函数为：

$$\mu_{左}(u)=\begin{cases}1 & (u\leqslant u_0-d)\\ \dfrac{1}{2}\left[\sin\left(\dfrac{u-u_0+d}{2d}+\dfrac{1}{2}\right)\pi+1\right] & (u_0-d<u\leqslant u_0+d)\\ 0 & (u_0+d<u)\end{cases} \tag{3-6}$$

右侧的模糊等级隶属函数为：

$$\mu_{右}(u)=\begin{cases}0 & (u\leqslant u_0-d)\\ \dfrac{1}{2}\left[\sin\left(\dfrac{u-u_0-d}{2d}+\dfrac{1}{2}\right)\pi+1\right] & (u_0-d<u\leqslant u_0+d)\\ 1 & (u_0+d<u)\end{cases} \tag{3-7}$$

例如，某产品质量的清晰等级如表 3–2 所示，可以采用边界模糊化的方法建立模糊等级。

现在界点 140 双侧各取 80 宽度的边界建立模糊边界。在界点 280 双侧各取 60 宽度的边界建立模糊边界。在界点 400 双侧各取 40 宽度的边界建立模糊边界。

表 3-2　某产品质量清晰等级

质量等级	Ⅰ	Ⅱ	Ⅲ	Ⅳ
区间范围	<140	140~280	280~400	>400

（1）直线型。模糊等级可用图 3-11 表示。

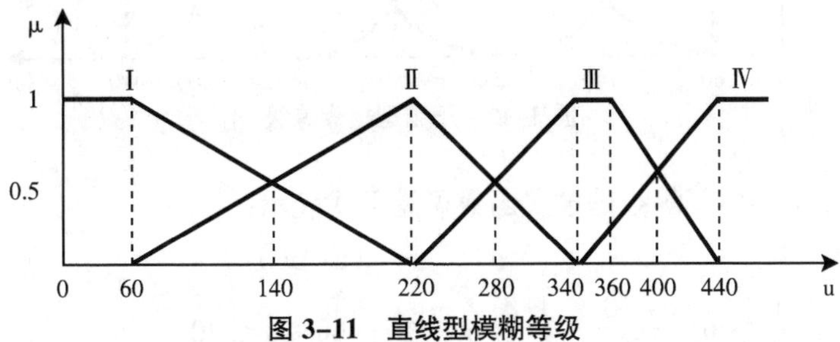

图 3-11　直线型模糊等级

图 3-11 中各模糊等级的隶属函数可用下式表示：

$$\mu_{\mathrm{I}}(u)=\begin{cases}1 & (u\leqslant 60)\\ -\dfrac{1}{160}(u-140)+0.5 & (60<u\leqslant 220)\\ 0 & (220<u)\end{cases}$$

$$\mu_{\mathrm{II}}(u)=\begin{cases}0 & (u\leqslant 60)\\ \dfrac{1}{160}(u-140)+0.5 & (60<u\leqslant 220)\\ -\dfrac{1}{120}(u-280)+0.5 & (220<u\leqslant 340)\\ 0 & (340<u)\end{cases}$$

$$\mu_{\mathrm{III}}(u)=\begin{cases}0 & (u\leqslant 220)\\ \dfrac{1}{120}(u-280)+0.5 & (220<u\leqslant 340)\\ 1 & (340<u\leqslant 360)\\ -\dfrac{1}{80}(u-400)+0.5 & (360<u\leqslant 440)\\ 0 & (440<u)\end{cases}$$

$$\mu_{\mathrm{IV}}(u)=\begin{cases}0 & (u<360)\\ \dfrac{1}{80}(u-400)+0.5 & (360\leqslant u\leqslant 440)\\ 1 & (440<u)\end{cases}\qquad(3\text{-}8)$$

（2）正弦型。模糊等级可用图 3–12 表示。

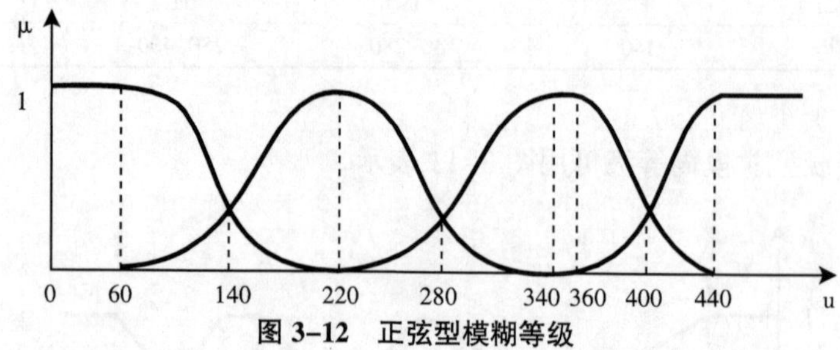

图 3–12　正弦型模糊等级

图 3–12 中各模糊等级的隶属函数可用下式表示：

$$\mu_{I}(u)=\begin{cases}1 & (u<60)\\ \dfrac{1}{2}\left[\sin\left(\dfrac{u-60}{160}+\dfrac{1}{2}\right)\pi+1\right] & (60\leqslant u<220)\\ 0 & (220\leqslant u)\end{cases}$$

$$\mu_{II}(u)=\begin{cases}0 & (u<60)\\ \dfrac{1}{2}\left[\sin\left(\dfrac{u-220}{160}+\dfrac{1}{2}\right)\pi+1\right] & (60\leqslant u<220)\\ \dfrac{1}{2}\left[\sin\left(\dfrac{u-220}{120}+\dfrac{1}{2}\right)\pi+1\right] & (220\leqslant u<340)\\ 0 & (340\leqslant u)\end{cases}$$

$$\mu_{III}(u)=\begin{cases}0 & (u<220)\\ \dfrac{1}{2}\left[\sin\left(\dfrac{u-340}{120}+\dfrac{1}{2}\right)\pi+1\right] & (220\leqslant u<340)\\ 1 & (340\leqslant u<360)\\ \dfrac{1}{2}\left[\sin\left(\dfrac{u-360}{80}+\dfrac{1}{2}\right)\pi+1\right] & (360\leqslant u<440)\\ 0 & (400\leqslant u)\end{cases}$$

$$\mu_{IV}(u)=\begin{cases}0 & (u<360)\\ \dfrac{1}{2}\left[\sin\left(\dfrac{u-440}{80}+\dfrac{1}{2}\right)\pi+1\right] & (360\leqslant u<440)\\ 1 & (440\leqslant u)\end{cases} \tag{3-9}$$

（四）模糊统计法

在质量模糊属性的表示中，模糊统计法是一种应用十分广泛的常用方法，这一方法的最显著特点就是，由与评价质量相关的专家和工作人员，根据自身的经验和体验进行等级评价，而最终的评价则是评价人员意见的综合统计。这一结果具有明显的客观依据和科学性。

模糊统计方法的基本原理如下。

设$\tilde{A}$为论域 U 上的一个描述某一模糊概念的模糊集合，$u_0 \in U$，现按如下步骤确定 u_0 对$\tilde{A}$的隶属程度：

（1）聘请 n 名与被描述的模糊概念相关的专家、管理人员和实际工作者，参与评价，每人评价一次。

（2）在每次评价中要求评价者根据自身对模糊概念的理解，确定一个作为 A 的近似表示的普通集合 A^*，A^* 实际上是对$\tilde{A}$的模糊边界的一种“清晰化”的固定。

（3）要求评价者确定 u_0 是否属于 A^*，由于 A^* 是普通集合，u_0 对 A^* 的关系，仅作“两取其一”的抉择。

（4）u_0 对$\tilde{A}$的隶属频率可由以下方法计算，即：

$$u_0\text{对}\tilde{A}\text{的隶属频率}=\frac{\text{“}u_0\in A\text{”的次数}}{n} \tag{3-10}$$

实际表明，当 n 越来越大时，隶属频率会趋于稳定。频率稳定的那个数值就是 u_0 对$\tilde{A}$的隶属度。

例如，$\hat{a}$，$\hat{b}$，$\hat{c}$，$\hat{d}$，管理中，要对若干个改进方案进行选择，需评价各改进方案对等级Ⅰ、Ⅱ、Ⅲ、Ⅳ、Ⅴ的隶属度，可以采用模糊统计方法来确定。

现聘请专家和管理人员 10 人组成评定级，应用模糊统计方法评定。

10 人确定的固定化集合为：

$A_1^*=\{Ⅰ,Ⅱ\}$，$A_2^*=\{Ⅱ,Ⅲ\}$，$A_3^*=\{Ⅱ,Ⅲ\}$，$A_4^*=\{Ⅰ,Ⅱ\}$，$A_5^*=\{Ⅲ\}$，$A_6^*=\{Ⅱ,Ⅲ,Ⅳ\}$，$A_7^*=\{Ⅱ,Ⅲ\}$，$A_8^*=\{Ⅲ,Ⅳ\}$，$A_9^*=\{Ⅳ\}$，$A_{10}^*=\{Ⅲ,Ⅳ\}$

由此可得：

$$u_{Ⅰ}=\frac{\text{“}A^*\text{中含的Ⅰ”次数}}{10}=\frac{2}{10}=0.2$$

$$u_{Ⅱ}=\frac{\text{“}A^*\text{中含的Ⅱ”次数}}{10}=\frac{6}{10}=0.6$$

$$u_{Ⅲ}=\frac{\text{“}A^*\text{中含的Ⅲ”次数}}{10}=\frac{7}{10}=0.7$$

$$u_{Ⅳ}=\frac{\text{“}A^*\text{中含的Ⅳ”次数}}{10}=\frac{4}{10}=0.4$$

$$u_V=\frac{\text{“}A^*\text{中含的V”次数}}{10}=\frac{0}{10}=0$$

于是，这一方案可用模糊集合$\tilde{A}$表示为：

$$\tilde{A}=0.2/\text{Ⅰ}+0.6/\text{Ⅱ}+0.7/\text{Ⅲ}+0.4/\text{Ⅳ}+0/\text{Ⅴ} \tag{3-11}$$

或用模糊向量表示为：

$\tilde{A}=(0.2，0.6，0.7，0.4，0)$

这里需注意，在确定固定化集合中，由于考虑到模糊性可以选择若干个相邻的等级，因此，A 的隶属度之和可以不为 1。但在某些情况下，为了统一处理某些对象，还是要求隶属度之和为 1，这时可以作归一化处理，即把每一个等级的隶属度除以各隶属度之和，得到：

$\tilde{A}=(0.11，0.32，0.36，0.21，0)$

这时，实际上不是把评判者人数作为统计基数，而是把所有选择的等级数之和作为统计基数，这也是有合理的实际意义的。

第二节　质量管理的模糊集合论方法

基于对质量的模糊属性认识，在质量管理的理论与实践中引入模糊集合论方法是顺理成章、合乎自然的。质量管理中的模糊集合论方法主要涉及模糊综合评判、模糊排序、模糊推理、模糊聚类等。本节主要介绍前两种方法的应用。

一、模糊综合评判

模糊综合评判的步骤如下：

1. 确立“评判因素集”和“评语等级集”

模糊综合评判的第一步是确定评判的角度，或指标，或因素，一般记为“评判因素集”，表示为 $U=\{u_1，u_2，\cdots，u_m\}$，其中，u_i（$i=1，2，\cdots，m$）为评判的第 i 个角度。

模糊综合评判还要确定评语的等级，据此建立“评语等级集”，表示为 $V=\{v_1，v_2，\cdots，v_n\}$，其中，v_j（$j=1，2，\cdots，n$）为第 j 个评语等级。这些等级应理解为模糊等级，一般用模糊语言表示，如很满意、满意、一般、不满意、很不满意等。

2. 单因素评判

单因素评判是指从某一因素，如 u_i 着眼，评判事物对各评语等级，如对等级 $\tilde{v}_j$ 的隶属度，即 $r_{ij}=\mu_{v_j}(u_i)$。

由此得出单因素评判模糊向量 $\tilde{r}_i=\{r_{i1}, r_{i2}, \cdots, r_{in}\}$。

如果在对某一对象进行评判时，只需从一个评判因素考虑，或者对象仅有一个评判因素，那么上面得出的评判结果就是该对象的最终评判结果。为与后文中应用的符号一致，可记为 $\widetilde{B}=\{b_1, b_2, \cdots, b_n\}$，其中 $b_j=r_{ij}$（$j=1, 2, \cdots, n$）。

3. 多因素评判

如果对某一现象进行评判时，需从 u_1，u_2，…，u_m，m 个因素进行评判，则可得到 m 模糊向量为：

$$\mu_A(a)=0.4\begin{cases}\tilde{r}_1=\{r_{11}, r_{12}, \cdots, r_{1n}\}\\ \tilde{r}_2=\{r_{21}, r_{22}, \cdots, r_{2n}\}\\ \quad\vdots\\ \tilde{r}_m=\{r_{m1}, r_{m2}, \cdots, r_{mn}\}\end{cases}$$

这些向量可简记为 m×n 模糊矩阵，称为模糊评判矩阵，表示为：

$$\widetilde{R}=\begin{bmatrix}\tilde{r}_1\\ \tilde{r}_2\\ \vdots\\ \tilde{r}_m\end{bmatrix}=\begin{bmatrix}r_{11}, & r_{12}, & \cdots, & r_{1n}\\ r_{21}, & r_{22}, & \cdots, & r_{2n}\\ & & \vdots & \\ r_{m1}, & r_{m2}, & \cdots, & r_{mn}\end{bmatrix} \tag{3-12}$$

4. 综合评判

至此得到的结果，还仅仅是单个因素评判结果的排列，为了对评判对象有一个整体的了解，还必须对多因素评判结果进行综合处理。这里必须对各个因素的作用进行明确，即需引入因素作用向量 $\widetilde{A}$，即 $\widetilde{A}=\{a_1, a_2, \cdots, a_m\}$，其中，$a_i$（$i=1, 2, \cdots, m$）表示第 i 个因素 u_i 在综合评判中所起作用的度量，其在［0，1］上取值。

模糊集合论指出，为了保证综合评判结果的合理性，a_1，a_2，…，a_m 的取值应符合一定要求。

有了 $\widetilde{A}$ 和 $\widetilde{R}$ 以后，就可进行综合评判。这里采用的是向量与矩阵的“合成运算”，最终得出的综合评判结果为 $\widetilde{B}$，即：

$$\tilde{B}=[b_1,\ b_2,\ \cdots,\ b_n]=\tilde{A}\circ\tilde{R}=(a_1,\ a_2,\ \cdots,\ a_m)\cdot\begin{bmatrix} r_{11}, & r_{12}, & \cdots, & r_{1n} \\ r_{21}, & r_{22}, & \cdots, & r_{2n} \\ & & \vdots & \\ r_{m1}, & r_{m2}, & \cdots, & r_{mn} \end{bmatrix} \tag{3-13}$$

式中“∘”是合成运算符号，其具体运算法则，由如下的计算式给出：

$$b_j=(a_1\dot{*}r_{1j})\dot{+}(a_2\dot{*}r_{2j})\dot{+}\cdots\dot{+}(a_m\dot{*}r_{mj})\quad(j=1,\ 2,\ \cdots,\ n) \tag{3-14}$$

其中，$\dot{*}$ 为一种称为广义“与”运算的符号，$\dot{+}$为一种称为广义“或”运算的符号。它们是成对出现的，记为 $(\dot{*},\ \dot{+})$。

常用的运算有：

$$(\dot{*},\ \dot{+})=(\wedge,\ \vee) \tag{3-15}$$

式中，$a\wedge b=\min(a,\ b)$，$a\vee b=\max(a,\ b)$。

对应于这种运算，因素作用向量$\tilde{A}=\{a_1,\ a_2,\ \cdots,\ a_m\}$ 应满足 $a_1\vee a_2\vee\cdots\vee a_m=1$。

$$(\dot{*},\ \dot{+})=(\cdot,\ \oplus) \tag{3-16}$$

式中，$a\cdot b=ab$，$a\oplus b=\min(a+b,\ 1)$。

对应于这种运算，因素作用向量$\tilde{A}=\{a_1,\ a_2,\ \cdots,\ a_m\}$ 应满足$a_1\oplus a_2\oplus\cdots\oplus a_m=1$。

5. 二级模糊综合评判

在质量管理实际活动中，模糊综合评判可以在两个层次上开展，并逐级综合，最终得出结果，这就是二级模糊综合评判。二级模糊综合评判可以推广至多级模糊综合评判。

二级模糊综合评判步骤如下：

第一步：分解因素论域。设因素论域为 U，评语论域为 V，把因素论域 U 按某种标准分成 s 个互不相交的子集：U_1，U_2，…，U_s，且满足：

$$\bigcup_{i=1}^{s}U_i=U,\ U_i\bigcap U_j=\varnothing\ (i\neq j) \tag{3-17}$$

第二步：进行一级模糊综合评判。对每个因素子集 U_k（k=1，2，…，s），采用同一个评语等级集 V，进行第一级模糊综合评判。

对 U_k 各个因素，取因素作用向量为$\tilde{A}_k$，评判矩阵为$\tilde{R}_k$，并且在综合评判中取同一类型的合成运算“∘”。于是，一级模糊综合评判的结果为：

$$\widetilde{B}_k=[b_{k1},\ b_{k2},\ \cdots,\ b_{kn}]=\widetilde{A}_k\cdot\widetilde{R}_k \tag{3-18}$$

实际上，$\widetilde{B}_k$ 即为把因素子集 U_k 看作一个因素进行单因素评判所得的评判向量。

第三步：进行二级模糊综合评判。取因素论域 $U=\{U_1,\ U_2,\ \cdots,\ U_s\}$，评语等级集仍为 V，因为对因素 $U_k(k=1,\ 2,\ \cdots,\ s)$ 的单因素评判向量已经得出，即为$\widetilde{B}_k$，所以二级模糊综合评判的评判矩阵已经得出，即：

$$\widetilde{R}=\begin{bmatrix}\widetilde{B}_1\\ \widetilde{B}_2\\ \vdots\\ \widetilde{B}_s\end{bmatrix}=\begin{bmatrix}\widetilde{A}_1\circ\widetilde{R}_1\\ \widetilde{A}_2\circ\widetilde{R}_2\\ \vdots\\ \widetilde{A}_s\circ\widetilde{R}_s\end{bmatrix}=\begin{bmatrix}b_{11},\ b_{12},\ \cdots,\ b_{1n}\\ b_{21},\ b_{21},\ \cdots,\ b_{2n}\\ \vdots\\ b_{s1},\ b_{s2},\ \cdots,\ b_{sn}\end{bmatrix} \tag{3-19}$$

在二级模糊综合评判中，还需根据因素子集 U_1，U_2，…，U_s 在综合评定中所起的作用，确定因素作用向量$\widetilde{A}$，然后，采用与一级模糊综合评判中相同的合成运算，即：

$$\widetilde{B}=A\circ R=A\circ\begin{bmatrix}\widetilde{A}_1\circ\widetilde{R}_1\\ \widetilde{A}_2\circ\widetilde{R}_2\\ \vdots\\ \widetilde{A}_s\circ\widetilde{R}_s\end{bmatrix} \tag{3-20}$$

二级模糊综合评判可用图 3-13 表示。

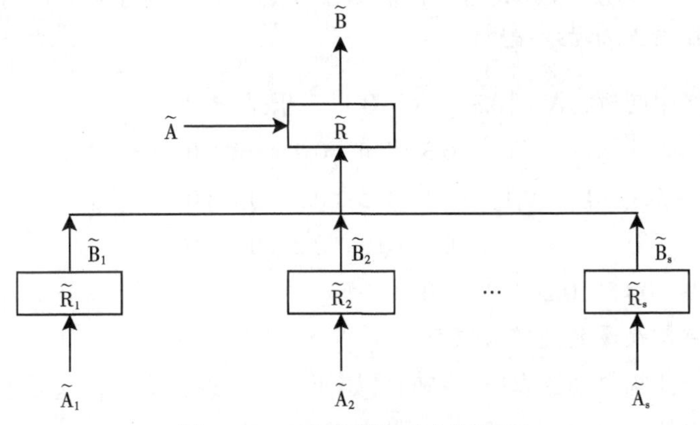

图 3-13 二级模糊综合评判示意

例如，可以采用模糊综合评判的方法，对宾馆质量的等级进行模糊综合评判。

第一步：针对宾馆的特点，选定评判因素集 U={设施　服务　价格}。

第二步：评语等级集 V={很好　好　一般　不好　很不好}，也可用Ⅰ、Ⅱ、Ⅲ、Ⅳ、Ⅴ依次表示“好”到“差”的评语等级。

第三步：单因素评判。聘请若干名专家、员工及顾客，采用模糊统计的方法，针对各个因素进行评判，可得单因素评判结果。

对“设施”因素，单因素评判结果为：$\tilde{r}_1=\{0.3, 0.4, 0.2, 0.1, 0\}$；

对“服务”因素，单因素评判结果为：$\tilde{r}_2=\{0.1, 0.5, 0.3, 0.1, 0\}$；

对“价格”因素，单因素评判结果为：$\tilde{r}_3=\{0.4, 0.3, 0.2, 0.1, 0\}$。

于是，有评判矩阵为：

$$\tilde{R}=\begin{bmatrix} 0.3 & 0.4 & 0.2 & 0.1 & 0 \\ 0.1 & 0.5 & 0.3 & 0.1 & 0 \\ 0.4 & 0.3 & 0.2 & 0.1 & 0 \end{bmatrix}$$

第四步：综合评判。

如采用（∧，∨）型合成运算，则根据经验，因素作用向量为$\tilde{A}=[0.5\quad 1\quad 0.2]$，于是：

$$\tilde{B}=A\circ R=[0.5\quad 1\quad 0.2]\circ\begin{bmatrix} 0.3 & 0.4 & 0.2 & 0.1 & 0 \\ 0.1 & 0.5 & 0.3 & 0.1 & 0 \\ 0.4 & 0.3 & 0.2 & 0.1 & 0 \end{bmatrix}$$

$$=[0.3\quad 0.5\quad 0.3\quad 0.1\quad 0]$$

如采用（·，⊕）型合成运算，根据模糊集合论可以证明，这时的合成运算转变为向量与矩阵的乘法运算。

设因素作用向量为$\tilde{A}=[0.3\quad 0.6\quad 0.1]$，于是：

$$\tilde{B}=A\circ R=[0.3\quad 0.6\quad 0.1]\circ\begin{bmatrix} 0.3 & 0.4 & 0.2 & 0.1 & 0 \\ 0.1 & 0.5 & 0.3 & 0.1 & 0 \\ 0.4 & 0.3 & 0.2 & 0.1 & 0 \end{bmatrix}$$

$$=[0.19\quad 0.45\quad 0.26\quad 0.1\quad 0]$$

6. 模糊评判向量的处理与应用

模糊综合评判得到的模糊评判向量如何进行处理和应用，这是模糊综合评判中必须要解决的一个问题。

这里介绍两种方法。

(1) 最大隶属度法，即在模糊评判向量中，哪一等级隶属度最大，即属于哪一等级。

如前述对宾馆质量等级的评价中的$\widetilde{U}_j$，这个宾馆属于“很好”的隶属度为0.3，“好”的隶属度为0.5，“一般”的隶属度为0.3，“不好”的隶属度为0.1，“很不好”的隶属度为0。可以认为这个宾馆属于“好”这一等级是合理的。

如果另一宾馆的模糊评判向量为$\widetilde{B}=[0 \quad 0.9 \quad 0.2 \quad 0 \quad 0]$，则“好”的隶属度最大，因此也可属于“好”这一等级。

这种方法一般适用于应用$\widetilde{S}_4$模型的合成运算。但从模糊评判向量的各等级隶属度比较，两个宾馆的评价还是存在显著差别的，因此还可采用赋值法。

(2) 赋值法。针对最大隶属法的不足，可以提出更为精细的处理模糊评判向量的方法。表 3–3 表示了等级赋值的方法。

表 3–3 等级赋值表

等级	$U_1, U_2, \cdots, U_m$
隶属度	$b_1, b_2, \cdots, b_m$
赋值	$a_1, a_2, \cdots, a_m$

依据表中数值可以采用加权平均的方法计算对应于模糊评判向量$\widetilde{B}=(b_1, b_2, \cdots, b_n)$ 的评判指标值 a，得到：

$$a=\frac{\sum_{j=1}^{n} b_j a_j}{\sum_{j=1}^{n} b_j} \tag{3–21}$$

如前述对宾馆质量等级的评价，如果采用如表 3–4 所示的等级赋值表，则：

$$a=\frac{0.19\times5+0.45\times4+0.26\times3+0.1\times2+0\times1}{0.19+0.45+0.26+0.1+0}$$

$$=\frac{3.73}{1}=3.73$$

表 3–4 宾馆质量等级赋值表

等级	很好	好	一般	不好	很不好
隶属度	0.19	0.45	0.26	0.1	0
赋值	5	4	3	2	1

这种方法适用于（·，⊕）类型的合成运算。对于（∧，∨）类型的合成运算，需先将评判向量“归一化”后再应用等级赋值法。本例中，模糊评判向量已经归一。

二、模糊排序

（一）模糊排序的特点

在质量管理实际中，人们离不开“比较”这样一种思维方式，人们在辨别管理多个对象的质量优劣时，往往是从两两比较开始的，也即人们往往以比较两个事物的优劣为基础，进而辨别多个对象的优劣次序。然而当人们对一组对象质量优劣进行比较时，往往无法克服由于特性及其评价的模糊性带来的思维上的困惑。当研究对象的质量特性清晰时，人们自然会以这一清晰特征的数量指标的大小来排列对象的优劣次序；而当所要比较的对象带有模糊性时，则不能由第一对象优于第二对象，第二对象优于第三对象，从而推出第一对象优于第三对象。这时出现矛盾评判的现象不但具有现实的可能性，而且存在由于模糊性产生的现实必然性。这样，针对模糊性采用模糊集合论的方法是十分自然的了。

（二）模糊择优比较法

模糊择优比较法是常用的一种模糊排序方法，它是在一组对象的两两比较基础上进行整体排序的。这里，通过一个质量改进方案排序的实例来说明这种方法。

（1）确定排序对象的择优比较优先比。择优比较得分是指通过一对一比较，确定甲对乙的优越程度得分，以及乙对甲的优越程度得分，两者之和为 1。择优比较得分一般可以直接由评价人员按经验评定，也可用模糊统计法评定。

在质量改进中，一般可以提出若干个改进方案，对改进方案的评价一般可从以下九个方面进行比较：

u_1：改进方案名称；u_2：总成本；u_3：对问题的影响；u_4：收益/成本比；u_5：文化影响/变革阻力；u_6：实施时间；u_7：效果的不确定性；u_8：健康与安全；u_9：环境。

评语等级为五个模糊等级，分别是：

很满意	满意	一般	不满意	很不满意
Ⅴ	Ⅳ	Ⅲ	Ⅱ	Ⅰ

在两两对比中进行模糊统计试验，由 10 位团队成员组成，得到如下比较结果：

$A_1^*=\{Ⅲ，Ⅳ\}$　　　　$B_1^*=\{Ⅲ，Ⅳ\}$

$A_2^*=\{Ⅱ, Ⅲ\}$　　$B_2^*=\{Ⅳ\}$

$A_3^*=\{Ⅲ, Ⅳ\}$　　$B_3^*=\{Ⅱ, Ⅲ\}$

$A_4^*=\{Ⅱ\}$　　$B_4^*=\{Ⅲ, Ⅳ\}$

$A_5^*=\{Ⅰ, Ⅱ\}$　　$B_5^*=\{Ⅲ, Ⅳ\}$

$A_6^*=\{Ⅱ, Ⅲ\}$　　$B_6^*=\{Ⅳ, Ⅴ\}$

$A_7^*=\{Ⅲ, Ⅳ\}$　　$B_7^*=\{Ⅳ, Ⅴ\}$

$A_8^*=\{Ⅱ, Ⅲ\}$　　$B_8^*=\{Ⅲ, Ⅴ\}$

$A_9^*=\{Ⅱ, Ⅲ\}$　　$B_9^*=\{Ⅲ, Ⅴ\}$

$A_{10}^*=\{Ⅱ\}$　　$B_{10}^*=\{Ⅱ, Ⅲ\}$

经统计得:

$u_Ⅰ(A)=0.1$　　$u_Ⅰ(B)=0$

$u_Ⅱ(A)=0.7$　　$u_Ⅱ(B)=0.2$

$u_Ⅲ(A)=0.7$　　$u_Ⅲ(B)=0.7$

$u_Ⅳ(A)=0.3$　　$u_Ⅳ(B)=0.7$

$u_Ⅴ(A)=0$　　$u_Ⅴ(B)=0.3$

经归一化得向量:

(0.06，0.39，0.39，0.16，0)　　(0，0.10，0.37，0.37，0.16)

优先得分 $=0\times5+0.16\times4+0.39\times3+0.39\times2+0.06\times1=2.6$

优先得分 $=0.16\times5+0.37\times4+0.37\times3+0.10\times2+0\times1=3.6$

A 对 B 优先比 $=\dfrac{2.6}{2.6+3.6}=0.419$　　B 对 A 优先比 $=\dfrac{3.6}{2.6+3.6}=0.581$

(2) 列出优先比统计表。对于每一个评价因素均可得出优先比，计于表 3–5 中。

表 3–5　优先比及权重统计表

评价因素	权重	方案 1	方案 2
$\tilde{S}_2$	0.05	0.526	0.474
$\tilde{S}_3$	0.1	0.425	0.575
$\tilde{S}_4$	0.05	0.419	0.581
$\tilde{S}_5$	0.15	0.613	0.387
$\bar{S}_{0.8}$	0.15	0.511	0.489
$\bar{S}_{0.3}$	0.15	0.426	0.574

续表

评价因素	权重	方案 1	方案 2
$\bar{S}$	0.15	0.325	0.675
u_8	0.10	0.378	0.622
u_9	0.10	0.875	0.125
总计		0.496	0.504

(3) 列出优先比矩阵表。对于四个改进方案，在两者比较的基础上，可得表 3-6。

表 3-6 方案择优比较表

优 \ 劣 比	方案 1	方案 2	方案 3	方案 4	Σ	%	顺序
方案 1	—	0.496	0.681	0.325	1.502	0.250	3
方案 2	0.504	—	0.743	0.297	1.544	0.257	2
方案 3	0.319	0.257	—	0.385	0.961	0.160	4
方案 4	0.675	0.703	0.615	—	1.993	0.332	1
					6.000		

表中Σ列为按行累计优先比的总数。

(4) 排列优劣顺序。从上面的计算结果，得出四个方案的优劣顺序为：

方案 4>方案 2>方案 1>方案 3

(三) 优先关系排序法

一般原理是在方案选择中，有时需要一个方案有同样的程度优于其余方案，这时采用优先关系排序法是合适的。

设有几个对象 u_1，u_2，…，u_n，优先关系排序法的步骤如下：

(1) 在对象之间，建立两两优先关系。以 c_{ij} 表示 u_i 比 u_j 优越，且要求：

①$c_{ii}=0$，$0\leqslant c_{ij}\leqslant 1$ $(i\neq j)$，②$c_{ij}+c_{ji}=1$。

(2) 把两两优先关系，用矩阵表示为：

$$C=\begin{bmatrix} 0 & c_{12} & \cdots & c_{1n} \\ c_{21} & 0 & \cdots & c_{2n} \\ \vdots & \vdots & \cdots & \vdots \\ c_{n1} & c_{n2} & \cdots & 0 \end{bmatrix}$$

(3) 取阈值 $\lambda\in[0,1]$，作矩阵 C 的 λ-截矩阵为：

$$C_\lambda=\begin{bmatrix}0 & c_{12}^\lambda & \cdots & c_{1n}^\lambda\\ c_{21}^\lambda & 0 & \cdots & c_{21}^\lambda\\ \vdots & \vdots & \cdots & \vdots\\ c_{n1}^\lambda & c_{n2}^\lambda & \cdots & 0\end{bmatrix}，其中\ c_{ij}^\lambda=\begin{cases}0, & c_{ij}<\lambda\\ 1, & c_{ij}\geqslant\lambda\end{cases}$$

λ 的取值由 1 递减至 0，若对 λ 的某一取值 λ_i–截矩阵具有如下性质，即它的第 i 行元素除对角线之外全都为 1，那么 u_i 称作第一优越对象。

(4) 在矩阵 C 中划去第 i 行、第 i 列所有元素，对所有矩阵再重复上述过程，直至所有元素排出优劣次序。

例如，某公司为发展业务招聘销售人员，根据实际工作需要制定进取性、坚韧性、艰苦性、专业性、技术性为主要内容的评价标准，以一致优越为原则，对四名应聘者进行排序。

1）对人选 1、人选 2、人选 3、人选 4 列出优先矩阵为：

$$C=\begin{bmatrix}0 & 0.47 & 0.61 & 0.32\\ 0.53 & 0 & 0.74 & 0.29\\ 0.39 & 0.26 & 0 & 0.38\\ 0.68 & 0.71 & 0.62 & 0\end{bmatrix}$$

2）λ 由 1→0 依次取值，得到的 λ–截矩阵为：

$$C_{0.74}=\begin{bmatrix}0&0&0&0\\0&0&1&0\\0&0&0&0\\0&0&0&0\end{bmatrix},\quad C_{0.71}=\begin{bmatrix}0&0&0&0\\0&0&1&0\\0&0&0&0\\0&1&0&0\end{bmatrix}$$

$$C_{0.68}=\begin{bmatrix}0&0&0&0\\0&0&1&0\\0&0&0&0\\1&1&0&0\end{bmatrix},\quad C_{0.62}=\begin{bmatrix}0&0&0&0\\0&0&1&0\\0&0&0&0\\1&1&1&0\end{bmatrix}$$

矩阵首次出现第四行除对角线元素外全部为 1，说明如选人选 4 较人选 1、人选 2、人选 3 有一致的优越程度，故人选 4 最优选。

3）把第四行、第四列元素划去得：

$$C=\begin{bmatrix}0 & 0.47 & 0.61\\ 0.53 & 0 & 0.74\\ 0.39 & 0.26 & 0\end{bmatrix},\quad C_{0.74}=\begin{bmatrix}0&0&0\\0&0&1\\0&0&0\end{bmatrix}$$

$$C_{0.61}=\begin{bmatrix}0&0&1\\0&0&1\\0&0&0\end{bmatrix},\ C_{0.53}=\begin{bmatrix}0&0&1\\1&0&1\\0&0&0\end{bmatrix}$$

第二行出现除对角线元素为 0，其余元素为 1 的状况，故人选 2 比人选 1、人选 3 具有一致优越的性质，故人选 2 作为第二优选人选。

4）划去第二行、第二列元素得：

$$C=\begin{bmatrix}0&0.61\\0.39&0\end{bmatrix},\ C_{0.61}=\begin{bmatrix}0&1\\0&0\end{bmatrix}$$

5）故人选 1 一致优于人选 3。

最后得出在一致优越意义下的方案排序为：人选 4 > 人选 2 > 人选 1 > 人选 3。

第三节　本章小结

本章在模糊集合相关理论的基础上，阐述了不确定质量特性的模糊属性，给出了离散取值与连续取值不确定质量特性的表示方法，并介绍了模糊综合评判、模糊排序、模糊推理、模糊聚类等不确定质量管理中常用的模糊集合论方法。

第四章
不确定质量特性控制图

如前面第二章所述，控制图是区分生产过程产生产品质量波动的“正常原因”和“异常原因”的有力工具。

在模糊质量管理学中，产生波动的原因又可从另外的角度归为两类：清晰原因和模糊原因。清晰原因是指不含模糊性的原因，模糊原因是指由于产品质量的评判标准和表示形式的模糊性而引起的产品质量指标值波动的原因。清晰原因、模糊原因和正常原因、异常原因相互交织在一起，也即正常原因中有清晰、模糊之分，异常原因中也有清晰、模糊之分。如在测试过程中，测试结果产生波动，既可能是正常原因，也可能是异常原因。从模糊质量管理学的观点，这种波动既可能是由于测试工具的微小变异这种纯随机原因引起的，也可能是由于质量标准的模糊性这种不确定性引起的，前者就是“清晰原因”，后者就是“模糊原因”。

模糊原因的提出，可以使由于模糊性而引起的质量波动从数量上加以研究和处理。模糊原因引起的质量波动往往是一种“表象波动”。也就是说，客观存在的质量指标值并未出现波动，而在实际评判时，得出了质量指标值“波动”的结论。或者，客观存在的质量指标值已经波动，而在实际评判时，得出了质量指标值“并未波动”的结论。在控制图的应用中“表象波动”可以产生工序状况指示失误。在质量管理的实践中进行模糊原因的控制，可以减少控制图应用中的失误。

控制图按其控制的对象可以分为计量值控制图和计数值控制图。

计量值控制图的控制对象是产品质量特性值以及与产品质量特性值相应的有关量值，这些量值是用连续量值表示的。计数值控制图的控制对象是产品质量特性可用离散量值表示的情况，如产品的不合格品数、不合格品率、缺陷数、单位缺陷数等。

第一节 基于贴近度的模糊控制图构建

一、模糊控制图应用中的模糊集论有关知识

（一）贴近度

贴近度是表示模糊集之间接近程度的一种数量指标。

设$\tilde{A}$、$\tilde{B}$、$\tilde{C}$为论域U上的模糊集，模糊集之间的贴近度用τ表示。显然，要求贴近度满足以下三个要求：

（1）如$\tilde{A}=\tilde{B}$，则$\tilde{A}$、$\tilde{B}$最贴近，于是$\tau(\tilde{A},\tilde{B})=1$。

（2）由∅表示空集，U表示全集，它们是两种最极端的情况，最不贴近，于是$\tau(\varnothing,U)=0$。

（3）对任意的$u\in U$，若$|\mu_A(u)-\mu_B(u)|\leqslant|\mu_A(u)-\mu_C(u)|$，那么$\tau(\tilde{A},\tilde{B})\geqslant\tau(\tilde{A},\tilde{C})$。

设$U=\{u_1, u_2, \cdots, u_n\}$。

满足以上三个要求的贴近度计算公式可以有多种形式，下面为常用的三种：

$$\tau(\tilde{A},\tilde{B})=\frac{\sum_{k=1}^{n}(\mu_A(u_k)\wedge\mu_B(u_k))}{\sum_{k=1}^{n}(\mu_A(u_k)\vee\mu_B(u_k))} \tag{4-1}$$

$$\tau(\tilde{A},\tilde{B})=\frac{2\sum_{k=1}^{n}(\mu_A(u_k)\wedge\mu_B(u_k))}{\sum_{k=1}^{n}(\mu_A(u_k)+\mu_B(u_k))} \tag{4-2}$$

$\tau(\tilde{A},\tilde{B})=1-c[d(\tilde{A},\tilde{B})]^{\alpha}$，其中$d(\tilde{A},\tilde{B})=\sqrt[p]{\sum_{k=1}^{n}|\mu_A(u_k)-\mu_B(u_k)|^p}$ $(p>0)$为模糊集合$\tilde{A}$、$\tilde{B}$的闵可夫斯基距离，当$p=2$时，称为欧几里得距离，当$p=1$时是海明距离。

c、α是两个可以适当选取的参数。当$c=1/n$，$\alpha=p$时，贴近度可化为：

$$\tau(\tilde{A},\ \tilde{B})=1-\frac{1}{n}\sum_{k=1}^{n}|\mu_A(u_k)-\mu_B(u_k)|^p \tag{4-3}$$

如在论域 U 上有 m 个模糊子集$\tilde{A}_1$，$\tilde{A}_2$，…，$\tilde{A}_m$及模糊子集$\tilde{B}$，若 $\tau(\tilde{B},\ \tilde{A}_i)=\max[\tau(\tilde{B},\ \tilde{A}_1),\ \tau(\tilde{B},\ \tilde{A}_2),\ \cdots,\ \tau(\tilde{B},\ \tilde{A}_m)]$，则称$\tilde{B}$与 m 个模糊子集$\tilde{A}_1$，$\tilde{A}_2$，…，$\tilde{A}_m$中的第 i 个子集$\tilde{A}_i$最贴近。这就是“择近原则”。

例如，某产品质量分为五个模糊等级，在等级划分时综合考虑了六个质量因素，这些数据如表 4-1 所示。确定某一产品$\tilde{A}$属于哪一个模糊等级较为合理。

表 4-1　产品因素等级表

因素＼等级	$\tilde{Ⅰ}$	$\tilde{Ⅱ}$	$\tilde{Ⅲ}$	$\tilde{Ⅳ}$	$\tilde{Ⅴ}$	$\tilde{A}$
u_1	0.7	0.5	0.4	0.2	0	0.6
u_2	0.9	0.8	0.6	0.3	0.2	0.5
u_3	0.6	0.4	0.3	0	0	0.2
u_4	0.8	0.5	0.4	0	0	0
u_5	0.5	0.3	0.2	0	0	0.4
u_6	0.7	0.6	0.2	0.1	0	0.7

为此可以计算产品$\tilde{A}$对于每一等级的贴近度，然后根据择近原则确定产品的模糊等级归属。现采用最大最小的贴近度计算方法。

$$\tau(\tilde{A},\ \tilde{Ⅰ})=\frac{0.6+0.5+0.2+0+0.4+0.7}{0.7+0.9+0.6+0.8+0.5+0.7}=0.5$$

$\tau(\tilde{A},\ \tilde{Ⅱ})=0.62$，$\tau(\tilde{A},\ \tilde{Ⅲ})=0.5$，$\tau(\tilde{A},\ \tilde{Ⅳ})=0.25$，$\tau(\tilde{A},\ \tilde{Ⅴ})=0.08$

$\tau(\tilde{A},\ \tilde{Ⅱ})$达最大值，故产品$\tilde{A}$属于第$\tilde{Ⅱ}$模糊等级是合适的。

（二）满足度

满足度是另一种反映两个模糊集合接近程度的数量指标，它侧重于表示两个模糊集合的相对位置关系。一般地，模糊集合 A 和模糊集合 B 之间的位置关系不外乎包含、相交和相离三种情况，如图 4-1 所示。

如图 4-1（a）所示，B⊆A，如果将 A 理解为某一质量指标，将 B 理解为待检产品的质量，则该图表示待检产品质量完全满足质量标准。如果将 B 对 A 的满足度记为 $\mu_A(B)$，则如图 4-1（a）所示的情况，满足度为 $\mu_A(B)=1$。图 4-1（c）正好相反，该图表示 A 与 B 相离的情况，此时待检产品的质量完全不满足质量

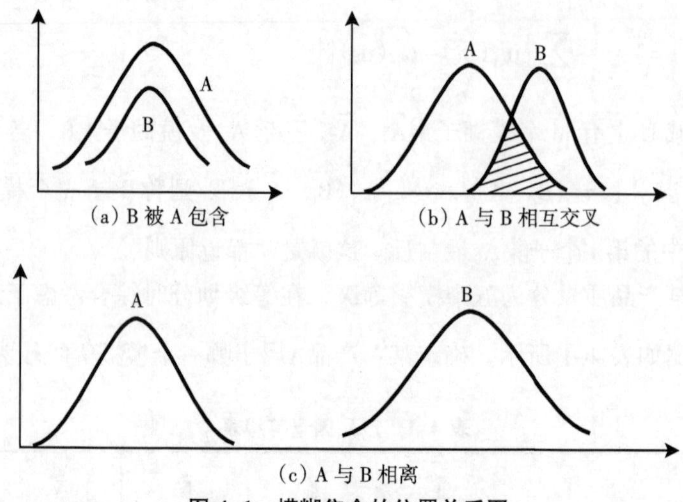

图 4-1 模糊集合的位置关系图

标准，于是 $\mu_A(B)=0$。而图 4-1（b）中，A 与 B 相互交叉，表示待检产品的质量相对于质量标准部分得到满足，此时满足度 $0\leqslant\mu_A(B)\leqslant1$。为此我们定义满足度为：

$$\mu_A(B)=\frac{(A\cap B)\text{ 所包含的面积}}{B\text{ 所包含的面积}} \tag{4-4}$$

当已知 A 和 B 的隶属函数时，很容易利用上式计算出满足度。

（三）区间数与模糊数

1. 区间数

如果把一个实数闭区间［a，b］视为 1 个数，那么这种数就称为“区间数”。区间数用 I 表示，可用下式定义：

$$I=[a,\ b]\triangleq\{x|a\leqslant x\leqslant b,\ a,\ b\in R\} \tag{4-5}$$

一般记 $a=I^-$，$b=I^+$，则 $I=[I^-,\ I^+]$。

实数域 R 上的全体区间数 I_R，即 $I_R\triangleq\{[a,\ b]|a\leqslant b,\ a,\ b\in R\}$。

对于区间数可以定义算术运算。如用“*”表示+，-，×，÷四种运算中的一种，则区间数的算术运算定义如下：

$$[a,\ b]*[c,\ d]\triangleq\{x*y|x\in[a,\ b],\ y\in[c,\ d]\} \tag{4-6}$$

上述定义中，如果 $0\in[c,\ d]$，则 $[a,\ b]\div[c,\ d]$ 不做定义。

有上述定义可得区间数的运算公式：

$[a,\ b]+[c,\ d]=[a+c,\ b+d]$

$$[a,\ b]-[c,\ d]=[a-d,\ b-c]$$

$$[a,\ b]\times[c,\ d]=[\min(ac,\ ad,\ bc,\ bd),\ \max(ac,\ ad,\ bc,\ bd)]$$

$$[a,\ b]\div[c,\ d]=[a,\ b]\times\left[\frac{1}{c},\ \frac{1}{d}\right] \tag{4-7}$$

注意，区间数运算和通常数的运算并不完全一致。例如，[0，1] - [0，1] = [-1，1]，[1，2] ÷ [1，2] = [1/2，2]。

区间数在质量管理实践中具有实用价值。如用某种量具测量产品质量指标，当测量单位确定时，用包含质量指标值的测量刻度区间表示测量值是合理的。图 4-2 表示了质量特性值 u_0 用区间数 [2.1，2.2] 表示的情况。

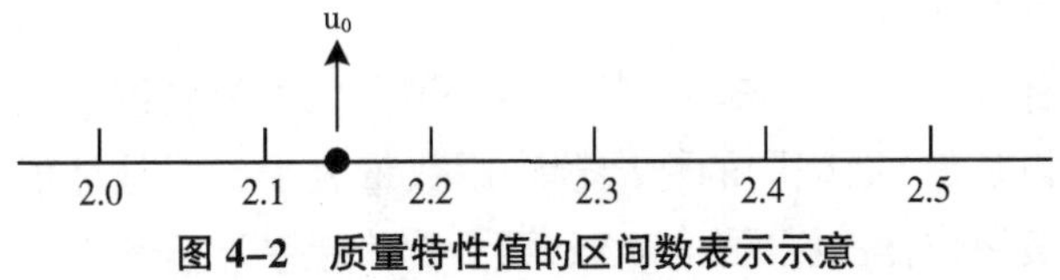

图 4-2　质量特性值的区间数表示示意

2. 模糊数

设 $\tilde{I}$ 为实数域 R 上的模糊子集，$\mu_I(u)$ 为它的隶属函数，$\beta=\max(\mu_I(u))$，若对任意 $\lambda\in(0,\ \beta)$，$\tilde{I}$ 的 λ-割 $\tilde{I}_\lambda=\{u\,|\,\mu_I(u)\geqslant\lambda\}$ 都是一个闭区间，则称 $\tilde{I}$ 是一个模糊数。

图 4-3 就给出了一个模糊数的例子。

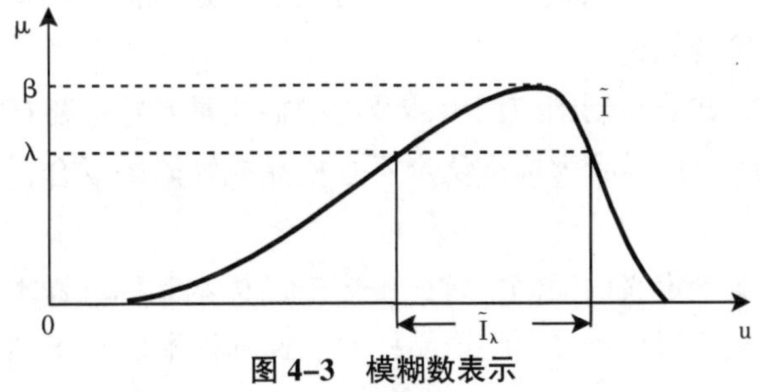

图 4-3　模糊数表示

特别当 β = 1 时，模糊数 $\tilde{I}$ 称为正规模糊数。

应用分解定理，可以看出模糊数可以分解为区间数的“并和”。其实区间数可以视为特殊的模糊数，模糊数实为区间数的推广。

两个模糊数的运算是通过区间数及分解定理建立起来的。

设 $\tilde{I}$、$\tilde{J}$ 是任意两个模糊数，运算符合 $*\in[+,\ -,\ \times,\ \div]$。

令 $K_\lambda = I_\lambda * J_\lambda$（$0 \leq \lambda \leq \beta$），$\tilde{K} = \cup \lambda K_\lambda$，$\lambda \in [0, \beta]$。

则规定$\tilde{K} = \tilde{I} * \tilde{J}$，* 为$\tilde{I}$和$\tilde{J}$的算术运算。对于除法运算，要求 $0 \notin \text{supp}\ \tilde{J}$（supp $\tilde{J}$为模糊集合$\tilde{J}$的支撑，定义为：$\text{supp}\ \tilde{J} = \{u \mid \mu_J(u) > 0\}$）。

二、模糊计数值控制图

（一）计数值控制图应用中涉及的模糊质量问题

计数值控制图在实际应用中主要是控制不合格品数、不合格品率、缺陷数、单位缺陷数。显然，产品“不合格”以及“缺陷”的认定成为不合格品数（率）、缺陷数统计的首要环节。

产品“不合格”以及“缺陷”的认定一般分为两种情况。一种情况是产品的“不合格”标准以及“缺陷”的标准较难用数量表示，而是呈现一种明显的模糊状态。这时一般用作样品标准的实物和照片为产品“不合格”以及“缺陷”认定的依据，这种场合应该确定产品对于“不合格”或对“缺陷”的隶属度，并在一定的阈值水平下统计不合格品数及缺陷数。另一种情况是产品的质量特性可以应用连续量表示。但是在质量管理实际活动中，人们还是乐于把产品简单地划分为合格品和不合格品，而把不合格品率作为反映产品质量水平的综合指标，这种处理质量水平的优点在于易为操作工人理解和接受。如前所述，“合格品”、“缺陷”都是模糊概念；对于产品“合格”、“缺陷”的认定问题，实质上就是产品质量对于“不合格”标准以及“缺陷”标准的符合问题。这就涉及模糊集合的隶属度以及模糊集合间的符合问题。

由上所述，计数值控制图应用中涉及的模糊质量问题主要有：

（1）以实物或照片样品为标准认定不合格品或缺陷的场合，控制图的基本形式和应用。

对于由模糊概念定义的缺陷，首先确定产品样本和标准样本比较的“因素”，并由这些因素组成论域 U；其次将产品样本和标准样本用 U 上的模糊集合 A 和 B 表示；最后计算模糊集合 A 和 B 的贴近度 $\tau(\tilde{A}, \tilde{B})$，并以此贴近度表示该产品对标准样品的接近度。若确定阈值为 λ，当 $\tau(\tilde{A}, \tilde{B}) \geq \lambda$ 时，在 λ 置信程度上，判定产品为“合格品”，或存在某种缺陷。

某产品的表面缺陷是由色泽异常引起的，缺陷的样品由照片给出。在实际判定某产品是否存在缺陷时，可以采用如图 4-4 所示的网络，把样品表面进行分割，图 4-4 给出了六个格子，在每个格子中对异常色泽给出一个属于［0，1］的数值。

$0.9/a_1$	$0.5/a_2$	$0.3/a_3$
$0.1/a_4$	$0.7/a_5$	$0.2/a_6$

图 4-4　质量缺陷的网络表示

于是，缺陷样品可用模糊集合表示为：

$C=0.9/a_1+0.5/a_2+0.3/a_3+0.1/a_4+0.7/a_5+0.2/a_6$

当用同样网络去判定产品时，可以得出类似的模糊集合为：

$\widetilde{B}=0.1/a_1+0.9/a_2+0.1/a_3+0.8/a_4+0.1/a_5+0.5/a_6$

进而应用"最大最小贴近度"计算公式计算贴近度：

$$\tau(\widetilde{A},\ \widetilde{B})=\frac{0.1+0.5+0.3+0.1+0.1+0.2}{0.9+0.9+0.4+0.8+0.7+0.4}=\frac{1.3}{4.1}=0.32$$

如果取 $\lambda=0.2$，因 $\tau(\widetilde{A},\ \widetilde{B})=0.32>\lambda$，可视该产品存在这类缺陷；如取 $\lambda=0.5$，可认为该产品并不存在这类缺陷。

（2）质量特性值用连续量表示，以模糊质量标准认定不合格品或缺陷的场合，控制图的基本形式和应用。

由于计量表示时，质量特性值可以取实数值，则可以去实数 R 为论域，模糊合格品的质量标准为 R 上的模糊集合$\widetilde{A}$。如果产品的质量特性仅考虑取清晰值 u_0，则只需计算产品对于模糊合格品标准的隶属度 $\mu_A(u_0)$。当阈值为 λ 时，如 $\mu_A(u_0)\geqslant\lambda$，那么在置信水平 λ 上，该产品应视为合格品，否则应视为不合格品。

在某些场合，质量特性的取值用 R 上的模糊子集表示是合适的。如产品中的质量特性的取值为"在 u_0 附近"、"在 u_0 左右"、"大约 u_0"等时，用顶点横坐标在 u_0 的"三角形"和"正态形"模糊数$\widetilde{I}$表示就十分自然了。

这时，判定不合格品要应用满足度法。即计算$\widetilde{I}$对于$\widetilde{A}$的满足度 $\mu_A(I)$，比较 $\mu_A(I)$和 λ，当 $\mu_A(I)\geqslant\lambda$ 时，判定产品在 λ 置信程度上是"合格品"，否则视为"不合格品"。

（二）模糊计数值控制图

对于清晰的计数值控制图，常用的有缺陷数控制图（c 图）、单位缺陷数控制图（u 图）、不合格品数控制图（np 图）以及不合格品率控制图（p 图）等。对于模糊质量标准，在应用控制图时，可先确定阈值 λ，把模糊质量标准转化为清晰质量标准，再作控制图。此时的控制图统称为 λ-置信水平下的模糊计数值控制图，包括模糊缺陷数控制图（$\tilde{c}$图）、模糊单位缺陷数控制图（$\tilde{u}$图）、模糊不合格品数控制图（$\widetilde{np}$ 图）以及模糊不合格率控制图（$\tilde{p}$图）。

当 λ 变化时，不合格品数（率）、缺陷数将发生变化，一般 λ 增大时，它们也增加。控制图的形式将发生变化。

例如，某产品用模糊集合给出质量标准。当 λ=0.2 和 λ=0.6 时，样本容量 n=100 的样本中不合格品的统计资料如表 4-2 所示，试绘 $\widetilde{np}$ 制图。

表 4-2　样本不合格品统计表

样本号	λ=0.2 不合格品数	λ=0.4 不合格品数	样本号	λ=0.2 不合格品数	λ=0.4 不合格品数
1	3	3	14	2	3
2	4	4	15	0	1
3	0	1	16	3	4
4	4	4	17	0	0
5	2	3	18	5	5
6	3	4	19	0	0
7	1	2	20	4	4
8	2	2	21	3	3
9	2	2	22	1	1
10	5	5	23	0	0
11	3	3	24	6	8
12	1	1	25	4	5
13	1	2	合计	59	70

由第二章可知，np 图的中心线及上、下控制线可用下列公式表示：

$$\begin{cases} UCL=\bar{d}+3\sqrt{\bar{d}(1-\bar{d}/n)} \\ CL=\bar{d} \\ LCL=\bar{d}-3\sqrt{\bar{d}(1-\bar{d}/n)} \end{cases} \tag{4-8}$$

其中 n 为与样本容量，$\bar{d}$为样本不合格品数的平均值。λ=0.2 时：

$$\begin{cases} CL=59/25=2.36 \\ UCL=2.36+3\sqrt{2.36(1-2.36/100)}=6.91 \\ LCL=2.36-3\sqrt{2.36(1-2.36/100)}=- \end{cases}$$

绘制的$\widetilde{np}$如图 4–5 所示。

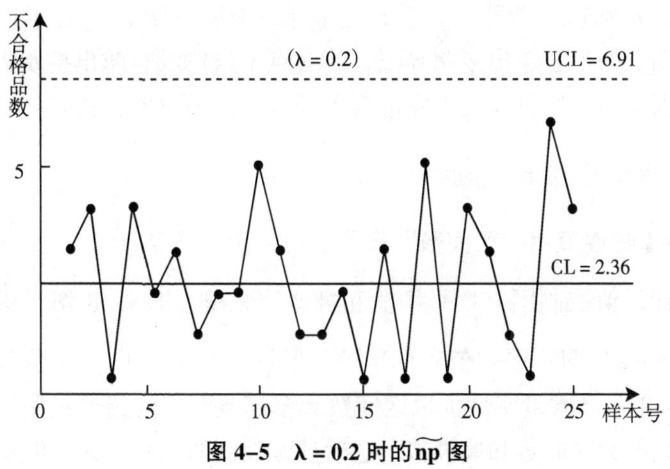

图 4–5　λ = 0.2 时的$\widetilde{np}$图

λ=0.4 时：

$$\begin{cases} CL=70/25=2.8 \\ UCL=2.8+3\sqrt{2.8(1-2.8/100)}=7.75 \\ LCL=2.8-3\sqrt{2.8(1-2.8/100)}=- \end{cases}$$

绘制的$\widetilde{np}$如图 4–6 所示。

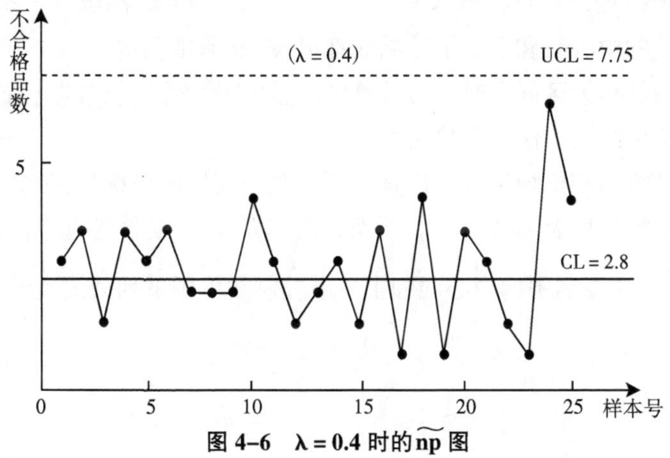

图 4–6　λ = 0.4 时的$\widetilde{np}$图

由图 4-5 及图 4-6 可见，当 λ 发生变化时，控制图的形式将发生明显变化。当依据 λ 的某一数值，统计不合格品数，画出控制图后，在实际使用时，如 λ 值发生偏移，这时控制图将出现“误发警报”或“漏发警报”的错误，这类错误显然是由于模糊性引起的。在控制图的应用中，把模糊性和随机性加以区分并且单独予以认识和控制，将使上述两类错误减少。

运用模糊计数值控制图可进行工序状态的判断。如果控制图上的点子没有越出控制界限，那么就认为这时的生产过程或工序是正常的，处于控制状态；反之，当控制图上的点子越出控制界限，或者点子虽然没有越出控制界限，但其排列有缺陷，则认为生产过程或工序出现了异常，处于非控制状态。

三、模糊计量值控制图

（一）质量特性值用“区间数”表示

常用的计量值控制图有：平均值和极差控制图，即 $\bar{X}-R$ 图；中位数和极差控制图，即 $Me-R$ 图；平均值和标准差控制图，即 $\bar{X}-s$ 图；单值和移动极差控制图，即 $X-R_s$。当质量特性值取区间数和模糊数时，计量值控制图的中心线和上、下控制线即为区间数和模糊数，这时计量控制图统称为计量值模糊控制图。

当质量特性值用区间数表示时，控制图的作用实际上是对区间数的端点值的控制，这时的控制图实际上是一种组合型的控制图。

下面结合实例说明当质量特性值用区间数表示时，平均值和极差控制图（$\bar{X}-R$ 图）的作法。

绘制控制图的主要工作是确定控制图的中心线和上、下控制线。

假定生产过程的质量指标 $X=[X^-, X^+]$，而 X^- 和 X^+ 都服从正态分布，这时平均值和极差的中心线和上、下控制线都可按 3σ 原则确定。

当收集的数据为区间数时，可计算区间数的平均值以及其左、右端点的极差值，然后再按传统的方法绘制控制图。

例如，某线切割机加工某零件直线型孔眼，其横向坐标用区间数表示，现收集得到 100 个数据如表 4-3 所示。下面介绍模糊 X-R 控制图的绘制。

$\bar{X}$ 控制图、R 控制图的中心线和上、下控制线可用下列公式表示：

表 4-3　测量值抽样数据

单位：毫米

样本号	测定值					$\bar{X}_i$	R_i^-	R_i^+
	X_1	X_2	X_3	X_4	X_5			
1	[14.9，15.3]	[13.5，14.7]	[16.4，17.9]	[14.0，15.2]	[13.9，15.1]	[14.5，15.6]	2.9	3.2
2	[12.9，13.4]	[15.2，17.9]	[14.2，15.3]	[15.1，15.8]	[12.9，14.4]	[14.1，15.4]	2.3	4.5
3	[15.9，16.7]	[15.8，16.2]	[13.8，14.8]	[13.8，15.3]	[13.8，14.4]	[14.6，15.5]	2.1	2.3
4	[13.9，15.2]	[13.8，15.2]	[13.2，15.1]	[15.8，17.2]	[14.9，16.1]	[14.3，15.8]	2.6	2.1
5	[13.8，14.6]	[14.9，15.8]	[15.9，17.1]	[15.8，16.9]	[15.9，17.2]	[15.3，16.3]	2.1	2.6
6	[13.2，14.7]	[14.8，15.2]	[14.8，16.2]	[14.2，15.8]	[13.8，15.2]	[13.9，15.4]	1	1.2
7	[14.9，15.2]	[14.8，15.2]	[14.8，16.2]	[13.9，14.8]	[13.2，15.3]	[14.3，15.3]	1	1.4
8	[14.9，15.8]	[14.8，15.9]	[14.2，16.3]	[14.7，15.8]	[13.3，15.1]	[14.4，15.8]	1.6	1.2
9	[16.1，16.3]	[12.8，17.6]	[17.2，17.8]	[16.4，16.8]	[15.2，17.3]	[15.5，17.2]	4.4	1.5
10	[13.2，14.3]	[12.9，14.2]	[13.4，14.8]	[12.3，14.8]	[13.4，13.8]	[13.0，14.4]	1.1	1
11	[12.8，14.2]	[14.2，16.8]	[15.7，16.1]	[14.2，16.2]	[12.8，14.2]	[13.9，15.5]	2.9	2.6
12	[12.1，14.2]	[13.4，15.1]	[13.4，14.1]	[14.2，15.3]	[15.2，17.1]	[13.9，15.2]	3.1	3.0
13	[13.1，15.2]	[14.2，16.1]	[15.1，16.2]	[16.2，17.1]	[12.7，13.4]	[14.3，15.6]	3.5	3.7
14	[14.1，15.2]	[13.4，15.1]	[14.2，16.1]	[15.4，16.1]	[16.1，17.2]	[14.6，15.9]	2.7	2.1
15	[15.1，16.1]	[15.1，16.2]	[13.1，14.5]	[14.5，16.1]	[14.1，15.2]	[14.4，15.6]	2.0	1.7
16	[16.1，17.2]	[16.1，17.1]	[14.2，15.1]	[15.2，15.8]	[12.2，14.5]	[14.8，15.9]	3.9	2.7
17	[15.1，16.1]	[14.2，16.9]	[15.3，16.1]	[14.2，15.8]	[13.2，14.3]	[14.4，15.8]	2.1	2.6
18	[14.2，16.2]	[13.3，15.4]	[13.2，16.3]	[15.1，16.1]	[16.4，17.1]	[14.4，16.2]	3.2	1.7
19	[13.2，14.1]	[15.1，17.1]	[11.4，15.1]	[14.8，15.8]	[18.2，19.1]	[14.5，16.2]	6.8	5.0
20	[16.1，16.8]	[16.2，18.2]	[12.5，14.3]	[13.7，14.9]	[14.2，15.3]	[14.5，15.9]	3.7	3.9
平均值						[14.4，15.7]	2.8	2.5

$$\begin{cases} UCL=\bar{X}+A_2\bar{R} \\ CL=\bar{X} \\ LCL=\bar{d}-A_2\bar{R} \end{cases} \qquad \begin{cases} UCL=D_4\bar{R} \\ CL=\bar{R} \\ LCL=D_3\bar{R} \end{cases} \tag{4-9}$$

式中的 A_2、D_3、D_4 见表 4-4。

表 4-4　A_2、D_3、D_4

N	A_2	D_3	D_4	n	A_2	D_3	D_4
2	1.880	—	3.267	7	0.419	0.076	1.924
3	1.023	—	2.575	8	0.373	0.136	1.864
4	0.729	—	2.282	9	0.337	0.184	1.816
5	0.577	—	2.115	10	0.308	0.223	1.777
6	0.483	—	2.004				

具体的计算过程如下：

1. $\overline{X}$控制图

区间数左端点均值控制：

中心线和上、下控制线分别为：$\begin{cases} CL=\overline{X}^-=14.4 \\ UCL=\overline{X}^-+A_2\overline{R}^-=14.4+0.577\times2.8=16.0 \\ LCL=\overline{X}^--A_2\overline{R}=14.4-0.577\times2.8=12.8 \end{cases}$

其中，$\overline{X}^-$ 为样本区间数均值的左端点，$\overline{R}^-$ 为区间数左端点的极差均值。

区间数右端点均值控制：

中心线和上、下控制线分别为：$\begin{cases} CL=\overline{X}^+=15.7 \\ UCL=\overline{X}^++A_2\overline{R}^+=15.7+0.577\times2.5=17.1 \\ LCL=\overline{X}^+-A_2\overline{R}^+=15.7-0.577\times2.8=14.3 \end{cases}$

其中$\overline{X}^+$ 为样本区间数均值的右端点，$\overline{R}^+$ 为区间数右端点的极差均值。绘制结果如图 4–7 所示。

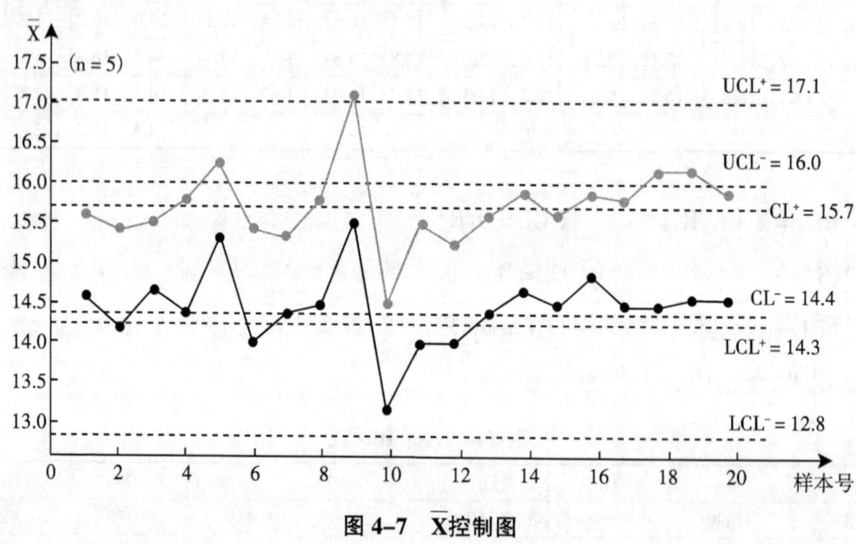

图 4–7　$\overline{X}$控制图

2. R 控制图

$$\text{区间数左端点极差均值控制：}\begin{cases}UCL=2.115\times2.8=5.9\\CL=\overline{R}^-=2.8\\LCL=D_3\overline{R}^-=(-)\end{cases}$$

$$\text{区间数右端点极差均值控制：}\begin{cases}UCL=2.115\times2.5=5.29\\CL=\overline{R}^+=2.5\\LCL=D_3\overline{R}^+=(-)\end{cases}$$

绘制结果如图 4-8 所示。

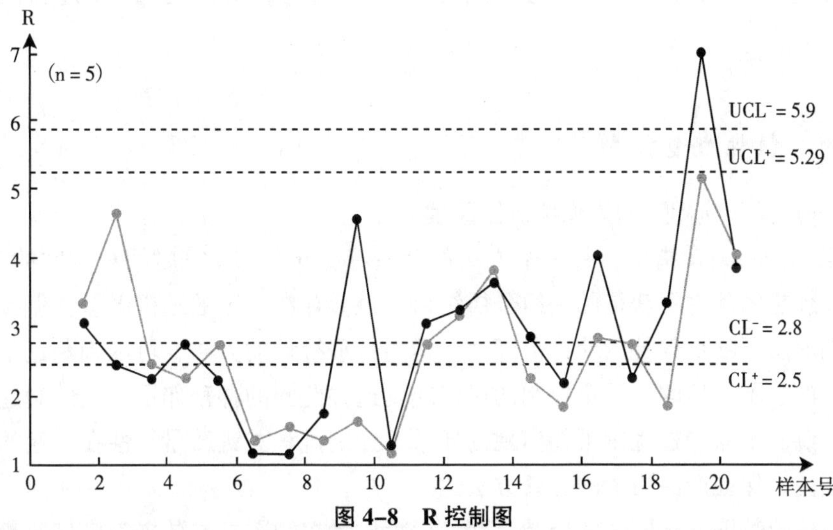

图 4-8　R 控制图

由图 4-7、图 4-8 可知，图中的中心线及上、下控制线实际上已经转化为一个带状区域，这种条状区域实际上是区间数为一不变常量值时在直角坐标系中的几何表示。而控制曲线已转化为曲折的带状区域，这种曲折的带状区域实际上是区间数为一变化量时在直角坐标系中的几何表示。

对于工序状态的判断，可以分别对区间数的左、右端点进行观察。对左端点对应的曲线观察其对带有“-”号的中心线和上、下控制线，是否有点子越出界限，或是否有缺陷排列，以判断加工区间左端点的工序是否有异常，对右端点也可同样观察。这里应该指出的是这两条曲线可以同时不出现异常，同时出现异常，也可以一个出现异常，一个不出现异常。这种组合形式的控制图可以对同一零件加工中的两个指标进行控制，并且易于对照同一时间工序形成两个指标时实际发生的变化，以便有针对性地采取措施，以达到控制的目的。

由于异常控制点排列等有关内容和传统质量管理控制图并无区别，不再介绍。

（二）质量特性值用“模糊数”表示

当质量属性值用模糊数表示时，可以选用不同的的阈值 λ，把模糊数转换为其 λ-截集——区间数，这样就可以利用上一节用“区间数”表示质量特性值时的作图方法来构建控制图。当 λ 不同时，图形将发生变化，可以研究不同 λ 对控制图的影响。

第二节　基于模糊评分数的不确定质量特性控制图构建

一、模糊质量控制

（一）基于模糊数的模糊控制图原理

W. A. Shewart 指出：每一个方法都存在着变异，都受到时间和空间的影响，即使在理想的条件下获得的一组分析结果，也会存在一定的随机误差。但当某一个结果超出了随机误差的允许范围时，运用数理统计的方法，可以判断这个结果是异常的、不足信的。质量控制图可以起到这种监测的仲裁作用。因此制造过程质量控制图是监测过程中可能出现的异常，控制过程关键质量特性在一定的精密度范围内，保证产品质量的有效方法。

与休哈特图基于同样的控制思路，模糊质量控制图打点数据为模糊质量特性评分样本模糊数 α 截集的上下确界 $\mathrm{Sup}(\tilde{S}_i)_\alpha$ 及 $\mathrm{Inf}(\tilde{S}_i)_\alpha$，在控制图上表示为上下确界的竖直连线，上下控制线分别为评分模糊数均值的上下确界 $\mathrm{Sup}(\tilde{S}_\alpha)$ 及 $\mathrm{Inf}(\tilde{S}_\alpha)$，样本数据 α 截集与均值数据 α 截集之间违反一定的关系时，判断模糊控制图异常。

模糊质量控制图的基本形式如图 4-9 所示。

（二）模糊质量控制基本过程

模糊质量控制过程主要包括以下步骤：

1. 识别关键模糊子过程

产品质量的形成需要许多过程（工序），其中有一些过程对产品质量好坏起

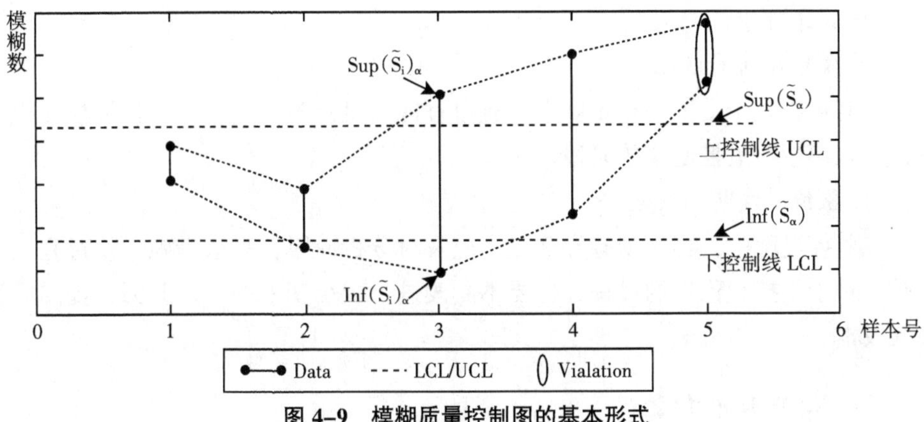

图 4–9　模糊质量控制图的基本形式

至关重要的作用，这样的过程称为关键过程，其中具有模糊特性的过程即为关键模糊子过程，模糊控制图应首先用于关键模糊子过程，而不是所有的具有模糊特性的工序。

2. 确定模糊子过程关键模糊变量（特性）

对关键模糊子过程进行分析（可采用因果图、排列图等方法），找出对产品质量影响最大的制造过程模糊变量（特性）。

3. 专家评分数据的收集与整理

4. 根据专家评分样本，求取如下数据

(1) 评分值相互距离矩阵 D。

(2) 评分值相互距离均值比较矩阵 P。

(3) 评分值权重向量 ω。

5. 根据上述数据，对下述参数进行估计

(1) 评分模糊数方差的估计$\hat{s}^2$。

(2) 评分模糊数左右伸展比率的估计$\hat{\rho}$。

6. 构建制造过程质量评分模糊数隶属度函数

7. 制定模糊控制图判异准则

8. 过程受控状态初始分析

用模糊控制图分析过程是否受控和稳定，如果发现不受控或有变差的特殊原因，应采取措施。

9. 过程能力分析

只有过程是受控、稳定的，才有必要分析过程能力，当发现过程能力不足时，应采取措施。

10. 模糊控制图监控

只有过程处于受控与稳定状态，且过程能力足够时才能采用监控用模糊控制图，进入模糊质量控制实施阶段。

11. 监控、诊断、改进

在监控过程中，当发现有异常时，应及时分析原因，采取措施，使过程恢复正常。对于受控和稳定的过程，也要不断改进，减小变差的普通原因，提高质量降低成本。

二、模糊数的构造

（一）模糊数定义

模糊数在决策中占有十分重要的地位，是表达模糊信息及决策者模糊偏好的较好工具。为了描述方便，首先引入模糊数的相关定义：

定义 4-1 设 R 为实数域，R 上的模糊集的全体记为 F（R）。若有 $A \in F(R)$，并且存在闭区间 $[c, d] \subset R$，使得：

(1) 在 [c，d] 上，$\mu_A(x)=1$；

(2) 在 $(-\infty, c)$ 上，$\mu_A(x)$为右连续的增函数，且 $0 \leqslant \mu_A(x) < 1$；

(3) 在 $(d, +\infty)$ 上，$\mu_A(x)$为左连续的减函数，且 $0 \leqslant \mu_A(x) < 1$。

则称 A 为 R 上的一个模糊数。

设$\tilde{I}$、$\tilde{J}$分别为论域 X、Y 中实数轴上的两个模糊数，符号 * 表示普通算术运算，即 $* \equiv \{+, -, \times, \div\}$。

两个模糊数的算术运算记作：$\tilde{I}*\tilde{J}$，定义在论域 Z 上，其隶属函数定义为：

$$\mu_{\tilde{I}*\tilde{J}}(z) = \bigvee_{x*y=z} \left[\mu_{\tilde{I}}(x) \wedge \mu_{\tilde{J}}(x)\right] \tag{4-10}$$

模糊数的撑集为一个实数区间 I：

$$\text{suup}\ \tilde{I} = \{x \mid \mu_{\tilde{I}}(x) > 0\} = I \tag{4-11}$$

由模糊数$\tilde{I}$和$\tilde{J}$的算术运算结果仍是模糊数，$\tilde{I}*\tilde{J}$的撑集等于两个模糊数$\tilde{I}$与$\tilde{J}$的撑集 I 和 J 的算术运算：

$$\underset{\tilde{I}*\tilde{J}}{\text{suup}}(z) = I*J \tag{4-12}$$

根据隶属函数的几何形状，常用的模糊数有三角模糊数、梯形模糊数、正态模糊数等。在决策分析中，由于决策者较容易用三角模糊数和不规则梯形模糊数来表达其模糊偏好，适合质量专家根据对过程质量的直觉感知做出模糊评分的场合，所以这两种模糊数最常用。而三角模糊数是梯形模糊数的特例，所以本章采用梯形模糊数，从更一般的角度研究利用模糊数构建质量控制图的方法。在此基础上，采用相应的算法进行不同隶属度函数的转换，进而比较采用不同隶属度函数构建控制图的效果及适用范围。

参数为 a、b、c、d 的梯形模糊数的隶属函数定义见式（4-13）及形状（图 4-10）如下：

$$f(x, a, b, c, d)\begin{cases}0 & x\leqslant a\\ \dfrac{x-a}{b-a} & a\leqslant x\leqslant b\\ 1 & b\leqslant x\leqslant c\\ \dfrac{d-x}{d-c} & c\leqslant x\leqslant d\\ 0 & x\geqslant d\end{cases} \tag{4-13}$$

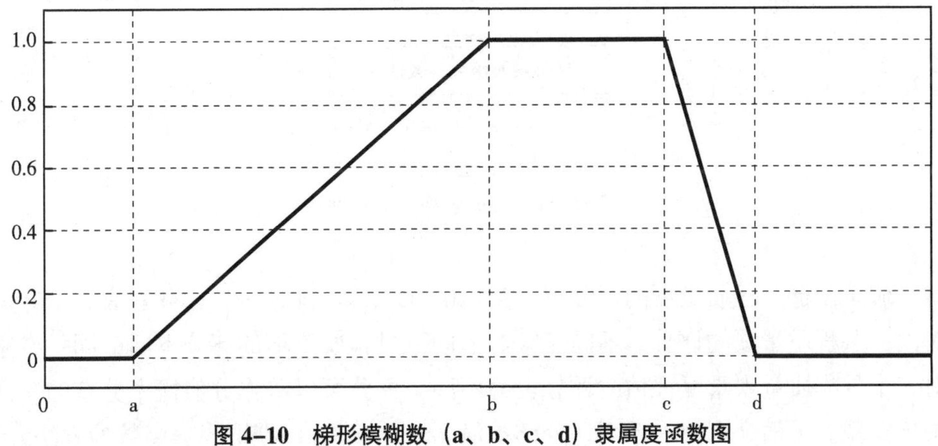

图 4-10　梯形模糊数（a、b、c、d）隶属度函数图

（二）模糊数的构造方法与流程

应用模糊理论来衡量主观判断过程的一个主要步骤就是将语言变量值转换成模糊数。通常的模糊质量评价，往往预先给定了语言变量（或质量等级）的隶属函数，不能很好地考虑各专家评分时的判断模糊性。本章由专家组根据各自对待检制造过程质量项的直觉感知，在一定分值范围内做出评分，然后由此出发估计评分模糊数的隶属函数。模糊数构造的程序流程如图 4-11 所示。

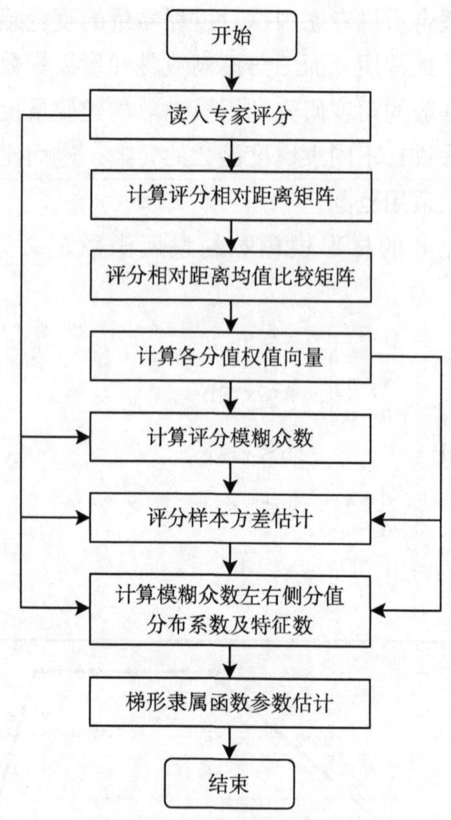

图 4-11　模糊数构造流程图

假设制造过程质量项的评分范围为［0，G］，g_1，g_2，…，g_n 分别为 n 个专家对同一过程质量项的评分，不同专家对于同一过程质量项的评分不同，同一专家对一个过程质量项重复评估时评分也会不同，评分可以看作分值概率分布的一次抽样实现。下面介绍由一系列评分样本值 g_1，g_2，…，g_n 获取隶属函数的方法。

对模糊数众数的估计包含对中心的定位，使 g_1，g_2，…，g_n 聚集在它的周围。估计过程中，距中心较近的评分具较高的重要度，即中心为 g_i 的加权平均数。这里应用 g_i 之间的相互距离，用相互距离矩阵 D 表示，$D=[d_{ij}]_{n\times n}$，其中，$d_{ij}=|g_i-g_i|$，且 $d_i=0$，$d_{ij}=d_{ji}$。g_i 的相互距离平均值 $\bar{d}_i=\sum_{j=1}^{n} d_{ij}/(n-1)$，它用于度量 g_i 与中心的接近程度。$\bar{d}_i$ 越小，越接近中心，估计模糊数众数时分配的权重越高。为了确定每个 g_i 的重要程度，对 g_i 的相互距离平均值进行逐对比较，得到比较矩阵 P，$P=[p_{ij}]_{n\times n}$，p_{ij} 为 g_i 对 g_j 的相对重要度，$p_{ij}=\bar{d}_i/\bar{d}_i$，且 $p_{ii=1}$，$p_{ij}=1/p_{ji}$。

令 ω_i 为 g_i 的实际重要度，那么：

$$p_{ij}=\frac{\omega_i}{\omega_j},\ \forall i,\ j \tag{4-14}$$

式（4-14）改写为向量形式：$P\omega=n\omega$，将 n 看作 P 的特征值，而 ω 为对应的特征向量。假设 $\sum_{i=1}^{n}\omega_i=1$，可用下式求解 ω：

$$\omega_j=\frac{1}{\sum_{i=1}^{n}p_{ij}} \tag{4-15}$$

ω_i 代表分配给 g_i 的权重，模糊众数：

$$m=\sum_{i=1}^{n}\omega_i g_i \tag{4-16}$$

为了估计模糊数的散布情况，即确定其左右端点，采用下式估计模糊数方差：

$$\begin{aligned}Var(F)&=\int_0^1\lambda\left[\frac{e^l(\lambda)+e^u(\lambda)}{2}-e^l(\lambda)\right]^2 d\lambda+\int_0^1\lambda\left[\frac{e^l(\lambda)+e^u(\lambda)}{2}-e^u(\lambda)\right]^2 d\lambda\\&=\frac{1}{2}\int_0^1\lambda[e^u(\lambda)-e^l(\lambda)]^2 d\lambda\end{aligned} \tag{4-17}$$

式中 $e^u(\lambda)$、$e^l(\lambda)$ 分别为模糊数 F 的 λ–截集的上下限。为了考虑不同 λ–截集的重要程度，引入权重函数 $\omega(\lambda)$，式（4-17）修正为：

$$Var_\omega(F)=\int_0^1\left[\left(\frac{e^u(\lambda)-e^l(\lambda)}{2}\right]^2\omega(\lambda)\,d\lambda \tag{4-18}$$

式中，$\int_0^1\omega(\lambda)\,d\lambda=1$，且 $\omega(\lambda)$ 为非负、单调递增函数。当 $\omega(\lambda)=2\lambda$ 时，$Var(F)=Var_\omega(F)$。

可将利用定义式（4-15）求解得到的权重代入式（4-18），估计模糊数加权方差。为了在估计过程可以直接利用专家评分值，定义模糊数加权方差函数如下：

$$Var_\omega(F)=\frac{1}{2}\left\{\int_0^1[m-e^l(\lambda)]^2\omega(\lambda)+\int_0^1[m-e^u(\lambda)]^2\omega(\lambda)\right\}d\lambda \tag{4-19}$$

式中，m 为模糊众数，用它代替式（4-17）中的算术平均数。当模糊数对称时，式（4-18）与式（4-19）相等。

假设 L、R 分别为模糊数的左右端特征数，$\omega(\lambda)=2\lambda$，式（4-19）可以变形为：

$$s^2=Var_\omega(F)=\frac{(m-L)^2+(R-m)^2}{12} \tag{4-20}$$

定义模糊数 F 左、右伸展的比率为 ρ：

$$\rho=\frac{m-L}{R-m} \tag{4-21}$$

由式（4-20）及式（4-21）可以求解得到：

$$L=m-\sqrt{\frac{12\rho^2 s^2}{1+\rho^2}} \tag{4-22}$$

$$R=m+\sqrt{\frac{12s^2}{1+\rho^2}} \tag{4-23}$$

下面介绍对上式未知参数 ρ、s 的估计方法：

利用式（4-19）对分值的样本方差做出估计：

$$\hat{s}^2=\frac{1}{2}\left\{\frac{\sum_{i\in\arg(g_i<m)}\omega_i(m-g_i)^2}{\sum_{i\in\arg(g_i<m)}\omega_i}+\frac{\sum_{i\in\arg(g_i>m)}\omega_i(m-g_i)^2}{\sum_{i\in\arg(g_i>m)}\omega_i}\right\} \tag{4-24}$$

假设 g^l、g^r 分别为小于 m 与大于 m 的评分值的加权平均数，即：

$$g^l=\frac{\sum_{i\in\arg(g_i<m)}\omega_i g_i}{\sum_{i\in\arg(g_i<m)}\omega_i} \tag{4-25}$$

$$g^r=\frac{\sum_{i\in\arg(g_i>m)}\omega_i g_i}{\sum_{i\in\arg(g_i>m)}\omega_i} \tag{4-26}$$

利用式（4-21）对 ρ 做出估计：

$$\hat{p}=\frac{m-g^l}{g^r-m} \tag{4-27}$$

梯形隶属函数参数（a，b，c，d）计算如下：

$$a=2\times[k\times(m-L)+L]-[p\times(m-L)+L]$$

$$b=p\times(m-L)+L$$

$$c=(1-p)\times(R-m)+m$$

$$d=2\times[(1-k)\times(R-m)+m]-[(1-p)\times(R-m)+m]$$

式中，k、p 为形状参数，p 控制梯形上底宽度，k 控制梯形下底宽度。

（三）模糊数构造实例

假设由五个专家对制造过程质量项进行检测评分，$g_1=3$，$g_2=4$，$g_3=5$，$g_4=5$，$g_5=7$，得到相应的距离矩阵 D 为：

$$D=\begin{bmatrix}0&1&2&2&4\\1&0&1&1&3\\2&1&0&0&2\\2&1&0&0&2\\4&3&2&2&0\end{bmatrix}$$

五个分值的相互距离平均值分别为：$\bar{d}_1=2.25$，$\bar{d}_2=1.5$，$\bar{d}_3=1.25$，$\bar{d}_4=1.25$，$\bar{d}_5=2.75$，得到比较矩阵 P：

$$P=\begin{bmatrix} 1 & 0.667 & 0.556 & 0.556 & 1.222 \\ 1.5 & 1 & 0.833 & 0.833 & 1.8338 \\ 1.8 & 1.2 & 1 & 1 & 2.2 \\ 1.8 & 1.2 & 1 & 1 & 2.2 \\ 0.818 & 0.545 & 0.454 & 0.454 & 1 \end{bmatrix}$$

由式（4-15）可得各分值的权重系数分别为 $\omega_1=0.145$，$\omega_2=0.217$，$\omega_3=0.26$，$\omega_4=0.26$，$\omega_5=0.118$。由式（4-16）可得分值的模糊众数为 $m=4.73$，由式（4-24）~式（4-27）得到：$\hat{s}^2=1.265$，$g^l=3.6$，$g^r=5.37$，$\hat{\rho}=1.767$。$L=0.916$，$R=6.889$。取 $k=0.5$，$p=0.9$，得到：$a=1.297$，$b=4.349$，$c=4.947$，$d=6.674$。

由上述专家评分构建的梯形模糊数隶属度函数为 T(1.297，4.349，4.947，6.674)，如图 4-12 所示。

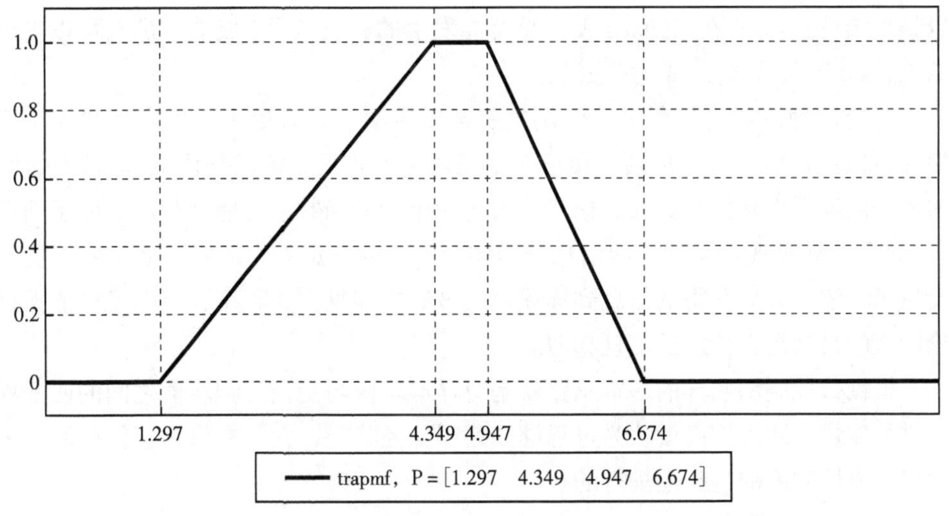

图 4-12 由专家评分构造的梯形模糊数隶属度函数

三、模糊控制图及其异常判断

（一）模糊控制图打点模糊数定义

为了获取构造模糊控制图需要的过程均值信息，用过程受控时的模糊数样本均值加以估计。假设一个容量为 n 的模糊分值样本为：$\tilde{S}_1(a_1, b_1, c_1, d_1)$，$\tilde{S}_2$

(a_2, b_2, c_2, d_2)，…，$\tilde{S}_n(a_n, b_n, c_n, d_n)$，过程均值$\bar{S}(\bar{a}, \bar{b}, \bar{c}, \bar{d})$的估计量为：

$$\hat{S} = \frac{\sum_{i=1}^{n} \tilde{S}_i}{n} \tag{4-28}$$

即将样本模糊数相应的参数分别取均值，$\hat{S}(\hat{a}, \hat{b}, \hat{c}, \hat{d})$。

$$\hat{a} = \frac{\sum_{i=1}^{n} a_i}{n},\ \hat{b} = \frac{\sum_{i=1}^{n} b_i}{n},\ \hat{c} = \frac{\sum_{i=1}^{n} c_i}{n},\ \hat{d} = \frac{\sum_{i=1}^{n} d_i}{n} \tag{4-29}$$

对于给定的截集水平参数 α（或 β），取过程均值模糊数$\bar{S}(\bar{a}, \bar{b}, \bar{c}, \bar{d})$的 α-截集的上下确界作为模糊控制图的上下控制界限，样本分值模糊数$\tilde{S}_i(a_i, b_i, c_i, d_i)$的 α-截集的上下确界作为模糊控制图的打点数据。

随着生产过程的继续，周期性随机抽取评分样本，并将样本均值与过程均值比较，从可能性、必要性测度两个方面判断过程是否受控。

（二）控制图可能性与必要性测度

假定已知元素 x 在集合 A 中，考虑是否在集合 B 中，若 $A \cap B \neq \emptyset$，那么可以得出结论：$x \in B$ 在已知 $x \in A$ 时是可能发生的；若 $A \subseteq B$ 成立，那么可以得出结论：$x \in B$ 在已知 $x \in A$ 时是必然发生的。

可能性理论通过量化可能性测度和必要性测度，来处理不确定性和不精确性，可以说可能性理论的两个测度是信任函数的扩展，使信任函数具有两重性，这两个测度看作是信息到人的信息丢失的两个衡量函数，可能性测度对应于信息（或数据）从客观真实世界的信息到客体（人）的信息丢失程度，而必要性测度衡量了客体（人）获得的信息到描述或决策时的信息丢失程度，可以说可能性理论同人的自然语言传递的信息相似。

模糊数控制图判异的基本思路就是对样本均值与受控过程均值之间的匹配程度进行度量，匹配度高就认为过程继续处于受控状态，它是在模糊事件可能性测度和必要性测度的基础上进行的。

定义 4-2 设 A，$B \in F(X)$，则：

$$\text{Pos}(B|A) = \sup_{x \in X} \min\{\mu_A(x), \mu_B(x)\} \tag{4-30}$$

$$\text{Nec}(B|A) = \inf_{x \in X} \max\{1 - \mu_A(x), \mu_B(x)\} \tag{4-31}$$

分别为模糊集 B 在模糊集 A 发生条件下的可能性测度和必要性测度，其中，$x \in A$，B，μ_A，μ_B 分别是模糊集 A 和 B 的隶属函数。

用样本均值$\tilde{S}$表示对目前过程水平的估计，在给定$\tilde{S}$概率分布的条件下，对$\tilde{S}$与$\bar{S}$匹配度的度量包含上述两个方面。

$$\text{Pos}(\bar{S}|\tilde{S})=\sup_{z\in U}\left[\min\{\mu_{\bar{S}}(z),\ \mu_{\tilde{S}}(z)\}\right] \tag{4-32}$$

$$\text{Nec}(\bar{S}|\tilde{S})=\inf_{z\in U}\left[\max\{\mu_{\bar{S}}(z),\ 1-\mu_{\tilde{S}}(z)\}\right] \tag{4-33}$$

（三）模糊控制图异常判断

设$\bar{S}$（$\bar{a}$，$\bar{b}$，$\bar{c}$，$\bar{d}$）、$\tilde{S}$（a，b，c，d）分别为受控过程均值与样本均值。继续处于受控状态的过程必须满足下列条件：

（1）模糊分值样本均值的可能性测度必须不小于用户设定的参数 α（$0<\alpha\leqslant 1$），即 $\text{Pos}(\bar{S}|\tilde{S})\geqslant\alpha$；

（2）模糊分值样本均值的必要性测度必须不小于用户设定的参数 β（$0<\beta\leqslant 0.5$），即 $\text{Nec}(\bar{S}|\tilde{S})\geqslant\beta$。

分析图 4-13、图 4-14 可以发现，满足条件 $\text{Pos}(\bar{S}|\tilde{S})\geqslant\alpha$，$\text{Nec}(\bar{S}|\tilde{S})\geqslant\beta$ 的$\bar{S}$、$\tilde{S}$截集区间有如下特性：

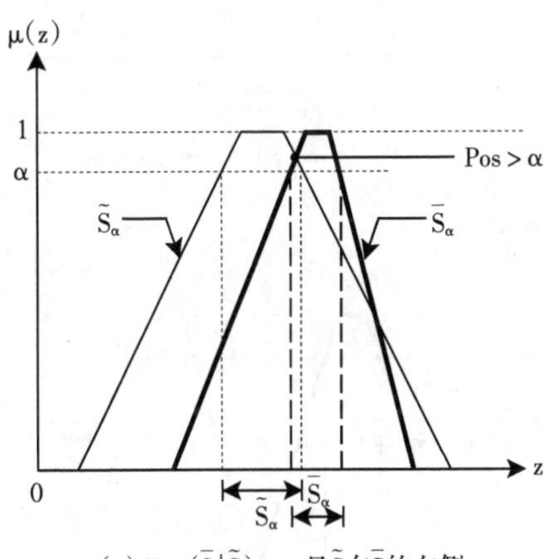

（a）Pos（$\bar{S}|\tilde{S}$）> α 且$\tilde{S}$在$\bar{S}$的左侧

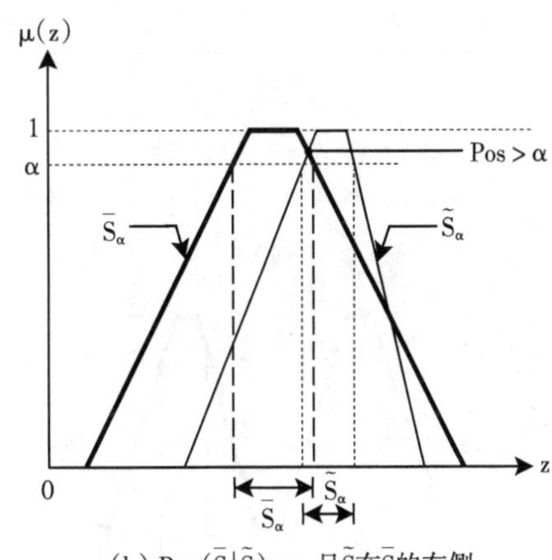

（b）Pos（$\bar{S}|\tilde{S}$）> α 且$\tilde{S}$在$\bar{S}$的右侧

图 4-13　不同情况下可能性测度示意图

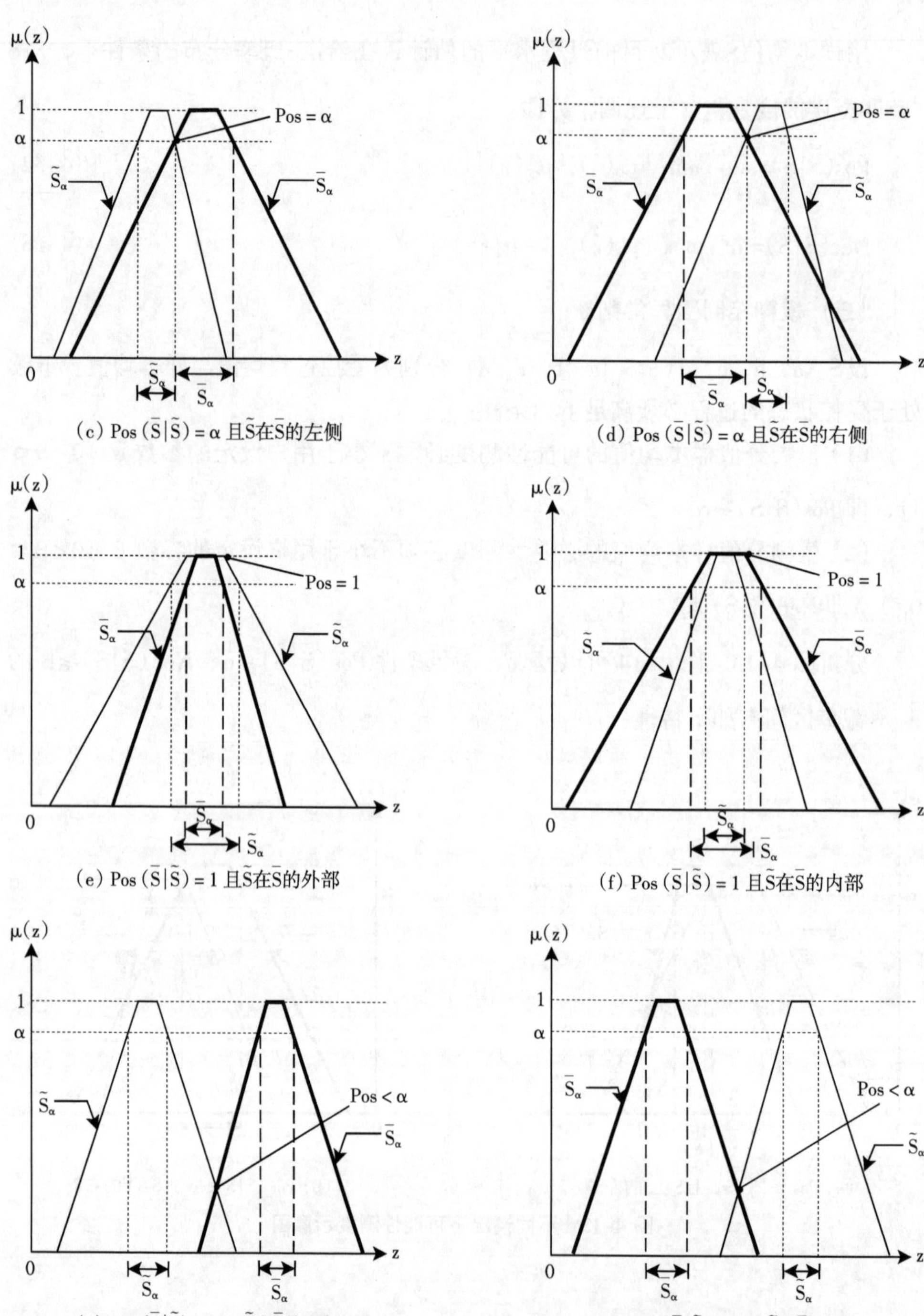

(c) Pos $(\bar{S}|\tilde{S})=\alpha$ 且$\tilde{S}$在$\bar{S}$的左侧

(d) Pos $(\bar{S}|\tilde{S})=\alpha$ 且$\tilde{S}$在$\bar{S}$的右侧

(e) Pos $(\bar{S}|\tilde{S})=1$ 且$\tilde{S}$在$\bar{S}$的外部

(f) Pos $(\bar{S}|\tilde{S})=1$ 且$\tilde{S}$在$\bar{S}$的内部

(g) Pos $(\bar{S}|\tilde{S})<\alpha$ 且$\tilde{S}$在$\bar{S}$的左侧

(h) Pos $(\bar{S}|\tilde{S})<\alpha$ 且$\tilde{S}$在$\bar{S}$的右侧

图 4-13　不同情况下可能性测度示意图（续）

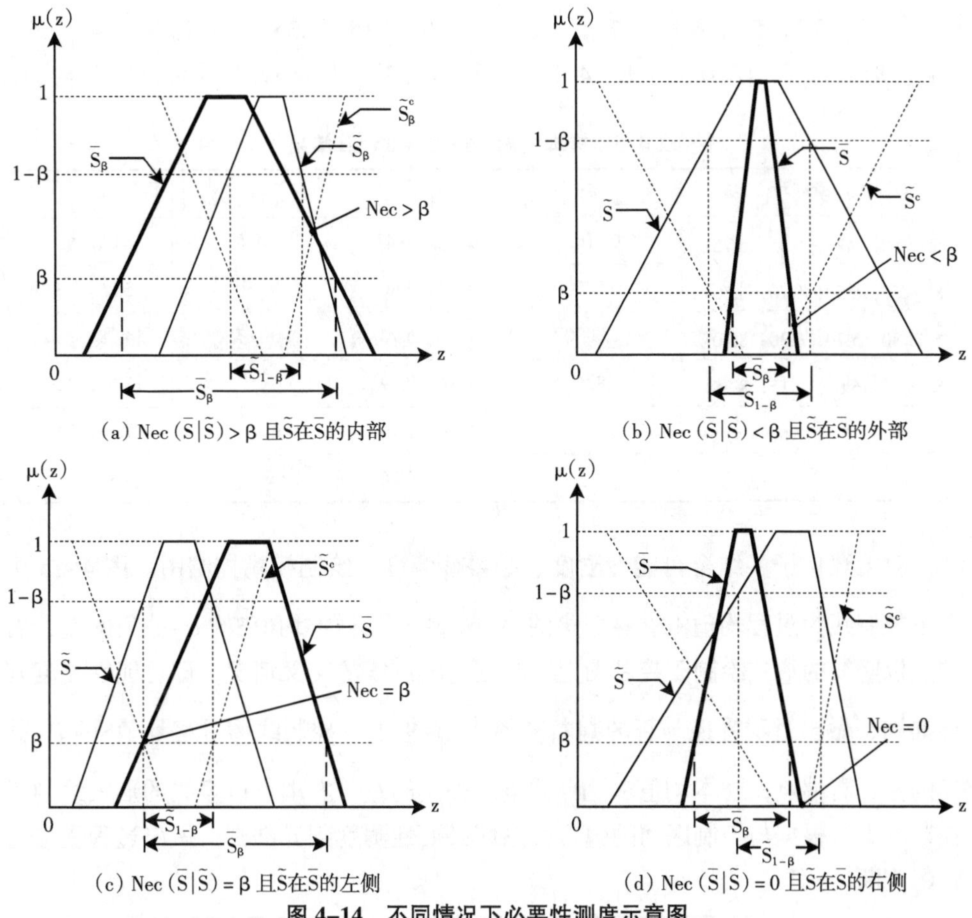

(a) Nec ($\bar{S}|\tilde{S}$) > β 且$\tilde{S}$在$\bar{S}$的内部

(b) Nec ($\bar{S}|\tilde{S}$) < β 且$\tilde{S}$在$\bar{S}$的外部

(c) Nec ($\bar{S}|\tilde{S}$) = β 且$\tilde{S}$在$\bar{S}$的左侧

(d) Nec ($\bar{S}|\tilde{S}$) = 0 且$\tilde{S}$在$\bar{S}$的右侧

图 4-14　不同情况下必要性测度示意图

(1) 如果 Pos($\bar{S}|\tilde{S}$)≥α，那么$\bar{S}_\alpha \cap \bar{S}_\alpha \neq \varnothing$。

(2) 如果 Nec($\bar{S}|\tilde{S}$)≥β，那么$\bar{S}_\beta \supset \bar{S}_{1-\beta}$。

上述两条可以作为模糊控制图可能性测度、必要性测度的判异准则，用于下面对模糊控制图受控状态的判断。

四、模糊控制图的应用分析

(一) 评分样本数据处理

假设过程处于稳定状态下过程质量项的专家评分均值为梯形模糊数$\bar{S}$ (5.10，5.90，6.10，6.90)，在随后的生产期间抽取 5 个样本，利用前述方法，评分均值分别为梯形模糊数$\tilde{S}_1$ (5.58，6.22，6.35，6.75)，$\tilde{S}_2$ (4.70，5.50，5.70，

6.50)，$\tilde{S}_3$（3.3，5.7，6.3，8.7），$\tilde{S}_4$（3.4，6.6，7.15，8.35），$\tilde{S}_5$（6.6，7.4，7.6，8.4）。取 $\alpha=0.8$，$\beta=0.3$ 由式（4–32）、式（4–33）得下列计算结果（见表 4–5）。

表 4–5　样本模糊数相关参数计算结果

样本模糊数	$Pos(\bar{S}\mid\tilde{S}_i)$	$(\tilde{S}_i)_\alpha$	$Nec(\bar{S}\mid\tilde{S}_i)$	$(\tilde{S}_i)_{1-\beta}$
$\tilde{S}_1$(5.58，6.22，6.35，6.75)	0.9162	[6.092，6.43]	0.4588	[6.03，6.47]
$\tilde{S}_2$(4.70，5.50，5.70，6.50)	0.8750	[5.34，5.86]	0.2500	[5.26，5.94]
$\tilde{S}_3$(3.30，5.70，6.30，8.70)	1.0000	[5.22，6.78]	0.1875	[4.98，7.02]
$\tilde{S}_4$(3.40，6.60，7.15，8.35)	0.8750	[5.96，7.39]	0	[5.64，7.51]
$\tilde{S}_5$(6.6，7.4，7.6，8.4)	0.1875	[7.24，7.76]	0	[7.16，7.84]
$\bar{S}_{\alpha=0.8}$		[5.74，6.26]	$\bar{S}_{\beta=0.3}$	[5.34，6.66]

对上述例子，结合可能性测度、必要性测度，绘制模糊控制图。图 4–15 中上下控制线为过程均值 $\bar{S}$ 的 α–截集的左、右端点，样本均值 $\tilde{S}$ 的 α–截集的左、右端点以竖线的形式绘制于控制图上，根据与控制线的交叉情况，即可能性测度判异准则，做出过程受控与否的判断。图 4–16 中上下控制线为过程均值 $\bar{S}$ 的 β–截集的左、右端点，样本均值 $\tilde{S}$ 的 β–截集的补集的左、右端点以竖线的形式绘制于控制图上，根据与控制区间的包含关系即必要性测度判异准则，做出过程受控与否的判断。

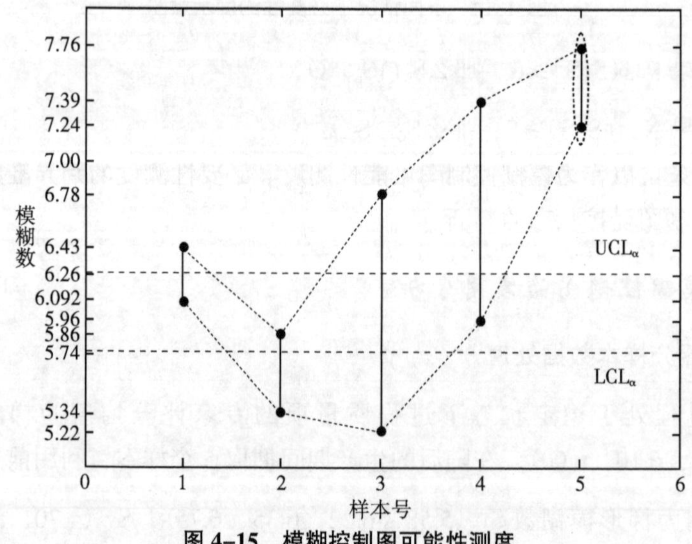

图 4–15　模糊控制图可能性测度

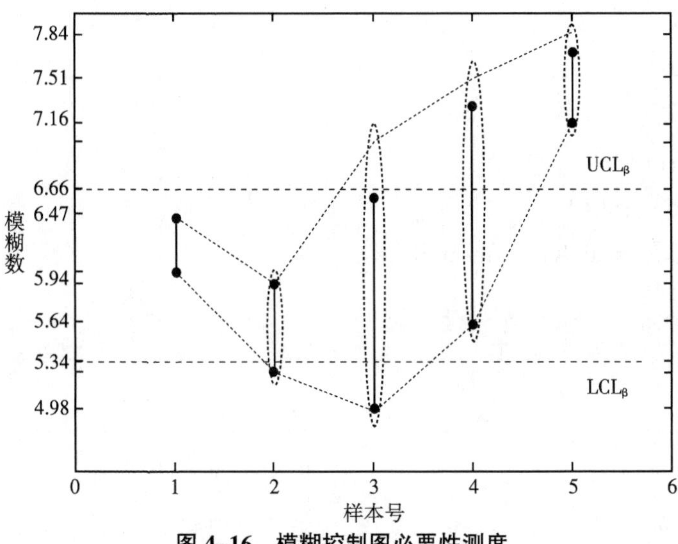

图 4-16 模糊控制图必要性测度

下面为绘制模糊控制图的 Matlab 程序代码。

```
g_expert=[3 4 5 5 7;3 4 5 5 7]';%专家分值,分析阶段
g_sample=input('please input sample socres:') %样本分值,控制阶段
%[3 4 5 5 7]
score=[g_expert g_sample];%分值矩阵
n=size(score);
%求距离矩阵
for k=1:1:n(2)
    for i=1:1:n(1)
        for j=1:1:n(1)
            %d_expert(i,j)=abs(g_expert(i)-g_expert(j)); 按照分析阶段与控制阶
段分别计算
            %d_sample(i,j)=abs(g_expert(i)-g_expert(j));
            d_score(i,j,k)=abs(score(i,k)-score(j,k));
        end
      %meand_expert(i)=sum(d_expert(i,:,))/4;
      meand(i,k)=sum(d_score(i,:,k))/(n(1)-1);
   end
end
```

```
d_score
%求比较矩阵
for k=1:1:n(2)
    for i=1:1:n(1)
        for j=1:1:n(1)
        p(i,j,k)=meand(j,k)/meand(i,k);

        end
    end
end
p
%求权重系数
for k=1:1:n(2)
    for j=1:1:n(1)

        for i=1:1:n(1)
        w(j,k)=1/sum(p(:,j,k));
          end
    end
end
w
%求模糊众数
for i=1:1:n(2)
    m(i)=score(:,i)'*w(:,i);
end
m
%分值样本方差估计
for i=1:1:n(2)
    index1(:,i)=score(:,i)<m(i);
    index2(:,i)=score(:,i)>=m(i);
end
for i=1:1:n(2)
```

```
s2(i)=1/2*(w(index1(:,i))'*(m(i)-score(index1(:,i))).^2/sum(w(index1(:,i)))+
w(index2(:,i))'...
        *(m(i)-score(index2(:,i))).^2/sum(w(index2(:,i))));
    gl(i)=(w(index1(:,i))'*score(index1(:,i)))/sum(w(index1(:,i)));
    gr(i)=(w(index2(:,i))'*score(index2(:,i)))/sum(w(index2(:,i)));
    rou(i)=(m(i)-gl(i))/(gr(i)-m(i));
    L(i)=m(i)-sqrt(12*rou(i)^2*s2(i)^2/(1+rou(i)^2));
    R(i)=m(i)+sqrt(12*s2(i)^2/(1+rou(i)^2));
end
sprintf('由专家评分样本得到的模糊数特征量:C(%.3f,%.3f,%.3f)',L(1),R(1),m
(1))
%梯形隶属函数参数计算
shaper_p=input('please input shaper parameters,[k,p]:')
%[0.5 0.9]
a=2*[shaper_p(1)*(m-L)+L]-[shaper_p(2)*(m-L)+L];
b=shaper_p(2)*(m-L)+L;
c=(1-shaper_p(2))*(R-m)+m;
d=2*[(1-shaper_p(1))*(R-m)+m]-[(1-shaper_p(2))*(R-m)+m];
sprintf('梯形隶属函数参数:T(%.3f,%.3f,%.3f,%.3f)',a(1),b(1),c(1),d(1))
%"%.3f"定义为三位小数
%截集的求解
alfa=input('please input alfa level,(0-1):')
a_j=b-(1-alfa)*(b-a);
b_j=c+(1-alfa)*(d-c);
%绘制控制图
cax = axes;          % newplot returns handle of current axes
% LSO = ['- ';'--';':';'-.'];
set(cax,'FontName','Times','FontAngle','italic')
set(get(cax,'Parent'),'MenuBar','none')
n_sample=1:n(2);
plot(n_sample,n_sample*0+a_j(1),'-r',n_sample,n_sample*0+b_j(1),
'- r','LineWidth',2)
```

```
%axis tight
x=[1:1:n(2);1:1:n(2)];
y=[a_j;b_j];
line(x,y,'Marker','.','LineStyle','-','LineWidth',2,'Color','b')
axis([0 n(2)+1  min(L)-1 max(R)+1])
title('模糊控制图','FontWeight','Bold')
grid on
```

（二）控制图分析

在控制图 4-15 中，样本 5 的 α-截集区间与过程均值的 α-截集区间交集为空集，不满足可能性测度准则，认为过程异常；在控制图 4-16 中，样本 2、3、4、5 的 β-截集区间没有被过程均值的 β-截集区间包含，不满足必要性测度准则，认为过程异常。总体来看只有样本 1 对应的过程正常。通过调整 α 与 β 可以改变控制图的宽严程度。

为了方便上述方法的在线应用，减少对于专家评分的依赖，可以通过人工神经网络获取专家评分过程的知识，即将过程质量项的专家评分样本与产品的相关质量特性值建立对应关系，以此作为网络的训练数据，将过程质量特性的在线检测值作为网络的输入，网络输出为过程质量项的评分值，并以此作为模糊控制图的输入，从而实现模糊控制图的在线自动监测。

五、模糊数类型对模糊控制图的影响分析

（一）隶属函数类型

模糊集使得某元素可以一定程度属于某集合，某元素属于某集合的程度由“0”与“1”之间的一个数值——隶属度来描述。把一个具体的元素映射到一个合适的隶属度是由隶属度函数来实现的。隶属度函数可以是任意形状的曲线，取什么形状取决于使用过程的简单、方便、快速和有效，唯一的约束条件是隶属度函数的值域为［0，1］。模糊系统中常用的隶属度函数如表 4-6 所示。

表 4-6 常用隶属函数形式

隶属函数类型	函数表达式	参数	形状
Sigmoid	$f(x, a, c)=\frac{1}{1+e^{-a(x-c)}}$	a c	

续表

隶属函数类型	函数表达式	参数	形状
高斯形	$f\ (x,\ \sigma,\ c)=e^{\frac{(x-c)^2}{2\sigma^2}}$	c σ	
Z 形	$f\ (x,\ a,\ b)=\begin{cases}1 & x\leqslant a\\ 1-2\left(\frac{x-a}{b-a}\right)^2 & a\leqslant x\leqslant \frac{a+b}{2}\\ 2\left(b-\frac{x}{b-a}\right)^2 & \frac{a+b}{2}\leqslant x\leqslant b\\ 0 & x\geqslant b\end{cases}$	a b	
三角形	$f\ (x,\ a,\ b,\ c)=\begin{cases}0 & x\leqslant a\\ \frac{x-a}{b-a} & a\leqslant x\leqslant b\\ \frac{c-x}{c-b} & b\leqslant x\leqslant c\\ 0 & x\geqslant c\end{cases}$	a b c	
双侧高斯形	$f_1\,(x,\ \sigma_1,\ c_1)=e^{\frac{(x-c_1)^2}{2\sigma_1^2}}$ $f_2\,(x,\ \sigma_2,\ c_2)=e^{\frac{(x-c_2)^2}{2\sigma_2^2}}$	c_1 σ_1 c_2 σ_2	
钟形	$f\ (x,\ a,\ b,\ c)=\frac{1}{1+\left\lvert\frac{x-c}{a}\right\rvert^{2b}}$	a b c	
梯形	$f\ (x,\ a,\ b,\ c,\ d)=\begin{cases}0 & x\leqslant a\\ \frac{x-a}{b-a} & a\leqslant x\leqslant b\\ 1 & b\leqslant x\leqslant c\\ \frac{d-x}{d-c} & c\leqslant x\leqslant d\\ 0 & x\geqslant d\end{cases}$	a b c d	
差形 Sigmoid	$f\ (x,\ a_1,\ c_1,\ a_2,\ c_2)=$ $\frac{1}{1+e^{-a_1(x-c_1)}}-\frac{1}{1+e^{-a_2(x-c_2)}}$	a_1 c_1 a_2 c_2	
积形 Sigmoid	$f\ (x,\ a_1,\ c_1,\ a_2,\ c_2)=$ $\frac{1}{1+e^{-a_1(x-c_1)}}\cdot\frac{1}{1+e^{-a_2(x-c_2)}}$	a_1 c_1 a_2 c_2	

续表

隶属函数类型	函数表达式	参数	形状
S形	$f(x, a, b)=\begin{cases} 0 & x \leqslant a \\ 2\left(\frac{x-a}{b-a}\right)^2 & a \leqslant x \leqslant \frac{a+b}{2} \\ 1-2\left(b-\frac{x}{b-a}\right)^2 & \frac{a+b}{2} \leqslant x \leqslant b \\ 1 & x \geqslant b \end{cases}$	a b	
Π形	$f(x, a, b, c, d)=\begin{cases} 0 & x \leqslant a \\ 2\left(\frac{x-a}{b-a}\right)^2 & a \leqslant x \leqslant \frac{a+b}{2} \\ 1-2\left(\frac{x-a}{b-a}\right)^2 & \frac{a+b}{2} \leqslant x \leqslant b \\ 1 & b \leqslant x \leqslant c \\ 1-2\left(\frac{x}{d-c}\right)^2 & c \leqslant x \leqslant \frac{c+d}{2} \\ 2\left(d-\frac{x}{d-c}\right)^2 & \frac{c+d}{2} \leqslant x \leqslant d \\ 0 & d \leqslant x \end{cases}$	a b c d	

（二）隶属函数类型对模糊控制图的影响

为了比较不同类型的隶属函数对模糊控制图的影响，现采用相应的算法（算法的 Matlab 实现代码附后），由参数 L、R 和 m 构造不同的隶属函数。表 4-7 给出了隶属函数为三角形、高斯形及 Π 形三种情况下的模糊控制图参数。

不同类型模糊控制图参数转换的 Matlab 代码：

```
function[outParams,errorStr]=mf2mf(inParams,inType,outType,tol)
yWaist=0.5;
yShoulder=0.90;
outParams=[];
errorStr=[];
if strcmp(inType,'trimf'),
    lftWaist=yWaist*(inParams(2)-inParams(1))+inParams(1);
    lftShoulder=yShoulder*(inParams(2)-inParams(1))+inParams(1);
    rtShoulder=(1-yShoulder)*(inParams(3)-inParams(2))+inParams(2);
    rtWaist=(1-yWaist)*(inParams(3)-inParams(2))+inParams(2);
```

```
elseif strcmp(inType,'trapmf') | strcmp(inType,'pimf'),
    lftWaist=yWaist*(inParams(2)-inParams(1))+inParams(1);
    lftShoulder=yShoulder*(inParams(2)-inParams(1))+inParams(1);
    rtShoulder=(1-yShoulder)*(inParams(4)-inParams(3))+inParams(3);
    rtWaist=(1-yWaist)*(inParams(4)-inParams(3))+inParams(3);

elseif strcmp(inType,'gaussmf'),
    lftWaist=-abs(inParams(1))*sqrt(-2*log(yWaist))+inParams(2);
    lftShoulder=-abs(inParams(1))*sqrt(-2*log(yShoulder))+inParams(2);
    rtShoulder=2*inParams(2)-lftShoulder;
    rtWaist=2*inParams(2)-lftWaist;

elseif strcmp(inType,'gauss2mf'),
    lftWaist=-abs(inParams(1))*sqrt(-2*log(yWaist))+inParams(2);
    lftShoulder=inParams(2);
    rtShoulder=inParams(4);
    rtWaist=abs(inParams(3))*sqrt(-2*log(yWaist))+inParams(4);

elseif strcmp(inType,'gbellmf'),
    lftWaist=-inParams(1)*((1/yWaist-1)^(1/(2*inParams(2))))+inParams(3);
    lftShoulder=-inParams(1)*((1/yShoulder-1)^(1/(2*inParams(2))))+inParams(3);
    rtShoulder=2*inParams(3)-lftShoulder;
    rtWaist=2*inParams(3)-lftWaist;

elseif strcmp(inType,'sigmf'),
    if inParams(1)>0,
        lftWaist=inParams(2);
        lftShoulder=-1/inParams(1)*log(1/yShoulder-1)+inParams(2);
        rtShoulder=2*lftShoulder-lftWaist;
        rtWaist=2*rtShoulder-lftWaist;
    else
```

```
        rtWaist=inParams(2);
        rtShoulder=-1/inParams(1)*log(1/yShoulder-1)+inParams(2);
        lftShoulder=rtShoulder;
        lftWaist=2*lftShoulder-rtWaist;
    end

elseif strcmp(inType,'dsigmf'),
    lftWaist=inParams(2);
    lftShoulder=-1/inParams(1)*log(1/yShoulder-1)+inParams(2);
    rtWaist=inParams(4);
    rtShoulder=1/inParams(3)*log(1/yShoulder-1)+inParams(4);

elseif strcmp(inType,'psigmf'),
    lftWaist=inParams(2);
    lftShoulder=-1/inParams(1)*log(1/yShoulder-1)+inParams(2);
    rtWaist=inParams(4);
    rtShoulder=-1/inParams(3)*log(1/yShoulder-1)+inParams(4);

elseif strcmp(inType,'smf'),
    lftWaist=yWaist*(inParams(2)-inParams(1))+inParams(1);
    lftShoulder=yShoulder*(inParams(2)-inParams(1))+inParams(1);
    rtShoulder=inParams(2);
    if inParams(1)<inParams(2),
        lftWaist=inParams(1);
        rtWaist=2*inParams(2)-inParams(1);
    else
        lftWaist=2*inParams(2)-inParams(1);
        rtWaist=inParams(1);
    end

elseif strcmp(inType,'zmf'),
    lftShoulder=inParams(2);
```

```
    rtShoulder=inParams(2);
    if inParams(1)<inParams(2),
        lftWaist=inParams(1);
        rtWaist=2*inParams(2)-inParams(1);
    else
        lftWaist=2*inParams(2)-inParams(1);
        rtWaist=inParams(1);
    end
else
    % Input MF type is unknown
    outParams=[ ];
    errorStr=['Cannot translate from input MF type' inType];
    if nargout<2,error(errorStr); end
    return
end
if nargin<4,
    tol=max(eps,1e-3*(rtShoulder-lftShoulder));
end
if strcmp(outType,'trimf'),
    center=(rtShoulder+lftShoulder)/2;
    % Assumes yWaist=0.5
    outParams=sort([2*lftWaist-center center 2*rtWaist-center]);
elseif strcmp(outType,'trapmf'),
    % Assumes yWaist=0.5
    outParams=[2*lftWaist-lftShoulder lftShoulder rtShoulder 2*rtWaist-rtShoulder];
elseif strcmp(outType,'pimf'),
    % Assumes yWaist=0.5
    outParams =[2*lftWaist -lftShoulder lftShoulder rtShoulder max (tol,2*rtWaist -
rtShoulder)];
elseif strcmp(outType,'gbellmf'),
    center=(rtShoulder+lftShoulder)/2;
    a=max(tol,center-lftWaist);
```

```
    b=2*a/(max(tol,lftShoulder-lftWaist));
    outParams=[a b center];
elseif strcmp(outType,'gaussmf'),
    center=(rtShoulder+lftShoulder)/2;
    sigma=max(tol,(rtWaist-center)/sqrt(-2*log(yWaist)));
    outParams=[sigma center];
elseif strcmp(outType,'gauss2mf'),
    lftSigma=max(tol,lftShoulder-lftWaist)/sqrt(-2*log(yWaist));
    rtSigma=max(tol,rtWaist-rtShoulder)/sqrt(-2*log(yWaist));
    outParams=[lftSigma lftShoulder rtSigma rtShoulder];
elseif strcmp(outType,'sigmf'),
    center=lftWaist;
    a=-1/max(tol,lftShoulder-center)*log(1/yShoulder-1);
    outParams=[a center];
elseif strcmp(outType,'dsigmf'),
    lftCenter=lftWaist;
    lftA=-1/max(tol,lftShoulder-lftCenter)*log(1/yShoulder-1);
    rtCenter=rtWaist;
    rtA=-1/max(tol,rtCenter-rtShoulder)*log(1/yShoulder-1);
    outParams=[lftA lftCenter rtA rtCenter];
elseif strcmp(outType,'psigmf'),
    lftCenter=lftWaist;
    lftA=-1/max(tol,lftShoulder-lftCenter)*log(1/yShoulder-1);
    rtCenter=rtWaist;
    rtA=1/max(tol,rtCenter-rtShoulder)*log(1/yShoulder-1);
    outParams=[lftA lftCenter rtA rtCenter];
elseif strcmp(outType,'smf'),
    % Assumes yWaist=0.5
    outParams=[2*lftWaist-lftShoulder lftShoulder];
elseif strcmp(outType,'zmf'),
    % Assumes yWaist=0.5
    outParams=[rtShoulder 2*rtWaist-rtShoulder];
```

```
else
   % Output MF type is unknown
   outParams=[ ];
   errorStr=[ 'Cannot translate to output MF type' outType];
   if nargout<2,error(errorStr); end
   return
end
outParams=eval(mat2str(outParams,4));
```

表 4-7　不同类型的隶属函数模糊数相关参数计算结果

类型	样本模糊数	Pos ($\bar{S}\vert\tilde{S}_i$)	$(\tilde{S}_i)_\alpha$	Nec ($\bar{S}\vert\tilde{S}_i$)	$(\tilde{S}_i)_{1-\beta}$
三角形	$\tilde{S}_1$(5.5，6.3，6.8)	0.83	[6.14，6.4]	0.47	[6.06，6.45]
	$\tilde{S}_2$(4.6，5.6，6.6)	0.8	[5.4，5.8]	0.3	[5.3，5.9]
	$\tilde{S}_3$(3，6，9)	1	[5.4，6.6]	0.25	[5.1，6.9]
	$\tilde{S}_4$(3，7，8.5)	0.8	[6.2，7.3]	0	[5.8，7.45]
	$\tilde{S}_5$(6.5，7.5，8.5)	0.25	[7.3，7.7]	0	[7.2，7.8]
	$\bar{S}_{0.8}$		[5.8，6.2]	$\bar{S}_{0.3}$	[5.3，6.7]
	过程均值模糊数		$\bar{S}$(5，6，7)		
高斯形	$\tilde{S}_1$(0.2251，6.285)	0.9078	[6.13，6.44]	0.4550	[6.09，6.48]
	$\tilde{S}_2$(0.4247，5.6)	0.895	[5.32，5.88]	0.2418	[5.24，5.96]
	$\tilde{S}_3$(1.274，6)	1	[5.15，6.85]	0.1757	[4.93，7.08]
	$\tilde{S}_4$(0.7432，6.875)	0.7551	[6.38，7.37]	0.0387	[6.25，7.50]
	$\tilde{S}_5$(0.4247，7.5)	0.2103	[7.22，7.78]	0.0016	[7.14，7.86]
		$\bar{S}_{0.8}$	[5.72，6.28]	$\bar{S}_{0.3}$	[5.34，6.66]
	过程均值模糊数		$\bar{S}$(0.4247，6)		
Π 形	$\tilde{S}_1$(5.58，6.22，6.35，6.75)	0.986	[6.02，6.47]	0.4209	[5.97，6.51]
	$\tilde{S}_2$(4.7，5.5，5.7，6.5)	0.9687	[5.25，5.96]	0.1250	[5.19，6.01]
	$\tilde{S}_3$(3.3，5.7，6.3，8.7)	1	[4.94，7.05]	0.0703	[4.77，7.23]
	$\tilde{S}_4$(3.4，6.6，7.15，8.35)	0.9688	[5.59，7.53]	0	[5.36，7.62]
	$\tilde{S}_5$(6.6，7.4，7.6，8.4)	0.0703	[7.15，7.85]	0	[7.09，7.91]
		$\bar{S}_{0.8}$	[5.65，6.36]	$\bar{S}_{0.3}$	[5.41，6.59]
	过程均值模糊数		$\bar{S}$(5.1，5.9，6.1，6.9)		

图 4-17、4-18 为三种不同隶属函数构建的模糊控制图及其可能性、必要性判异比较情况。

从图 4-17、4-18 中可以得出如下结论：

（1）对于可能性判异而言，三角隶属函数的控制界限最窄，即控制水平最为严格，梯形次之，∏形最为宽松。

（2）对于必要性判异而言，∏形隶属函数的控制限最窄，即控制水平最为严格，梯形次之，三角形最为宽松；梯形与高斯型控制水平区别不明显，控制界限基本重合，且各样本的控制区间也相差不大。

结合过程质量特性值的特点及质量控制水平，可以考虑采用不同类型的隶属函数构造模糊数，并绘制模糊数控制图，对于可能性、必要性异常检测可以采用不同隶属函数的组合，从而满足对于不同应用场合的模糊质量控制需求。

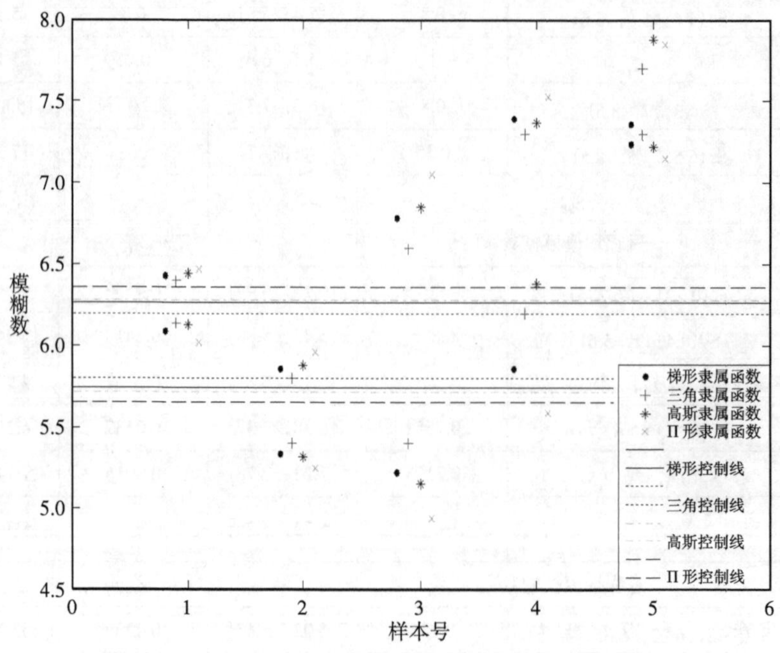

图 4-17　不同隶属函数构建控制图可能性判异比较

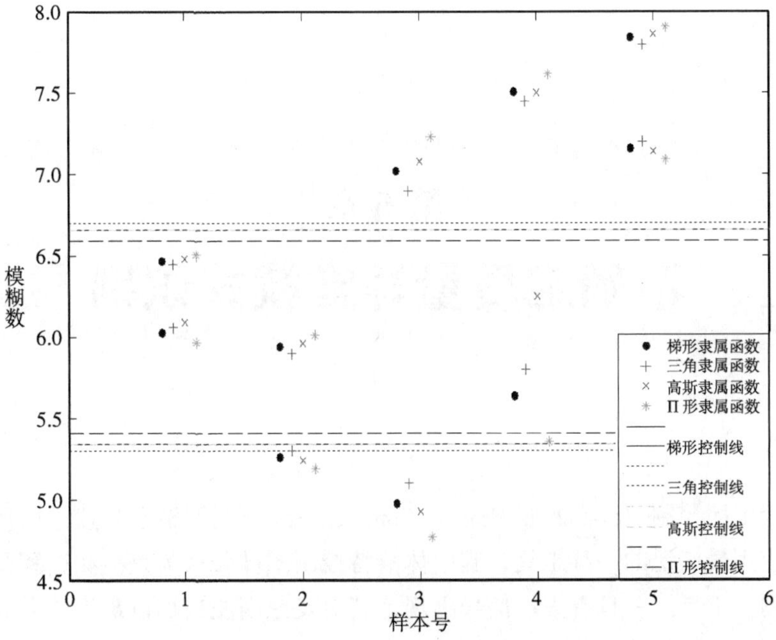

图 4-18　不同隶属函数构建控制图必要性判异比较

第三节　本章小结

本章提出了基于贴近度与基于模糊数的构建不确定质量特性控制图的两种方案，基于贴近度的方案利用样本模糊集与标准样品模糊集间的贴近度与给定阈值之间的关系，获得绘制计数型不确定特性控制图的数据，利用区间数描述计量型质量特性，构建一种区间数端点值的组合型控制图；基于模糊数的方案利用评分统一处理两种不同类型的质量特性，并将评分转换为不同隶属函数类型的模糊数，以模糊数为样本数据绘制控制图，并分析了模糊数类型对控制图控制效果的影响。

第五章
不确定质量异常模式识别

统计工序控制（Statistical Process Control，SPC）是制造业企业进行质量控制与改善应用最广泛的一种工具，其中休哈特控制图被公认为是检测过程受控状态的重要测控工具。一旦有失控信号出现，其引发原因便被加以辨识并采取相应措施使过程重返正常状态。休哈特图的基本原理是在给定上下限的时间—观察值坐标系下描点，当描点落于控制线之外或点的排列呈现某种非随机模式时，认为过程处于失控状态或过程有异常出现。

控制图分析包括异常/非随机模式识别与异因定位两方面的内容。在过程控制知识库的支持下，异常控制图模式可以与特定的异因（集）相对应，其快速、有效识别可以大大缩小异因查找范围，并加速诊断、恢复过程。

第一节 概 述

质量特性控制图模式识别（Control Chart Pattern Recognition，CCPR）是SPC进行过程异常预警的重要手段。控制图模式反映出来的工序质量波动的根源大致分为两大类：随机原因与系统原因。前者包括原材料性质上的微小差异，机床的轻微振动，刀具的正常磨损，夹具的微小松动，工人操作上的轻微变化，车间温度、湿度等条件的微小差异等，它们都会使工序质量产生波动，但是这类原因什么时候发生，具有一定的随机性（偶然性），且在技术上难以测量和消除；后者包括混入了不同规格成分的原材料，机床、刀具的过度磨损，夹具的严重松动，机床或刀具安装和调整不准确，孔加工基准尺寸的误差，极限量规基准尺寸的误差等，它们会引起工序质量的较大波动，对工序质量的影响较大。当工序只存在随机原因时，我们认为工序处于受控状态，如图 5-1（a）所示，此时的工序生产性能是可以预测的。当工序出现系统原因时，工序处于失控状态，如图 5-1（b）所示，此时控制图通过异常模式迅速发出信号，以便快速查明原因并采取措施消除波动源。

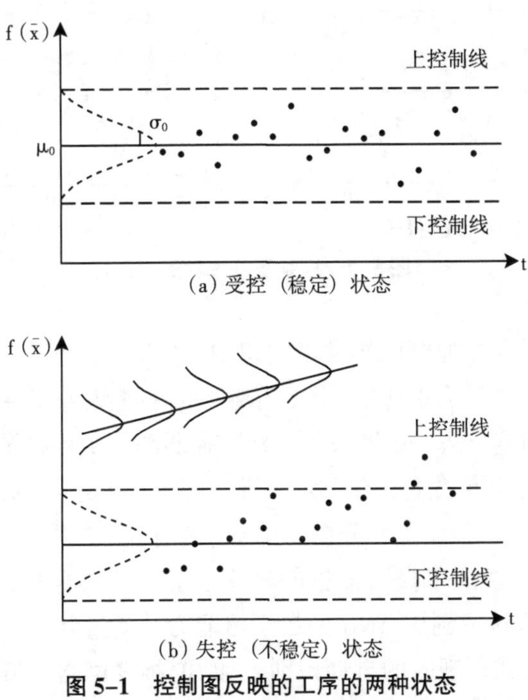

（a）受控（稳定）状态

（b）失控（不稳定）状态

图 5-1　控制图反映的工序的两种状态

控制图模式识别对于实现控制图应用过程的自动化至关重要。许多文献对 SPC 控制图可能出现的模式作了总结与分类，认为包括基本模式与并发模式两大类，并发模式由基本模式混合而成。图 5-2 为质量控制图的基本模式。

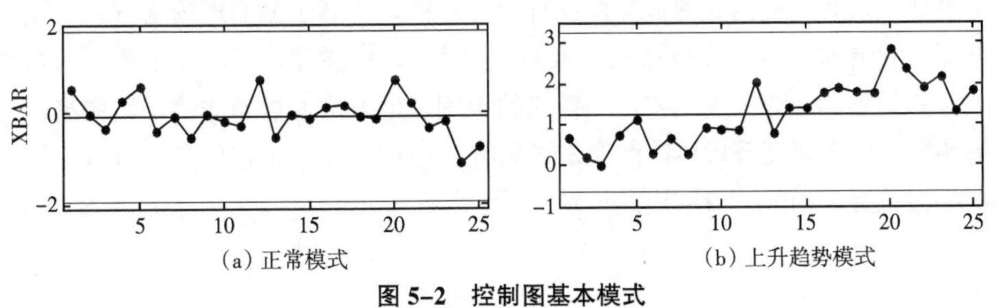

（a）正常模式　　（b）上升趋势模式

图 5-2　控制图基本模式

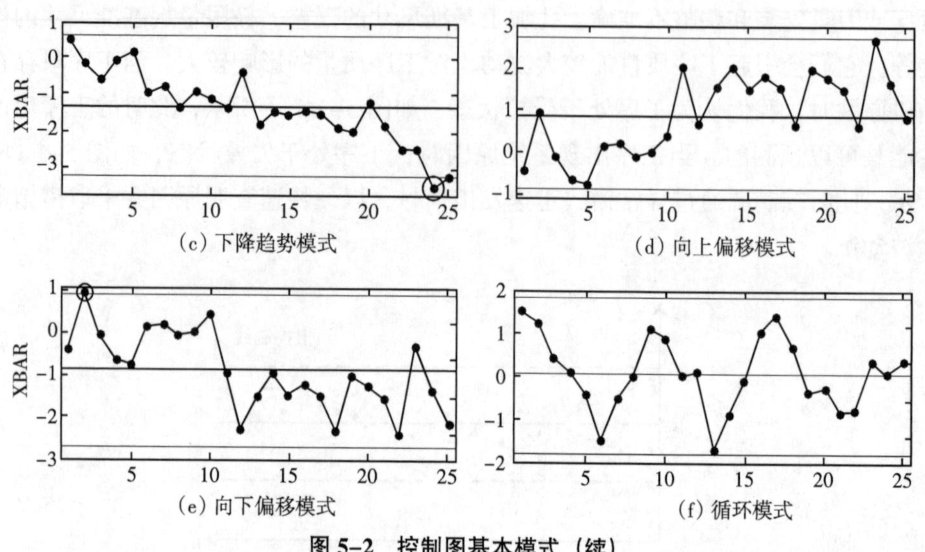

图 5-2 控制图基本模式（续）

国内外学者对质量控制图异常模式识别的研究，主要集中在以下四个方面：①统计分析方法。对于单变量控制图，依据统计推断及小概率事件原理，设置相应的判异准则，如链长法、区域法等，判断控制图的受控状态。对于多变量控制图，广泛使用的统计方法主要有主元分析（PCA）、Fisher 判别分析（FDA）、规范变量分析（CVA）、独立主元分析（ICA）和偏最小二乘（PLS）等方法。多种统计规则的使用会增加错报与漏报的概率。②人工神经网络（Artificial Neural Network，ANN）方法。利用 ANN 的自学习能力，通过利用各种异常模式对网络进行训练，实现模式再现时的自动识别，如 BP 神经网络、概率神经网络、径向基神经网络等，基于 ANN 方法需要事先获取大量的各种异常模式的数据作为训练样本，学习时间长。③支持向量机（Support Vector Machine，SVM）方法。该方法一般会与对具有良好类间分离特性的异常模式的分类比较。基于 SVM 的模式识别方法与 ANN 相比，所需的样本数量少、运算速度快，但样本增加时，训练速度变慢，而且核函数的选择尚没有统一标准。④基于模糊理论的方法。该方法利用质量异常模式的模糊征兆，实现对多种单值控制图（如 Xbar 图）的基本模式，如偏移、趋势及周期或循环模式的识别。该方法通过预先给定模糊集合的隶属函数，用隶属度替代传统的布尔逻辑处理一些模糊不确定信息，可以较好地解决模糊重叠、划分不清的模式识别问题。

第二节　控制图不确定异常模式的逐点识别方法

一、控制图异常模式定义

当过程处于受控状态时，控制图上的点子呈现一种服从状态分布的随机模式，过程失控时，这种随机状态被打破并呈现出异常模式。这些异常模式通过一组基于小概率事件的规则集合加以检测，并利用隐藏于异常模式中的信息建立异常模式—异因之间的映射关系。

考虑实际过程中常见的四种异常模式，定义如下：

(1) 超限 (Out of Control Limit，OCL)：1 个或 1 个以上的点子超出 3σ。

(2) 奇异 (Freak)：连续 3 点中有 2 点落在中心线同一侧 2σ~3σ。

(3) 链 (Run)：连续 7 点在中心线同一侧。

(4) 趋势 (Trend)：连续 7 点递增或递减。

二、控制图异常模式特征数计算

质量及过程的不确定性表现为随机性和模糊性，前者可用概率统计方法分析处理，而后者可用模糊数学方法加以处理。在对控制图异常模式识别的过程中存在很多不确定性和模糊问题。比如点子处于控制线上或边界时，过程状态的确定；异常点数非常接近异常规则规定的点数时，过程状态的确定；控制图上的某一点同时触发两种或两种以上异常模式时，异常模式的确定；如果对这种不确定性加以量化，以表明某种异常模式发生的程度，对于判断过程状态以及在此基础上的异常原因诊断。

以上述定义的四种异常模式为例，下面定义四个变量 OCL、Freak、Run 及 Trend，分别对应四种控制图异常模式特征数：

$$OCL=\frac{\left|\bar{x}_i-\mu\right|}{\sigma} \tag{5-1}$$

式中，$\bar{x}_i$ 表示控制图上第 i 个点对应的样本均值，μ 及 σ 表示样本总体均值及标准差。

Freak，由控制图上 3 个连续样本点中落入 2σ~3σ 及 -3σ~-2σ 区域的点数确定，取较大的那个值作为 Freak 值。

Run，由控制图上 7 个连续样本点中落入中心线上方及下方的点数确定，取较大的那个值作为 Run 值。

Trend，由控制图上 7 个连续样本点中连续上升或连续下降的点数确定，取较大的那个值作为 Trend 值。

根据控制图逐点计算上述异常模式特征数的流程如图 5-3 所示。

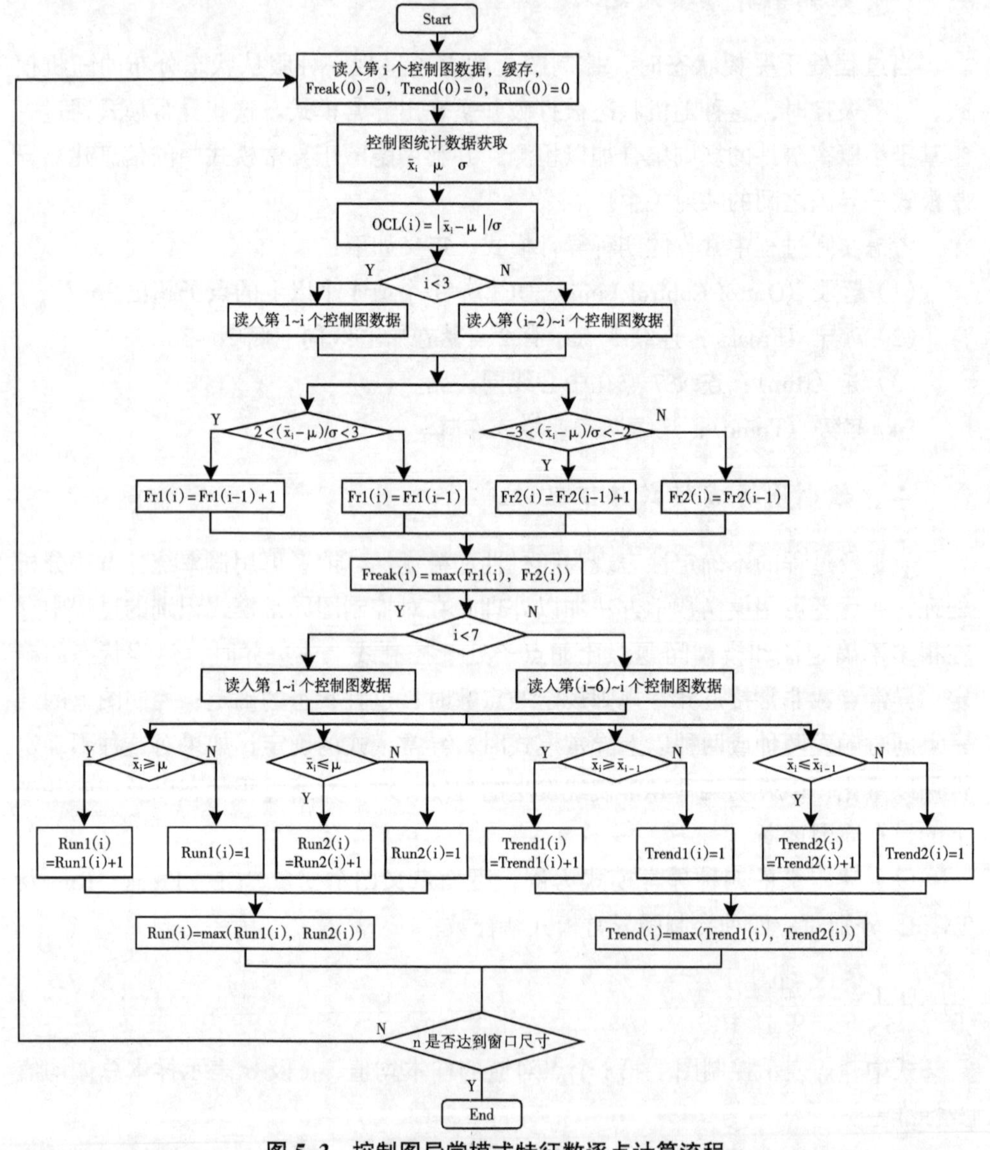

图 5-3 控制图异常模式特征数逐点计算流程

三、控制图异常模式发生度度量

上述各异常模式特征数，对应于每种异常模式的模糊隶属函数得到的隶属度，即可作为异常模式发生度的度量。结合前述对异常模式的定义，设定各模式隶属函数类型及参数如下：对于 OCL，为梯形隶属函数（0，3，5，6）；对于 Freak，为梯形隶属函数（0，2，4，5）；对于 Trend 与 Run，均为梯形隶属函数（0，7，7.5，8）。

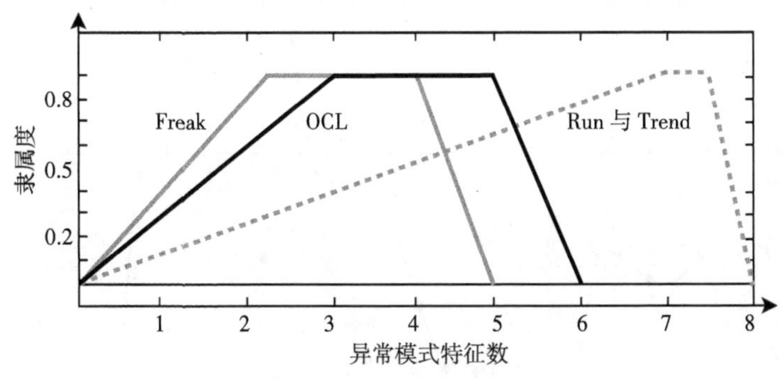

图 5-4　异常模式隶属函数

表 5-1 为某工件的偏差检测数据，图 5-5 为偏差控制图。下面利用前述异常模式发生度的逐点识别方法来对控制图异常进行判断。

表 5-1　某工件的偏差检测样本数据

样本号	d1	d2	d3	d4	样本号	d1	d2	d3	d4
1	-0.46	-0.24	-0.04	-0.31	14	-0.1	-0.09	-0.12	-0.19
2	-0.46	-0.31	-0.25	-0.15	15	-0.1	-0.2	-0.17	-0.09
3	-0.14	-0.34	-0.01	-0.08	16	-0.03	-0.1	-0.17	0.04
4	-0.14	-0.17	-0.12	0.08	17	-0.03	0.06	-0.02	0.12
5	0.09	-0.13	0.06	-0.06	18	-0.1	-0.37	-0.05	0
6	-0.22	-0.03	0.02	0.05	19	-0.03	-0.16	-0.1	-0.08
7	-0.14	-0.19	0.02	0.15	20	-0.03	0.09	0.1	0.17
8	-0.14	-0.03	-0.03	0.17	21	0.13	0.4	0.11	0.3
9	-0.06	-0.07	-0.11	0.23	22	-0.18	-0.01	-0.01	0.15
10	-0.18	-0.23	-0.11	-0.23	23	-0.03	0.03	0.03	0.23
11	-0.34	-0.27	-0.25	0.02	24	0.05	-0.01	0.07	0.15
12	-0.18	-0.25	-0.33	0.07	25	0.05	0.29	0.23	0.29
13	-0.34	-0.12	-0.23	-0.12	26	-0.1	0.02	0.32	0.15

续表

样本号	d1	d2	d3	d4	样本号	d1	d2	d3	d4
27	-0.1	0.13	0.05	0.26	32	-0.46	-0.21	-0.24	0.16
28	-0.06	-0.46	-0.26	-0.16	33	-0.22	-0.17	-0.21	-0.09
29	-0.3	-0.05	-0.28	-0.19	34	-0.14	-0.15	-0.22	-0.23
30	-0.38	-0.19	-0.33	-0.18	35	-0.38	-0.04	-0.21	-0.15
31	-0.14	-0.13	-0.38	-0.17	36	-0.22	-0.22	-0.01	0.03

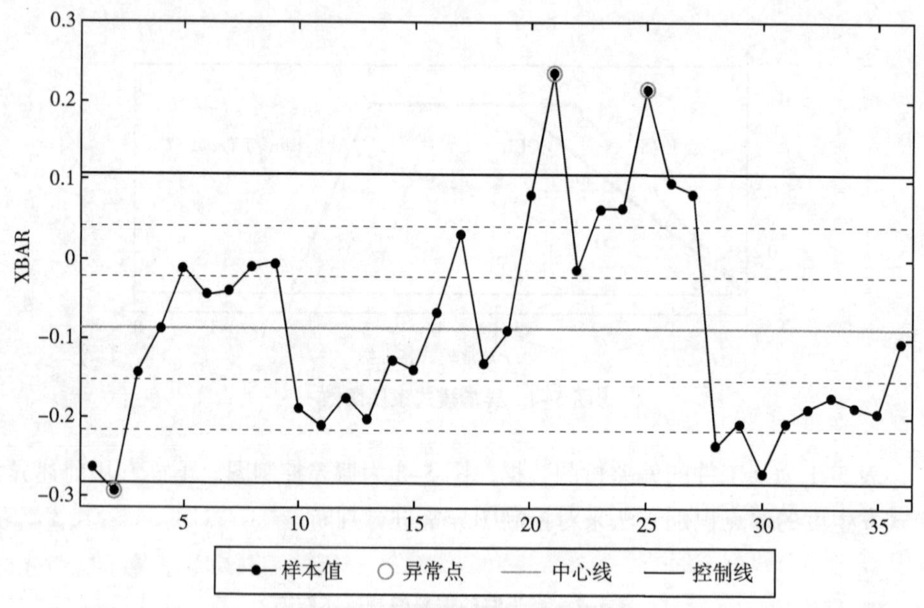

图 5-5 工件偏差检测数据控制图

下面为控制图异常模式发生度逐点识别的 Matlab 代码：

```
load parts;
d3=runout; % hs 为绘制控制图的样本数据
[processstate,plotdata]=controlchart(d3,'display','on');
processmean=processstate.mean;
processsigma=processstate.sigma;
hs=processmean;
mu=processstate.mu;
Run1(1)=1;
Run2(1)=1;
```

```
Freak1(1)=0;
Freak2(1)=0;
Trend1(1)=1;
Trend2(1)=1;
n=size(processmean,1);
n_OCL1=abs((processmean-processstate.mu)/plotdata.se(1));%OCL 特征数
n_OCL=(processmean-processstate.mu)/plotdata.se(1);
n_Freak=[]; %Freak 特征数初值
for i=1:n
    if i==1
        if n_OCL(i)<=3 && 2<=n_OCL(i)
            Freak1(i)=1;
            Freak2(i)=0 ;
        elseif -3<=n_OCL(i)<3 && -2<=n_OCL(i)
            Freak2(i)= 1;
            Freak1(i)=0;
        else
            Freak1(i)=0;
            Freak2(i)=0;
        end
        n_Freak(i)=max(Freak1(i),Freak2(i));
    end
    if i>=2 && i<=3

        if n_OCL(i)<=3 && 2<=n_OCL(i)
            Freak1(i)= Freak1(i-1)+1;
            Freak2(i)=Freak2(i-1);
        elseif -3<=n_OCL(i)<3 && -2<=n_OCL(i)
            Freak2(i)=Freak2(i-1)+ 1;
            Freak1(i)=Freak1(i-1)
        else
            Freak1(i)= Freak1(i-1);
```

```
            Freak2(i)=Freak2(i-1);
        end
        n_Freak(i)=max(Freak1(i),Freak2(i));
    end
    if i>=2 && i<=7
        if hs(i)>= mu
            Run1(i)=Run1(i-1)+1;
            Run2(i)=0;
        end
        if hs(i)<= mu
            Run2(i)=Run2(i-1)+1;
            Run1(i)=0;
        end
    elseif i>7
        if hs(i)> mu && Run1(i-1)<7
            Run1(i)=Run1(i-1)+1;
            Run2(i)=0;
        elseif hs(i)>mu &&  Run1(i-1)==7
            Run1(i)=Run1(i-1);
            Run2(i)=0;
        end
        if hs(i)< mu && Run2(i-1)<7
            Run2(i)=Run2(i-1)+1;
            Run1(i)=0;
        elseif hs(i)<mu && Run2(i-1)==7
            Run2(i)=Run2(i-1);
            Run1(i)=0;
        end
    end
    n_Run(i)=max( Run1(i),Run2(i));
    if 2<=i && i<=7
        if hs(i)>=hs(i-1)
```

```
        Trend1(i)= Trend1(i-1)+1;
        Trend2(i)= 1;
    end
    if hs(i)<=hs(i-1)
        Trend2(i)= Trend2(i-1)+1;
        Trend1(i)= 1;
    end
elseif i>7
    if hs(i)>=hs(i-1) && Trend1(i-1)<7
        Trend1(i)= Trend1(i-1)+1;
        Trend2(i)= 1;
    elseif  hs(i)>=hs(i-1) && Trend1(i-1)==7
        Trend1(i)= Trend1(i-1);
        Trend2(i)= 1;
    end
    if hs(i)<=hs(i-1) && Trend2(i-1)<7
        Trend2(i)= Trend2(i-1)+1;
        Trend1(i)= 1;
    elseif  hs(i)<=hs(i-1) && Trend2(i-1)==7
        Trend2(i)= Trend2(i-1);
        Trend1(i)= 1;
    end
end
n_Trend(i)=max(Trend1(i),Trend2(i));
if i>3
    a1=([n_OCL(i-2) n_OCL(i-1) n_OCL(i)]-2)>0;
    a2=([n_OCL(i-2) n_OCL(i-1) n_OCL(i)]-3)<0;
    a3=([n_OCL(i-2) n_OCL(i-1) n_OCL(i)]+3)>0;
    a4=([n_OCL(i-2) n_OCL(i-1) n_OCL(i)]+2)<0;
    a5=numel(find((a1&a2)==1));
    a6=numel(find((a3&a4)==1));
    n_Freak(i)=max(a5,a6);
```

```
    end
end
OCL_mf=trapmf(n_OCL1,[0 3 5 6]);
Freak_mf=trapmf(n_Freak,[0 2 4 5]);
Trend_mf=trapmf(n_OCL1,[0 7 7.5 8]);
Run_mf=trapmf(n_OCL1,[0 7 7.5 8]);
```

图 5-5 中控制图利用逐点识别方案进行模式发生度计算的结果如表 5-2 所示。

表 5-2 控制图异常模式逐点识别结果

样本号	OCL	Freak	Trend	Run	样本号	OCL	Freak	Trend	Run
1	0.90	0.00	0.39	0.39	19	0.03	0.00	0.01	0.01
2	1.00	0.00	0.45	0.45	20	0.86	0.50	0.37	0.37
3	0.29	0.50	0.12	0.12	21	1.00	0.50	0.71	0.71
4	0.01	0.00	0.00	0.00	22	0.38	0.50	0.16	0.16
5	0.39	0.00	0.17	0.17	23	0.78	0.50	0.33	0.33
6	0.21	0.00	0.09	0.09	24	0.78	1.00	0.33	0.33
7	0.24	0.00	0.10	0.10	25	1.00	1.00	0.66	0.66
8	0.40	0.00	0.17	0.17	26	0.94	1.00	0.40	0.40
9	0.43	0.00	0.18	0.18	27	0.88	1.00	0.38	0.38
10	0.52	0.00	0.22	0.22	28	0.76	1.00	0.33	0.33
11	0.63	0.00	0.27	0.27	29	0.61	0.50	0.26	0.26
12	0.44	0.00	0.19	0.19	30	0.94	1.00	0.40	0.40
13	0.59	0.00	0.25	0.25	31	0.61	0.50	0.26	0.26
14	0.20	0.00	0.08	0.08	32	0.52	0.50	0.22	0.22
15	0.27	0.00	0.12	0.12	33	0.44	0.00	0.19	0.19
16	0.11	0.00	0.05	0.05	34	0.50	0.00	0.22	0.22
17	0.61	0.00	0.26	0.26	35	0.56	0.00	0.24	0.24
18	0.22	0.00	0.10	0.10	36	0.10	0.00	0.04	0.04

第三节　控制图并发异常模式的小波分解重构方法

一、不确定质量异常的特殊形式——并发异常模式

已有文献对SPC控制图可能出现的模式作了总结与分类，认为包括基本模式与并发模式两大类，并发模式由基本模式混合而成。几种常见的基本模式如前面图5-2所示。

应用SPC的过程中，对不同的模式及时地检测并识别对于异因的定位及消除至关重要。实际应用中，控制图模式识别依赖于操作人员的视觉检查，其效果很大程度上取决于其培训情况及经验，后来出现了许多用于模式识别的辅助方法，大致可分为以下两大类，一类是基于规则的方法，包括运行规则、区域检测、专家系统等；另一类是以ANN为代表的智能模式识别。长期以来，第一类方法中的运行规则及区域检测是模式识别的主要工具。这些方法的局限性在于其效果很大程度上取决于分析人员的经验，而且规则与异常模式之间没有一一对应关系，一个规则可能会有多种异常模式表现。这对于建立模式与异因间的相关关系有很大难度。

ANN方法能够从带噪数据中提取已经学习的模式，很适合过程控制图模式识别。所有用于控制图模式识别的神经网络结构中，BP网被证明是最有效的一种。但是文献中ANN方法大多数局限于对基本模式的识别。两阶段BP网用于并发模式识别时，如果仅用单一基本模式样本训练网络，网络对于并发模式的识别效果较差；而同时用单一及并发模式样本训练网络时，不仅训练时间大大加长，而且对于单一模式的识别效果也大打折扣。而制造过程中多种异常模式的并发现象较为普遍，所以需要一种能够同时识别各种异常模式的方法。

本节通过将小波分析与ANN相结合，提出一种混合方法用于并发异常模式识别。图5-6为该方案示意图。首先用小波变换技术对并发异常模式信号进行预处理，将其分解、去噪、重构，然后将重构的模式数据输入用基本模式样本训练好的网络加以识别，这样既提高了网络的学习效率，也大大提高了对并发模式的识别效率，并对采用小波变换前后的识别效果加以比较。

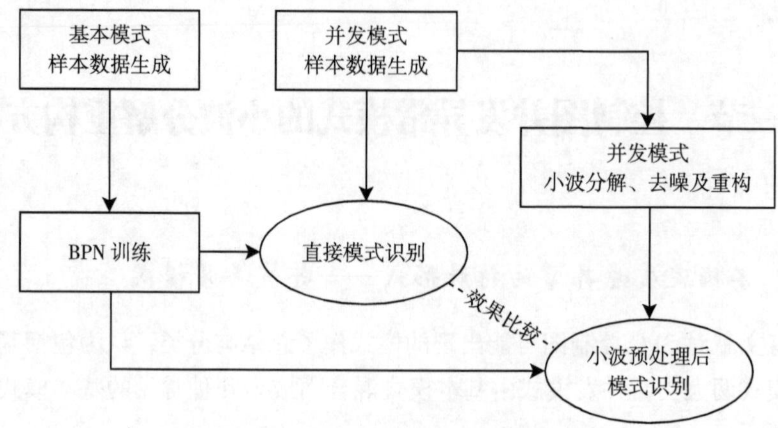

图 5-6 小波—神经网络混合方案示意图

二、小波变换对 SPC 数据的预处理

（一）小波的概念

设一维时间序列 f(t) 平方可积（即 $f(t)\in L^2(R)$，a，$b\in R$，R 表示实数），且 a>0，小波变换及其逆变换定义为：

$$w_f(a,\ \tau)=\int_{-\infty}^{+\infty}f(t)\ \Psi_{a,\tau}(t)\,dt=\int_{-\infty}^{+\infty}f(t)\frac{1}{\sqrt{a}}\Psi\left(\frac{t-\tau}{a}\right)dt \tag{5-2}$$

$$f(t)=\frac{1}{c_\Psi}\int_{-\infty}^{+\infty}\int_{-\infty}^{+\infty}\frac{1}{a^2}\Psi\left(\frac{t-\tau}{a}\right)w_f(a,\ \tau)\,da\,d\tau \tag{5-3}$$

$$c_\Psi=\int_{-\infty}^{+\infty}\frac{|\Psi(\varpi)|^2}{\omega}d\omega<\infty \tag{5-4}$$

其中，a 是尺度参数，决定了分解信号的频率；τ 是定位参数，决定了逼近信号的时间位置；函数 Ψ 称为基小波，$\Psi_{a,\tau}(t)$ 称小波，是由基小波通过伸缩和平移构成的函数族。

实际应用中，需要对尺度参数 a 和定位参数 b 进行离散化，可以选取 $a=a_0^m$，$b=nb_0a_0^m$（$a_0>1$，$b_0>0$，m，$n\in Z$，Z 表示整数），a_0 称为固定伸缩步长，b_0 称为移位步长，那么离散小波变换定义为：

$$w_f(m,\ n)=\int_{-\infty}^{+\infty}f(t)\ a_0^{\frac{m}{2}}\Psi(a_0^{-m}t-n\tau_0)\,dt=\int_{-\infty}^{+\infty}f(t)\ a_0^{\frac{m}{2}}\Psi_{m,n}(t)\,dt=\langle f(t),\Psi_{m,n}(t)\rangle \tag{5-5}$$

相应的离散小波为：

$$\Psi_{m,n}(t)=a_0^{-\frac{m}{2}}\Psi\left(\frac{t-n\tau_0 a_0^m}{a_0^m}\right)=a_0^{-\frac{m}{2}}\Psi\ \left(a_0^{-m}t-n\tau_0\right) \tag{5-6}$$

通常取 $a_0=2$，$b_0=1$，称为离散二进小波变换，为：

$$w_f(m,\ n)=\int_{-\infty}^{+\infty}f(t)2^{-\frac{m}{2}}\ \Psi(2^{-m}t-n)\,dt=\sum_k f(k)2^{-\frac{m}{2}}\ \Psi(2^{-m}k-n) \tag{5-7}$$

相应的离散二进小波函数为：

$$\Psi_{m,n}(t)=2^{-\frac{m}{2}}\Psi\ (2^{-m}t-n_0) \tag{5-8}$$

（二）小波变换的特点

小波变换是一种新的数学分析方法，广泛应用于信号处理、图形处理、语言分析等众多领域。它是一种窗口面积恒定，窗口形状可变（时域窗口和频域窗口均可变）的时频域局域化分析方法，在低频段具有较高的频率分辨率和较低的时间分辨率，在高频段具有较高的时间分辨率和较低的频率分辨率，可以将图像、模式等复杂信息在不同位置及尺度上分解为一些基本组件，这些组件可以高精度重构原始信号，从而满足诸如降噪、数据分解及特征提取等多种用途。

小波变换是可逆的，通过最后一个水平的大尺度逼近系数与各水平下的细节系数可以重构原始信号，如图 5–7 所示为三级小波分解与重构过程。

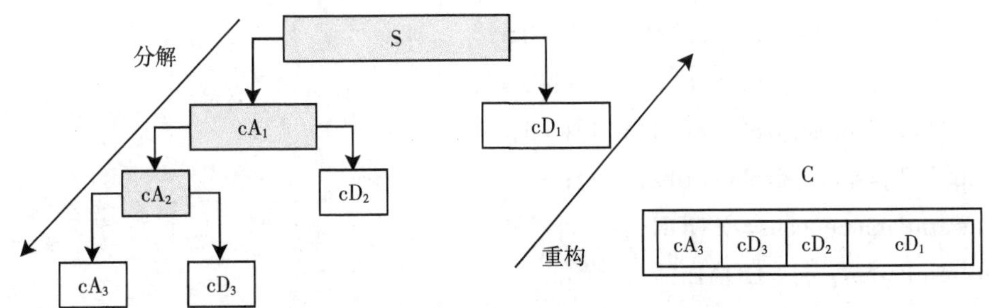

图 5–7　三级小波分解与重构过程示意图

本节将并发异常信号进行小波变换，可以将其分解为基本模式信号的组合，其中大尺度逼近部分 A 代表其中的低频部分，而细节部分 D 代表其中的高频部分，并由低频、高频系数重构原始信号，作为 ANN 的输入。问题的关键在于小波基函数的选择、分解水平数的确定以及重构系数的选择。

三、用于模式识别的 BP 神经网络

本书采用两层 BP 网，如图 5–8 所示。

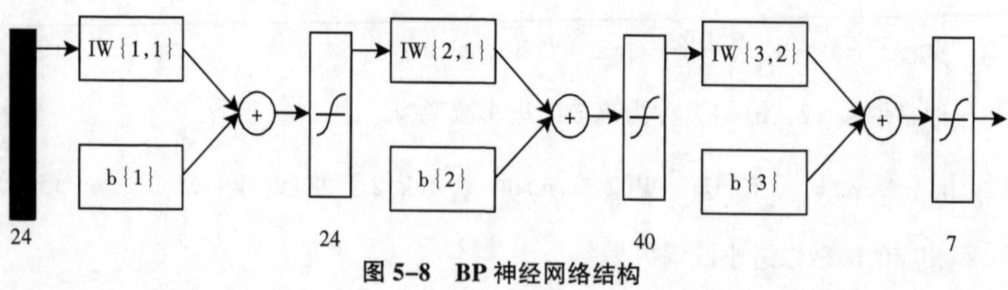

图 5-8 BP 神经网络结构

滑动监控窗口的尺寸为 24，即输入层数据为 24，隐含层神经元个数根据均方误差（Mean Square Error，MSE）标准采用下面程序循环试验来确定：

```
TS=[s1  s2  …  sn]；  %训练样本
TV=[t1  t2  …  tn]；  %目标值
s=3:40；  %隐含层神经元变化范围
res=zeros(size(s))；  %存储误差向量，先置零
EPOCHS=10000；   %循环次数
GOAL=0.000005；   %误差限
for j=1:length(s)
net=newff(minmax(TS),[s(j),2],{'tansig','purelin'},'trainlm');
net.iw{1,1}=zeros(size(net.iw{1,1}))+0.5;
net.lw{2,1}=zeros(size(net.lw{2,1}))+0.75;
net.b{1,1}=zeros(size(net.b{1,1}))+0.5;
net.b{2,1}=zeros(size(net.b{2,1}));
net.trainParam.epochs=EPOCHS;
net.trainParam.goal =GOAL;
net=train(net,TS,TV);
y=sim(net,TS);
e=TV-y;
error=mse(e,net)
r=norm(error)
res(j)=norm(error);
end
number=find(res==min(res));   %选择误差最小的神经元个数
if(length(number)>1)
```

```
    no=number(1)
else
    no=number
end
```

输出层神经元个数为七，对应七种基本异常模式，隐含层激励函数为 Sigmoid，输出层为激励函数 purelin，学习率 LR=0.01。

四、应用分析

（一）样本数据的产生及网络训练

用于网络学习用的基本模式样本数据包括上升趋势、下降趋势、向上偏移、向下偏移、循环、系统误差等，由以下公式产生：

$$X(t)=\mu+n(t)+u_i(t)d_i(t)+u_j(t)d_j(t) \tag{5-9}$$

式中，t 为抽样时间，X(t)为 t 时刻样本值，μ 为过程均值，n(t)为随机扰动，假设 n(t)服从正态分布 N（0，σ），当系统处于受控状态时，σ 为常数。

$u_i(t)$、$u_j(t)$ 为阶跃函数：

$u_i(t)=\begin{cases}0, & t<i\\ 1, & t\geqslant i\end{cases}$，i 为异常发生时刻，在监控窗口尺寸内随机取值。

$u_j(t)=\begin{cases}0, & t<j\\ 1, & t\geqslant j\end{cases}$，j 为异常发生时刻，在监控窗口尺寸内随机取值。

对于单一异常模式情况，$d_j(t)=0$：

趋势模式：$d_i(t)=\pm d\times(t-i)$，d 为趋势斜率，$-0.2\sigma\leqslant d\leqslant 0.2\sigma$。

偏移模式：$d_i(t)=\pm\lambda$，λ 为偏移幅度，$-0.25\sigma\leqslant\lambda\leqslant 0.25\sigma$。

（1）周期模式：

$d_i(t)=A\times\sin(2\pi/\omega(t-i))$，A 为波动幅度，$0.2\sigma\leqslant A\leqslant 0.25\sigma$，ω 为波动周期，$4\leqslant\omega\leqslant 8$。

（2）正常模式：$d_i(t)=0$。

对于并发异常模式情况，$d_i(t)$、$d_j(t)$分别为上述单一模式之一。本书考虑向上趋势与周期模式的并发：$d_i(t)=\pm d\times(t-i)$，$d_i(t)=A\times\sin(2\pi/\omega(t-i))$。

为了便于分析，假设上述异常模式均出现于监控窗口的起点，即上述模式定义中 i 或 j 为 0 时刻。参数设置：σ=1，d=0.2，λ=2，A=1.5，ω=4。基本模式样本数据各产生 500 个，用于网络训练及验证，并发模式数据 500 个，用于小波分解、重构，并验证网络的识别效果。

利用基本模式样本数据，运行前面程序，确定隐层神经元为 29，运行结果如图 5-9 所示。

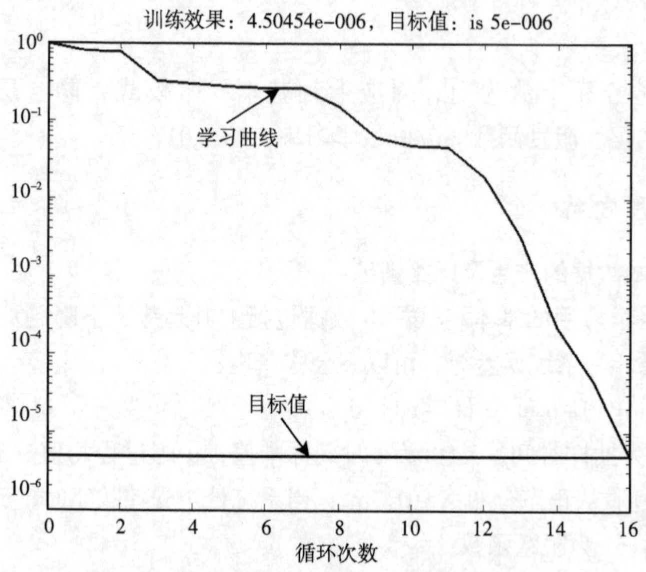

图 5-9　最优隐层神经元数网络学习曲线

（二）对并发模式的小波变换

下面为并发异常模式信号小波分解与重构的 Matlab 程序代码：

```
Load hybridpattern  %载入并发模式信号,size 为[30×500]
for i=1:500
    s=hybrid(:,i);
    [C,L]=wavedec(s,3,'sym4');
    cA3 = appcoef(C,L,'db1',3);
    [cD1,cD2,cD3]=detcoef(C,L,[1,2,3]);
    figure
    subplot(5,1,1); plot(s);
    title('Original signal s and coefficients.')
    subplot(5,1,2); plot(cA3);
    subplot(5,1,3); plot(cD3);
    subplot(5,1,4); plot(cD2);
    subplot(5,1,5); plot(cD1);
```

```
    A3 = wrcoef('a', C, L, 'sym4', 3);
    D1 = wrcoef('d', C, L, 'sym4', 1);
    D2 = wrcoef('d', C, L, 'sym4', 2);
    D3 = wrcoef('d', C, L, 'sym4', 3);
    figure
    subplot(2,2,1); plot(A3);
    title('Approximation A3')
    subplot(2,2,2); plot(D1);
    title('Detail D1')
    subplot(2,2,3); plot(D2);
    title('Detail D2')
    subplot(2,2,4); plot(D3);
    title('Detail D3')
    %分别以选定的重构细节信号 D2 及近似信号 A3 作为原始并发模式信号的基本模式,输入网络
    hTS1=D2;
    yuce(:,i)=sim(net,hTS1);
    hTS2=A3;
    yuce(:,i+1)=sim(net,hTS2);
end
```

对于图 5-9 所示的并发异常模式，对监控窗口内 30 点组成的信号进行三层小波分解与重构，运行上述程序后的结果如图 5-10、图 5-11 所示。

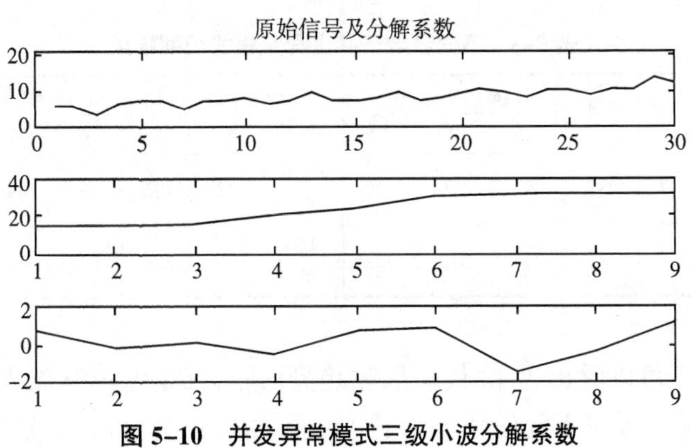

图 5-10　并发异常模式三级小波分解系数

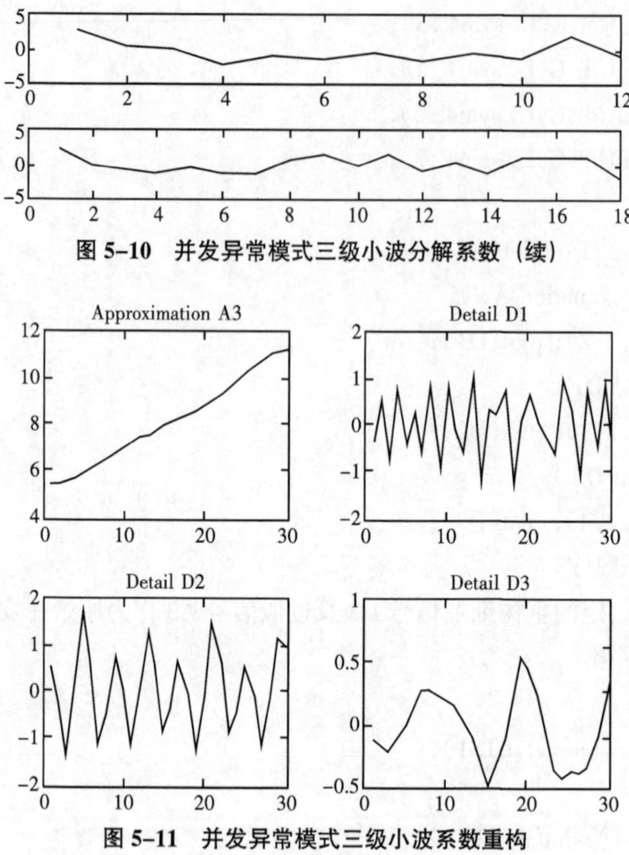

图 5-10　并发异常模式三级小波分解系数（续）

图 5-11　并发异常模式三级小波系数重构

（三）对并发模式的识别结果

不同参数 A 及 ω 下的样本各取 500 个，分别选择小波分解重构后的低频近似信号 A3 以及次高频信号 D2 作为神经网络的输入，输出结果如表 5-3 所示。

表 5-3　不同参数下并发异常模式识别结果

参数 / 识别结果	A（ω = 4）						ω（A = 1.5）					
	0.5	1.0	1.5	2	2.5	平均值	4	5	6	7	8	平均值
趋势模式正确识别率	497	483	491	479	489	97.56%	492	475	493	495	484	97.48%
循环模式正确识别率	346	326	315	312	302	64.04%	330	286	328	364	365	66.92%

从图 5-11 可以看出，A3 代表低频趋势信号，D2 代表中频循环信号，D1、D3 分别代表高、低频干扰信号。对于并发模式中的趋势模式识别率为 97%，循

环模式的识别率为 65%左右。

本节提出了一种用小波分析与神经网络相结合对控制图并发异常模式的识别方法。对趋势与循环异常并发模式的实例研究表明，该法可以将并发模式分解为基本模式组合，并以此作为网络输入加以识别，既提高了网络的学习效率，也解决了其不能识别并发模式的问题。但对于并发模式中不同基本模式识别效率存在较大差异，其原因有待进一步查证。

第四节　基于贝叶斯理论的控制图异常模式识别方法

在应用控制图实施质量控制的过程中，及时、准确地识别出控制图异常模式，对于引发过程异常的原因诊断以及消除意义重大。传统的识别方法需要预先获知模式的特征信息或大量的特定模式数据，制约了方法的应用。本书针对单变量质量控制图，以绘制控制图的样本统计数据为基础，提出一种基于贝叶斯规则的模式识别方法，逐点计算各种模式参数的极大似然估计量，应用贝叶斯规则推算各模式出现的信度大小，并依据每个采样时点模式决策统计量的取值，实现控制图每一次采样打点时，利用贝叶斯先验知识不断更新对控制图不同模式决策的信度，利用模式决策变量的样本值控制图模式做出判断。最后在 Matlab 环境下，利用数值仿真实验验证了所提方案对于基本控制图模式在识别率与灵敏度方面的有效性。

假设过程质量特性服从均值为 μ，方差为 σ^2 的正态分布。控制图模式的识别问题可以归结为如下决策问题：即从已知模式集合 $P=\{p_1, p_2, p_3, p_4\}$ 中，选择使信度最大的模式代码作为当前控制图模式，其中 p_1 表示正常模式，p_2 表示趋势模式，p_3 表示偏移模式，p_4 表示循环模式。在每一次迭代决策过程中，计算 P 中的每个元素的信度。

一、模式建模以及参数估计

利用最新的质量特性测量值，对控制图模式参数作出最大似然估计。假设 t 为采样周期，则 nt 时刻样本观测向量为 $D(nt)=[x(t), x(2t), \cdots, x(nt)]$，每次更新观测样本的一个测量值，则 $(n+1)t$ 时刻样本观测向量更新为：$D((n+1)t)=[D(nt), x((n+1)t)]$。

与图 5-2 对应的基本模式数据的模拟方程分别为：

（1）正常模式（Normal）：$x(nt)=r(nt)+noise(nt)$。

（2）趋势模式（Trend）：$x(nt)=r(nt)\pm kn$，k 为趋势斜率，$0.5\sigma\leqslant k\leqslant 2.5\sigma$。

（3）偏移模式（Shift）：$x(nt)=r(nt)\pm\lambda$，λ 为偏移幅度，$0.5\sigma\leqslant\lambda\leqslant 2.5\sigma$。

（4）循环模式（Cycle）：$x(nt)=r(nt)+A\sin(n\omega)$，A 为波动幅度，$0.2\sigma\leqslant A\leqslant 2.5\sigma$，ω 为循环周期，$0.1\leqslant\omega\leqslant 0.2$。

式中，$r(nt)\sim N(\mu,\sigma^2)$，noise（nt）为随机噪声，$noise(nt)\sim N(0,\sigma_0)$，$\sigma_0\leqslant 0.1\sigma$。

由上面的模式方程，可知 nt 时刻的质量特性测量值 x（nt）与 r（nt）之间的关系：

$$r_1(nt)=\frac{[x(nt)-moise(nt)]-\mu}{\sigma}$$

$$r_2(nt)=\frac{[x(nt)\mp kn]-\mu}{\sigma}$$

$$r_3(nt)=\frac{[x(nt)\mp\lambda]-\mu}{\sigma}$$

$$r_4(nt)=\frac{[x(nt)-A\sin(n\omega)]-\mu}{\sigma}$$

已知 $r_1(nt)$、$r_2(nt)$、$r_3(nt)$、$r_4(nt)$ 的分布参数，利用点估计方法，可以得到参数 k、λ、A 的极大似然估计量：

$$\hat{k}=2(\bar{x})/(n+1) \tag{5-10}$$

$$\hat{\lambda}=\bar{x} \tag{5-11}$$

$$\hat{A}=\sum\nolimits_{i=1}^{n}\sin(i\omega)\ x(it)/\sum\nolimits_{i=1}^{n}\sin^2(i\omega) \tag{5-12}$$

使上式取最大值时的 ω 满足：

$$\sum\nolimits_{i=1}^{n} i\cos(w_i)x(-it)-\frac{\sum\nolimits_{i=1}^{n} i\cos(w_i)2\sum\nolimits_{i=1}^{n}\sin(i\omega)x(it)}{\sum\nolimits_{i=1}^{n}\sin^2(i\omega)}=0 \tag{5-13}$$

采用数值方法求解上述方程，并将结果代入式（5-12），得到参数 A 的估计值。

二、信度更新

每次从过程获得新的样本测量数据时，利用基于贝叶斯法则的递归方程计算并更新信度值。

信度的测量：假设 nt 时刻（或第 n 个采样周期），得到的样本观测值向量为 $D(nt)=[x(t), x(2t), \cdots, x(nt)]$，当前控制图模式为 $p_i(i=1, 2, 3, 4)$ 的信度定义为：

$B_i(D(nt))=P\{p_i|D(nt)\}, i=1, \cdots, 4$

$(n-1)t$ 时刻，模式 p_i（$i=1, 2, 3, 4$）的信度 $B_i(D((n-1)t))$ 成为为 nt 时刻先验信息，与 nt 时刻获得的新的样本观测值 $x(nt)$ 一起确定模式 p_i（$i=1, 2, 3, 4$）的后验信度：

$$\begin{aligned}B_i(D(nt))&=B_i(D((n-1)t), x(nt))=P\{p_i|D((n-1)t), x(nt)\}\\&=\frac{P\{p_i|D((n-1)t), x(nt)\}}{P\{D((n-1)t, x(nt)\}}\\&=\frac{P\{D((n-1)t)\}P\{p_i|D((n-1)t)\}P\{x(nt)|p_i, D((n-1)t)\}}{P\{D((n-1)t\}P\{x(nt)|D((n-1)t)\}}\\&=\frac{P\{p_i|D((n-1)t)\}P\{x(nt)|p_i\}}{P\{x_t|D((n-1)t)\}}\end{aligned}$$

根据贝叶斯公式可以得到如下的递归公式：

$$\begin{aligned}B_i(D(nt))&=\frac{P\{p_i|D((n-1)t)\}P\{x(nt)|p_i\}}{\sum_{i=1}^{4}P\{p_i|D((n-1)t)\}P\{x(nt)|p_i\}}\\&=\frac{B_i(D((n-1)t))P\{x(nt)|p_i\}}{\sum_{i=1}^{4}P\{p_i|D((n-1)t)\}P\{x(nt)|p_i\}}\end{aligned} \tag{5-14}$$

根据 $x(nt)$ 与 $r(nt)$ 之间的函数关系，式（5-14）中的 $P\{x(nt)|p_i\}$ 可以通过 $P\{r_i(nt)|p_i\}$ 求得。假设控制图模式为 p_i 的条件下，$r_i(nt)$ 独立且 $r_i(nt)\sim N(0, 1)$，即：

$$P\{x(nt)|p_i\}=P\{r_i(nt)|p_i\}=\frac{1}{\sqrt{2\pi}}e^{-\frac{r_i(nt)^2}{2}}$$

代入式（5-14），得到如下递归计算式：

$$B_i(D(nt))=\frac{B_i(D((n-1)t))\frac{1}{\sqrt{2\pi}}e^{-\frac{r_i(nt)^2}{2}}}{\sum_{i=1}^{4}P\{p_i\Big|D((n-1)t)\}\frac{1}{\sqrt{2\pi}}e^{-\frac{r_i(nt)^2}{2}}} \tag{5-15}$$

三、控制图模式决策变量的构造

假设 nt 时刻更新后的模式信度为 $B_i(D(nt))$，在此基础上构造一个统计量，利用统计量的取值来确定当前控制图模式。首先降序排列 B_i（$D(nt)$），并取出排在前两位的信度，记作 $B_U(D(nt))$ 与 $B_L(D(nt))$，U、L∈（1，2，3，4）。

定义如下统计量：

$$Z(nt)=\frac{B_U(D(nt))}{B_L(D(nt))}$$

将（5-15）式代入上式得：

$$Z(nt)=\frac{B_U(D((n-1)t))}{B_L(D((n-1)t))}e^{-\frac{1}{2}[r_U(nt)^2-r_L(nt)^2]}$$

$$=Z((n-1)t)e^{-\frac{1}{2}[r_U(nt)^2-r_L(nt)^2]}$$

即 $\frac{Z(nt)}{Z((n-1)t)}=e^{-\frac{1}{2}[r_U(nt)^2-r_L(nt)^2]}$，两边取对数得：

$$\ln[Z(nt)]-\ln[Z((n-1)t)]=\frac{1}{2}[r_U(nt)^2-r_L(nt)^2] \tag{5-16}$$

当控制图为正常模式，或过程处于受控状态时，异常模式参数 k、λ、A 的极大似然估计接近于零。残差数据 $r_i(nt)$ 满足：r_i（nt）~N（0，1），此时与 $B_U(D(nt))$、$B_L(D(nt))$ 对应的残差数据 $r_U(nt)$、$r_L(nt)$ 满足：$[r_U(nt)^2\sim\chi_1^2(1)]$，$[r_L(nt)^2\sim\chi_2^2(1)]$。

式（5-16）服从下列分布：

$$\ln[Z(nt)]-\ln[Z((n-1)t)]\sim-\frac{1}{2}(\chi_1^2(1)-\chi_2^2(1))$$

利用上述递推公式，以及卡方分布的可加性，即：

$$\chi^2(\alpha_1)+\chi^2(\alpha_2)\sim\chi^2(\alpha_1+\alpha_2)$$

可得到如下关系式：

$$\ln[Z(nt)]-\ln[Z(0)]\sim-\frac{1}{2}(\chi_1^2(n)-\chi_2^2(n)) \tag{5-17}$$

规定各模式的初始信度相等，即 $B_i(D(0))=\frac{1}{4}$，i∈{1，2，3，4}。上式中：$\ln[Z(0)]=B_U(D(0))-B_0(D(0))=0$。代入式（5-17）得：

$$\ln[Z(nt)]\sim-\frac{1}{2}(\chi_1^2(n)-\chi_2^2(n))$$

对于卡方分布，$E(\chi^2(n))=n$，$D(\chi^2(n))=2n$，上式经过标准化处理，可得：

$$\frac{-2}{\sqrt{2n}}\ln[Z(nt)]\sim\left(\frac{\chi_1^2(n)-n}{\sqrt{2n}}-\frac{\chi_2^2(n)-n}{\sqrt{2n}}\right) \tag{5-18}$$

当样本量足够大时，由中心极限定理可知，上述右端近似服从正态分布 N (0，2)。选定偏差系数 K，则统计量 Z (nt) 落入置信区间为 $[e^{-Kn}, e^{Kn}]$ 时，判断过程受控，控制图为正常模式；若结果不在该区间内，则判断过程失控，当前控制图出现了与 $B_U(D(nt))$ 对应的 p_U 模式。

四、控制图模式识别流程

异常模式参数上每增加一个点，都会启动模式识别程序，其流程如下：

第一步，根据式 (5-10) ~ (5-12)，利用最近的 n 个质量特性测量值，计算参数 k、λ、A 的极大似然估计值。

第二步，根据 x (nt) 与 r (nt) 之间的函数关系，利用第一步获得的参数，计算样本测量值 x (nt) 与模式数据的残差 r_i (nt)。

第三步，降序排列 B_i (D (nt))，并取出排在前两位的信度，记作 $B_U(D(nt))$、$B_L(D(nt))$。

第四步，构造控制图模式决策统计量 Z (nt)。

第五步，利用统计量结果与置信区间的关系，对控制图模式做出决策。

第六步，当有新的抽样数据加入时，重复第一步至第五步。

五、数值分析

为了验证所提方案的效果，本书采用数值仿真实验，利用之前建立的模式模型，在 Matlab 环境下，每种模式产生 500 组控制图描点数据。下面介绍满足式 (5-12) 的 ω 的求解以及方案的灵敏度分析。

1. ω 的求解

本节将式 (5-13) 等号左侧部分视作函数，利用启发式优化算法 (本节采用遗传算法)，迭代求解出使函数绝对值取得最小值时的 ω。

Matlab 遗传算法工具箱设置如下：

nvars：1；TolFun_Dat：1e-10；PopulationType： double vector；PopulationSize：50；CreationFcn：@gacreationlinearfeasible；MigrationDirection：'forward'；InitialPopulation：[50x1 double]；FitnessScalingFcn：@fitscalingprop；CrossoverFcn：@crossoverscattered；Display：'off'；MutationFcn：@mutationadaptfeasible；PlotFcns：(@gaplotbestf @gaplotbestindiv @gaplotdistance @gaplotrange)。

在 Matlab OptimToolbox 中运行 GA 算法。图 5-10 表示适度值、个体间平均距离、最优/最坏/个体平均分值随循环代数的变化情况以及最优个体值。如图

5-12 所示的 ω 最优取值为 1.88×10^{-5}。

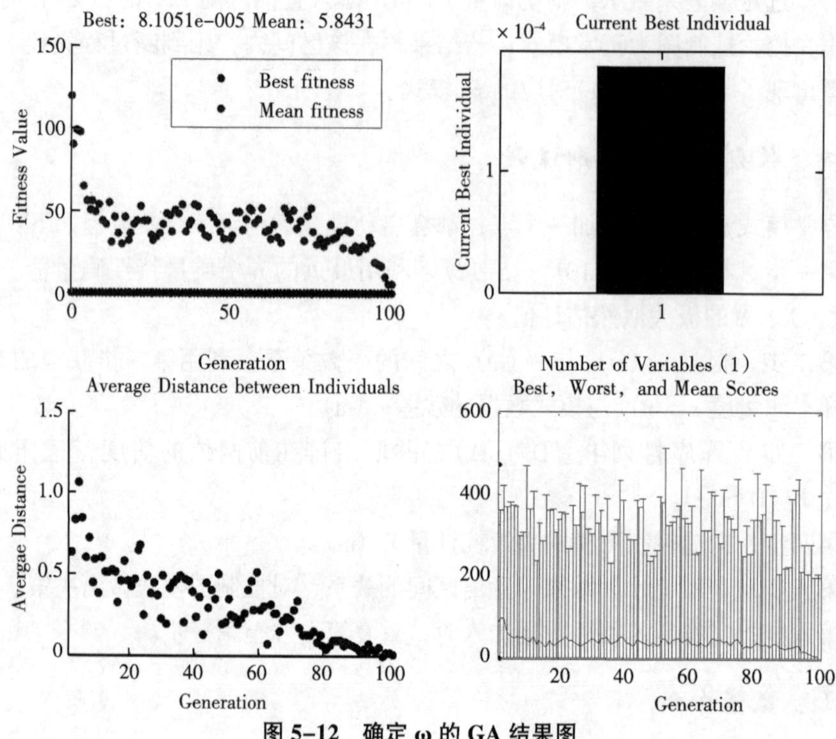

图 5-12 确定 ω 的 GA 结果图

2. 识别正确率分析

本书所提方案充分利用已有的历史先验信息，判断当前的控制图模式。利用趋势模式、偏移模式、循环模式、正常模式各 500 组数据，测试本书方案，识别结果如表 5-4 所示。

表 5-4 趋势模式的识别结果

参数取值	识别结果				
	正常	趋势	偏移	循环	正确率（%）
k = 0.5	8	492	0	0	98.4
k = 1	6	494	0	0	98.8
k = 1.5	5	495	0	0	99.0
k = 2.5	3	497	0	0	99.4

从表 5-4 可以发现，随着趋势参数 k 的增大，方案对趋势模式的灵敏度增强，滞后时间为八个采样周期，方案对于趋势模式的识别正确率在 98.4%以上，

且错发信号只有一种，即将趋势模式误判为正常。

从表 5-5 仿真数据可以看出，偏移参数过小（$\leqslant 0.5\sigma$）时，方案无法识别，均认为是正常模式。当偏移参数较大（$\geqslant 1\sigma$）时，识别正确率可达 96.8%以上，偏移幅度增大时，灵敏度增强，如 $\lambda = 2.5\sigma$ 时，滞后时间仅为四个采样周期。

表 5-5　偏移模式的识别结果

参数取值	识别结果				
	正常	趋势	偏移	循环	正确率（%）
$\lambda = 0.5$	500	0	0	0	0
$\lambda = 1.5$	16	0	484	0	96.8
$\lambda = 2$	11	0	489	0	97.8
$\lambda = 2.5$	4	0	496	0	99.2

从表 5-6 的结果可以看出：循环模式的幅值对识别率的影响较大，幅值 $A \geqslant 1.5\sigma$ 时，识别效果较好，识别率在 90%以上。同时循环模式的变化频率与识别率呈负相关关系。

表 5-6　循环模式的识别结果

参数取值	识别结果				
	正常	趋势	偏移	循环	正确率（%）
$A = 0.5$，$w = 1$	500	0	0	0	0
$A = 1$，$w = 1$	77	0	0	423	84.6
$A = 1$，$w = 2$	83	0	0	417	83.4
$A = 1.5$，$w = 1$	23	0	0	477	95.4
$A = 1.5$，$w = 2$	39	0	0	461	92.2
$A = 2$，$w = 1$	10	0	0	490	98
$A = 2$，$w = 2$	22	0	0	478	95.6
$A = 2.5$，$w = 1$	3	0	0	497	99.4
$A = 2.5$，$w = 2$	7	0	0	493	98.6

表 5-7 结果表明方案对于正常模式的识别正确率为 100%，即犯第一类错误的概率 $\alpha = 0$。

表 5-7　正常模式的识别结果

参数取值	识别结果				
	正常	趋势	偏移	循环	正确率（%）
$\mu = 0$，$\sigma = 1$	100	0	0	0	100
$\mu = 1$，$\sigma = 1$	100	0	0	0	100

3. 灵敏度分析

针对特定模式，灵敏度分析就是确定方案能识别的最小参数。因为方案对正常模式识别率为 100%，所以只分析其他三种模式。取 $0.1\sigma \leqslant k \leqslant 2.5\sigma$，$0.5\sigma \leqslant \lambda \leqslant 2.5\sigma$，$0.1\sigma \leqslant A \leqslant 2.5\sigma$，对上述参数的变化范围，采用 0.1 作为步长，在 Matlab 环境下的数值仿真结果如图 5-13 所示。

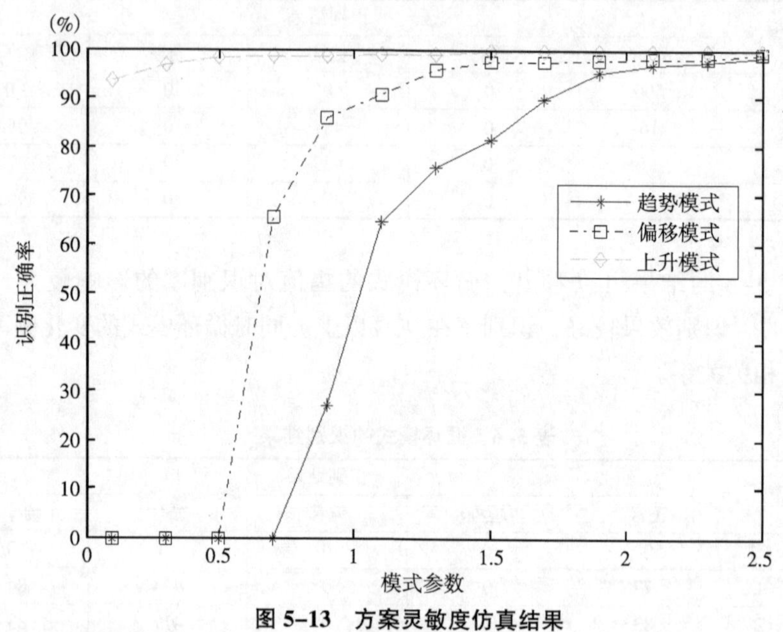

图 5-13 方案灵敏度仿真结果

从图 5-13 可以看出：对于偏移模式，灵敏度为 0.5σ；对于循环模式，灵敏度为 0.7σ；对于趋势模式，灵敏度为任意斜率。

4. 结论

本节针对质量控制图模式的自动识别问题，提出了基于贝叶斯法则的方案，方案利用所有历史数据提供的先验信息，采用信度准则对当前控制图模式做出判断，实验结果表明该方案对于正常模式的识别率达 100%，对于趋势模式、偏移模式的识别率可达 96%以上，对于循环模式，在幅值较小、频率较高时，识别效果较差，识别率在 82%，对于高幅值、低频率的循环模式，识别率可达 98%左右。本节所提方案的基本假设是同一时间控制图只存在一种模式，对于多种模式混合并存的情况，本方案的应用效果有待进一步研究。

第五节　本章小结

本章提出三种异常模式识别的方法：逐点识别方法通过逐点计算控制图触发各异常模式的模糊度，对临界状态下异常模式发生程度的量化判别，为质量异常的预防提供可靠信息；小波分节重构方法用于处理控制图可能出现的并发异常模式，通过小波分解重构，实现并发模式的分解，将其转换为基本异常模式的组合；基于贝叶斯规则的模式识别方法，逐点计算各种模式参数的极大似然估计量，应用贝叶斯规则推算各模式出现的信度大小。

|第六章||

不确定质量异常诊断

对于质量控制图异常模式的自动识别，可以实现对过程状态的实时判断，但不能对造成异常的原因给出进一步的信息，而制造过程质量诊断就是通过质量异常来查找、定位引发异常的根源，为消除异常、制定改进措施提供决策依据。由于质量异常模式存在的不确定性，导致利用异常模式来推导诱发异因时，也存在诸多不确定因素。本章主要针对不确定质量异常的诊断问题，提出基于模糊推理的质量异常粗诊断以及利用模糊关系方程求解的详细诊断两种方案。

第一节　基于模糊推理的不确定质量异常诊断

一、基本思路

模糊异常诊断方法是利用模糊集合论中的隶属函数和模糊关系矩阵来描述异常源（异因）与异常征兆之间的模糊关系，进而实现对异常的预报和诊断。模糊异常诊断的实施可以由领域专家完成，也可以由异常诊断专家系统来完成。如何用模糊数学的方法表示诊断专家的知识和经验，并模拟诊断专家的思维方式进行模糊异常诊断，构成了模糊质量异常诊断的主要内容。

基于模糊逻辑，提出一种模糊推理系统，通过控制图模式数据分析进行过程状态的监控，根据异常模式与大类异因关系模型构建模糊推理模块，利用异常模式给出的信号进行大类异因粗诊断，并按照对当前控制图模式贡献程度大小排序，形成过程失控情况下大类异因查找的一个优先序列。基本模型如图 6-1 所示。

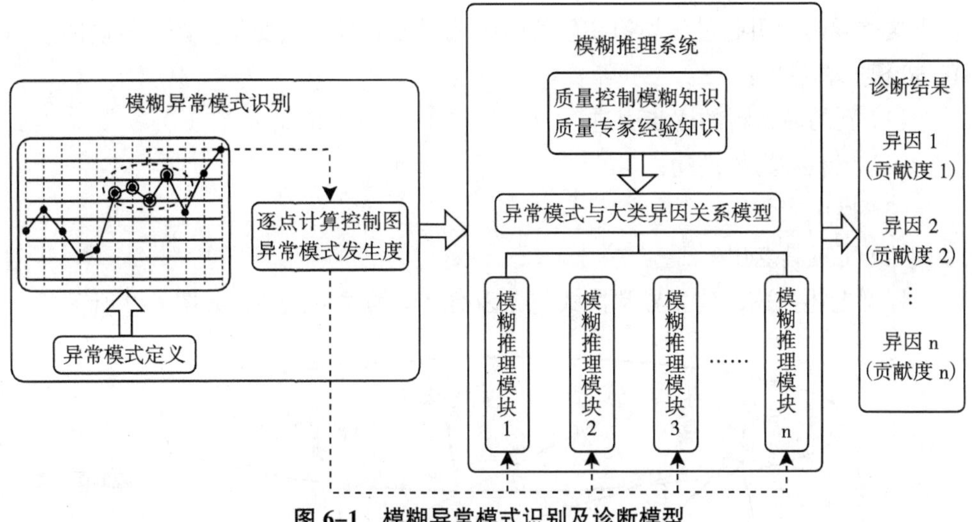

图 6-1 模糊异常模式识别及诊断模型

二、质量异常模糊问题描述

以前文四类质量异常模式为例，根据异常原因可能产生的过程偏移的性质，可以建立控制图异常模式与异常原因类之间的相互关系。由控制图异常蕴含的三种过程偏移模式，可以将异因分为三大类：

1. 孤立异因（记为 C1）

这类异因会引起一个单次测量值的较大变化，导致该描点在控制图诱发 OCL 异常。通常该种异因仅具一次性效果。包括：

（1）测量、记录或描点环节发生错误；

（2）操作性损坏；

（3）测量样本采用的原材料缺陷；

（4）错误报警。

2. 偏移性异因（记为 C2）

这类异因会引起过程均值发生较大偏移。通常可以由控制图上的 Run 及 Freak 模式加以辨识。包括：

（1）工具损坏；

（2）原材料或供应商变化；

（3）机器设置调整；

（4）引入新的操作工或检测工。

3. 渐进性异因（记为 C3）

这类异因会引起过程均值在较长时间范围内缓慢发生变化，诱发控制图上的 Trend 模式。包括：

（1）新的原材料的逐步引进；

（2）工装夹具的松动；

（3）操作疲劳；

（4）工机具老化。

根据上述描述，建立异常模式与异因类之间的关系模型，如图 6-2 所示。

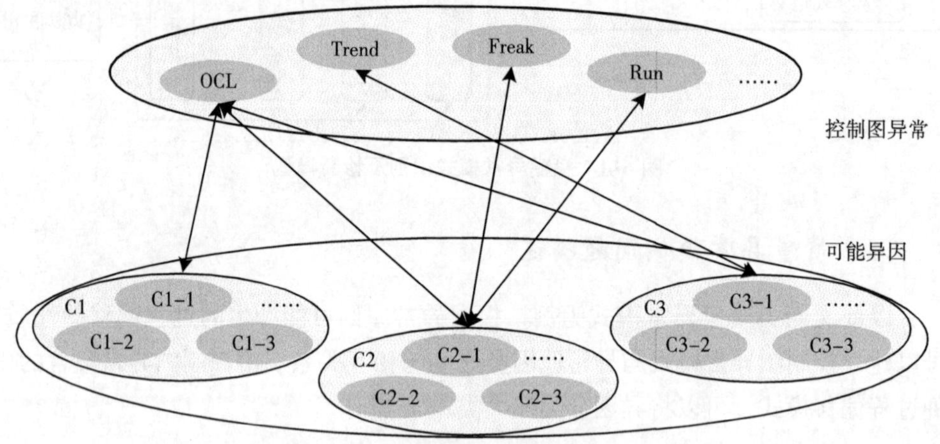

图 6-2　异常模式与异因之间的关系模型

模型中下半部分 C1、C2、C3 分别代表三种类型的异常原因，上半部分代表 OCL、Run、Trend、Freak 四种控制图异常模式，连接箭线表示二者之间的因果关系。

当多种异常模式并发时，对于控制图的解释将变得复杂，一种模式内的点可能触发其他异常模式，如连续 5 个上升点，第 6 个上升点出界，此时很容易将潜在的 Trend 模式错判为 OCL 模式，而做出错误的异因排查决策。

三、模糊推理诊断基础

（一）模糊语言变量

语言是思维的表现形式，是人们交流的工具，可以分为自然语言和形式语言。人们日常生活中所使用的语言属于自然语言，它语义丰富、灵活。而人与计算机对话需要的计算机语言，只是用一系列符号去代表计算机的动作和被处理单元的状态，只在形式上起记号的作用，称为形式语言。自然语言和形式语言的主要区别在于，自然语言具有模糊性，而形式语言不具有模糊性。仅凭形式语言，计算机不能模拟人类具有的模糊性思维过程，因此需要在形式语言中掺入自然语言，使之具有模糊性，从而使计算机在一定程度上具有判别和处理模糊信息的能力。

模糊语言变量是自然语言中的词或句，它的取值不是通常的数，而是用模糊语言表示的模糊集合。

假设在自然域 X 中定义一个特殊原子术语 a，在解释域 Y 中定义一个模糊集 $\widetilde{A}$，作为术语 a 对应的特定含义，那么自然语言就是一种映射$\widetilde{M}$，即将 X 中的一个原子术语集映射到 Y 上的相应解释集。X 中的每个术语均对应 Y 中的一个模糊集，作为解释，如图 6–3 所示。

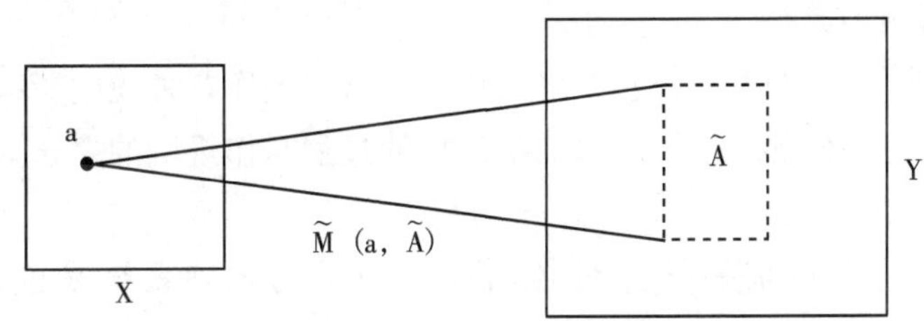

图 6–3　语言原子 a 到认识解释$\widetilde{A}$之间的映射

Zadeh 对语言变量的定义如下：

语言变量由一个五元组（x，T(x)，U，G，M）来表征。其中 x 是变量的名称；U 是 x 的论域；T(x)是语言变量的集合，每个语言变量值是定义在论域 U 上的一个模糊集合；G 是语法规则，用来产生语言变量 x 的值的名称；M 是语义规则，用于产生模糊集合的隶属度函数，如图 6–4 所示。其中 T(x)和 U 的选择与研究的问题、目标以及研究者等因素紧密相关，而 G 和 M 是学者们正试图从语言中提炼的逻辑关系。

在语言系统中，可以在一个单词或词组前加入语言算子来调整词义，语言算子有语气算子、模糊算子和判定化算子等。语气算子是表示语气程度的模糊量词，如“极”、“非常”、“略”、“非”等。加入语气算子后，相应的隶属度函数也要改变，如设原模糊语言变量为$\widetilde{A}$，其隶属度函数为 $\mu_{\widetilde{A}}$，则

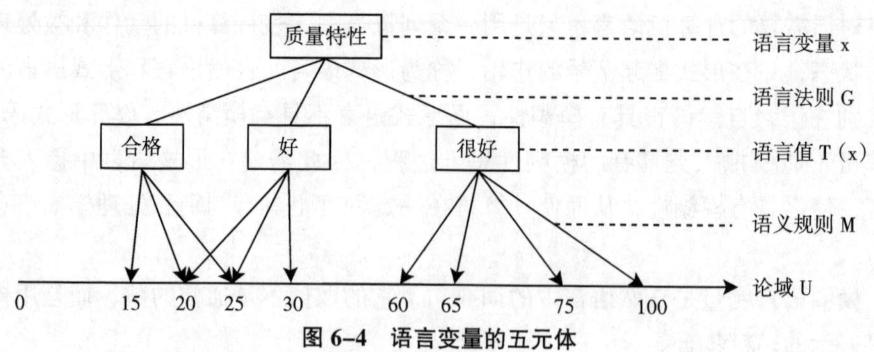

图 6-4 语言变量的五元体

$$\mu_{极\tilde{A}}=\mu_{\tilde{A}}^{4}，\mu_{非常\tilde{A}}=\mu_{\tilde{A}}^{2}，\mu_{略\tilde{A}}=\mu_{\tilde{A}}^{0.75}，\mu_{非\tilde{A}}=1-\mu_{\tilde{A}} \tag{6-1}$$

模糊化算子可把一个明确的单词转化为模糊量词，如“大概”、“大约”等。而判定化算子可把一个模糊词转化为明确量词，如“接近于”、“倾向于”等。

（二）模糊规则的聚合与蕴含

1. 模糊规则的聚合

大多数基于规则的系统都包含多条规则，从规则库各种规则所提供的单个后件（结果）中得到全部后件（结果或结论）的过程叫作规则的聚合。存在以下两种基本情况：

（1）规则的逻辑乘系统。对必须同时满足的规则系统来说，其规则用“and”连接词连接，聚合输出结果 y 是所有单个规则结果 y^i 的模糊交集，i = 1，2，…，r：

$$y=y^1\cap y^2\cap\cdots\cap y^r \tag{6-2}$$

它由隶属函数定义如下：

$$\mu_y(y)=\min(\mu_{y1}(y),\ \mu_{y2}(y),\ \cdots,\ \mu_{yr}(y))，对\ y\in Y \tag{6-3}$$

（2）规则的逻辑和系统。对至少有一个规则满足的规则系统来说，其规则用“or”连接词连接，聚合输出结果 y 是所有单个规则结果 y^i 的模糊并集，i = 1，2，…，r：

$$y=y^1\cup y^2\cup\cdots\cup y^r \tag{6-4}$$

它由隶属函数定义如下：

$$\mu_y(y)=\max(\mu_{y1}(y),\ \mu_{y2}(y),\ \cdots,\ \mu_{yr}(y))，对\ y\in Y \tag{6-5}$$

2. 模糊蕴含关系

模糊集合和模糊运算分别是模糊逻辑的主体和推理的过程，而模糊逻辑规则实质上是模糊蕴含关系。“if-then”规则“如果 x 是 A，则 y 是 B”，表示了 A 和 B

之间的一种模糊关系，称为模糊蕴含关系，记作：A→B。在形式逻辑中 A→B 有着严格的定义，而在模糊逻辑中，A→B 可以有多种定义方法。

常用的模糊蕴含关系的运算方法有以下几种：

(1) 模糊蕴含的最小运算（Mamdani）。

$$R_c = A \to B = \int_{X \times Y} \mu_{\tilde{A}}(x) \wedge \mu_{\tilde{A}}(y) / (x, y) \tag{6-6}$$

(2) 模糊蕴含的积运算（Larsen）。

$$R_p = A \to B = \int_{X \times Y} \mu_{\tilde{A}}(x)\mu_{\tilde{B}}(y) / (x, y) \tag{6-7}$$

(3) 模糊蕴含的算术运算（Zadeh）。

$$R_a = A \to B = \int_{X \times Y} 1 \wedge (1 - \mu_{\tilde{A}}(x) + \mu_{\tilde{B}}(y)) / (x, y) \tag{6-8}$$

(4) 模糊蕴含的最大最小运算（Zadeh）。

$$R_m = A \to B = \int_{X \times Y} (\mu_{\tilde{A}}(x) \wedge \mu_{\tilde{B}}(y)) \vee (1 - \mu_{\tilde{A}}(x) / (x, y)) \tag{6-9}$$

（三）模糊逻辑推理

逻辑是人类推理过程的一种量化方法，具有可重复性并能用数学方法进行处理。而模糊逻辑就是对非精确推理或近似推理的一种规范化方法。这种推理能力代表人类的近似推理能力或在不确定性体条件下的判断能力。在模糊逻辑中，所谓的“真”只是部分的或近似的。在二元极值“真”与“假”之间的插值表示模糊逻辑对部分真的一种概括能力。

建立在模糊集基础上的模糊逻辑，任何陈述或命题的真实性只是一定程度的真实性，与建立在普通集合基础上的布尔逻辑相比，模糊逻辑是一种广义化的逻辑。在布尔逻辑中，任何陈述或命题只有两种取值，即逻辑真和逻辑假，常用“1”表示逻辑真，“0”表示逻辑假。而在模糊逻辑中，陈述或命题的取值除真和假（“1”和“0”）外，可取“0”和“1”之间的任何值，如 0.75，即命题或陈述在多大程度上为真或假。

模糊推理系统 FIS（Fuzzy Inference System）之所以能快速方便地描述与处理问题，主要基于以下事实：

- 模糊逻辑基于自然语言的描述
- 模糊逻辑可以建立在专家经验的基础上
- 模糊逻辑允许使用不精确的数据

- 模糊逻辑在概念上易于理解
- 模糊逻辑可以对任意复杂的非线性函数建模

模糊系统是建立在自然语言的基础上，而自然语言中常采用一些模糊的概念，如“温度偏高”、“压力偏大”等。如何描述这些模糊的概念，并对它们进行分析、推理，这正是模糊集合与模糊逻辑所要解决的问题。

1. 模糊推理系统基本结构

通常，一个 FIS 由以下五个功能模块组成（见图 6-5）：

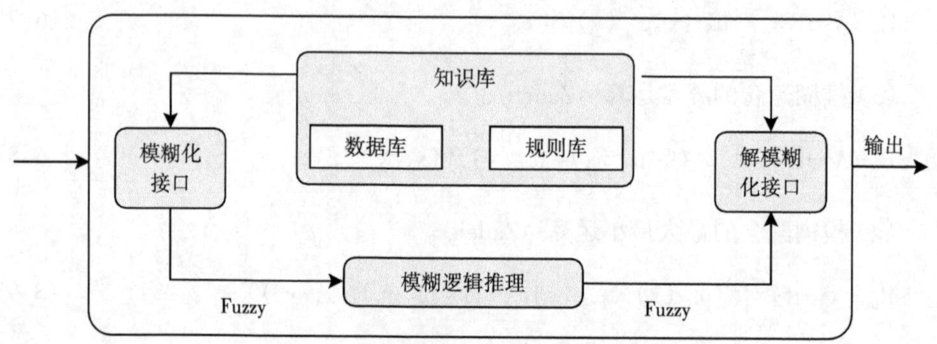

图 6-5 模糊推理系统（FIS）的基本结构

其中，规则库包含若干条模糊 If-Then 规则；数据库包含在模糊规则中用到的隶属度函数的定义；模糊推理机则按规则执行推理操作，制定决策；模糊化接口将清晰输入转化成与语言值的匹配度；解模糊化接口将推理所得的模糊结果转化成清晰输出。

If-Then 规则解释包含三个过程：

（1）输入的模糊化：确定规则前提中每个命题或断言为真的程度（即输入的隶属度）。

（2）应用模糊算子：规则的聚合。如果规则的前提有几部分，则利用模糊算子可以确定出整个前提为真的程度（即整个前提的隶属度）。

（3）应用蕴含算子：由前提的隶属度和蕴含算子，确定出结论为真的程度（即结论的隶属度）。

2. 简单模糊条件语句

简单模糊条件语句通常只包含一条规则，且规则的前提与结论部分结构单一。其模糊蕴含推理方式主要有两类，一类是广义的肯定式推理，另一类是广义的否定式推理，这两种推理均包含模糊蕴含和模糊关系。

广义肯定式：输入条件：x 是 A′

逻辑规则：如果 x 是 A，则 y 是 B

推理输出：y 是 B′

广义否定式：输入条件：y 是 B′

逻辑规则：如果 x 是 A，则 y 是 B

推理输出：x 是 A′

对于广义肯定式推理，结论 B′通过模糊集合 A′与模糊蕴含关系 R：A→B 合成计算而来，可以用下式表示其推理过程：

$$B' = A' \circ (A \to B) = A' \circ R \tag{6-10}$$

对于广义否定式推理，结论 B′通过模糊蕴含关系 R：A→B 与模糊集合 B′合成计算而来，可以用下式表示其推理过程：

$$A' = (A \to B) \circ B' = R \circ B' \tag{6-11}$$

3. 多重模糊条件句

在多入多出（MIMO）的模糊逻辑系统中，常常会有多条模糊规则，而这些模糊规则的前提部分和结论部分也可以由多部分组成。对于复杂的模糊推理系统，可以用连接词“and”、“or”和“also”连接一系列简单模糊规则组成模糊规则库。其中“and”和“or”用来连接同一规则的多个输入或多个输出，“also”用来连接多条不同的规则。由于系统的多个输出之间都是独立的，不存在“or”关系，而对于同一条规则中用“or”连接的不同输入前提条件也可以拆分成多条用“also”连接的规则，因此模糊规则库可以只用“and”和“also”两种连接词。

(1) 使用“and”连接的模糊条件语句。

输入条件：x 是 A′ and y 是 B′

逻辑规则：如果 x 是 A and y 是 B，则 z 是 C

推理输出：z 是 C′

逻辑规则前提“x 是 A and y 是 B”可以看成直积空间 X × Y 上的模糊集合，并记为 A × B，其隶属度函数常用如下方法计算：

- 交运算 $\mu_{A\times B}(x, y) = \min\{\mu_A(x), \mu_B(y)\}$
- 积运算 $\mu_{A\times B}(x, y) = \mu_A(x)\ \mu_B(y)$

这时模糊蕴含关系可记为 A × B→C，具体运算方法一般采用如下关系：

$$R = A \times B \to C = A \times B \times C = \int_{A\times B\times C} \mu_A(x) \wedge \mu_B(g) \wedge \mu_C(z) \tag{6-12}$$

结论“z 是 C′”可以通过如下合成运算得到：

$$C'=(A'\times B')\circ(A\times B\rightarrow C)=(A'\times B')\circ R \tag{6-13}$$

（2）使用"also"连接的模糊条件语句。

输入条件：x 是 A' and y 是 B'

逻辑规则：如果 x 是 A_1 and y 是 B_1，则 z 是 C_1

Also 如果 x 是 A_2 and y 是 B_2，则 z 是 C_2

推理输出：z 是 C'

这一系列模糊规则无先后次序之分，用"also"连接词连接这些子句。这就要求"also"运算具有能任意交换和结合的性质。而求并和求交运算均能满足这个要求。假设规则"如果 x 是 A_i and y 是 B_i，则 z 是 C_i"的模糊蕴含关系 R_i 定义为

$$R_i=(A_i \text{ and } B_i)\rightarrow C_i \quad (i=1,\ 2)$$

其中 A_i and B_i 是定义在 X×Y 上的模糊集合，$A_i\times B_i$，$R_i=(A_i \text{ and } B_i)\rightarrow C_i$ 是定义在 X×Y×Z 上的模糊蕴含关系。对每条规则，推理输出为：

$$C_1'=(A'\times B')\circ(A_1\times B_1\rightarrow C_1)=(A'\times B')\circ R_1$$

$$C_2'=(A'\times B')\circ(A_2\times B_2\rightarrow C_2)=(A'\times B')\circ R_2$$

结论"z 是 C'"常用以下几种方法计算：

- 并运算 $\mu_{C'}(z)=\max\{\mu_{C_1'}(z),\ \mu_{C_2'}(z)\}$
- 代数和 $\mu_{C'}(z)=\mu_{C_1'}(z)+\mu_{C_2'}(z)-\mu_{C_1'}(z)\cdot\mu_{C_2'}(z)$
- 有界和 $\mu_{C'}(z)=\min\{1,\ \mu_{C_1'}(z)+\mu_{C_2'}(z)\}$

对于 m 个输出的多输入多输出（MIMO）系统，可以看作由 m 个多输入单输出（MISO）的子规则库组成，各子规则库相互独立，通常只需考虑一个 MISO 子规则库的模糊推理问题，分别求出每一个单输出，组合起来就是最终结果。

（四）推理的图解方法

为了直观呈现模糊推理过程，用图解的方式说明一个两规则模糊推理系统从输入到输出的求解过程：

If x_1 is $\widetilde{A}_{11}$ and x_2 is $\widetilde{A}_{12}$ Then y is $\widetilde{B}_1$

If x_1 is $\widetilde{A}_{21}$ and x_2 is $\widetilde{A}_{22}$ Then y is $\widetilde{B}_2$

1. 系统输入为确定值

图 6-6 说明了输入 x_1、x_2 为确定单值时，两规则推理系统的图解分析。其中 $\widetilde{A}_{11}$、$\widetilde{A}_{12}$ 分别表示第一条规则的第一个和第二个模糊前件，$\widetilde{B}_1$ 表示第一条规则的模糊后件；$\widetilde{A}_{21}$、$\widetilde{A}_{22}$ 分别表示第二条规则的第一个和第二个模糊前件，$\widetilde{B}_2$ 表示第

二条规则的模糊后件。规则中两个前件之间用“and”连接，所以前件的最小隶属值会延伸至结果，使规则的后件隶属函数截短。对规则系统的每条规则都进行类似图解，然后按照规则聚合类型选用相应的聚合方法，即逻辑乘与逻辑和，聚合每条规则的截尾（前件 and）削顶（前件 or）隶属函数。图 6-6 所示为规则逻辑和聚合，最终的聚合结果由各条规则的隶属函数的外包络组成。如果欲得到一个清晰的输出值，可以对聚合结果进行解模糊，比如 Matlab 中，采用重心法，得到清晰值。

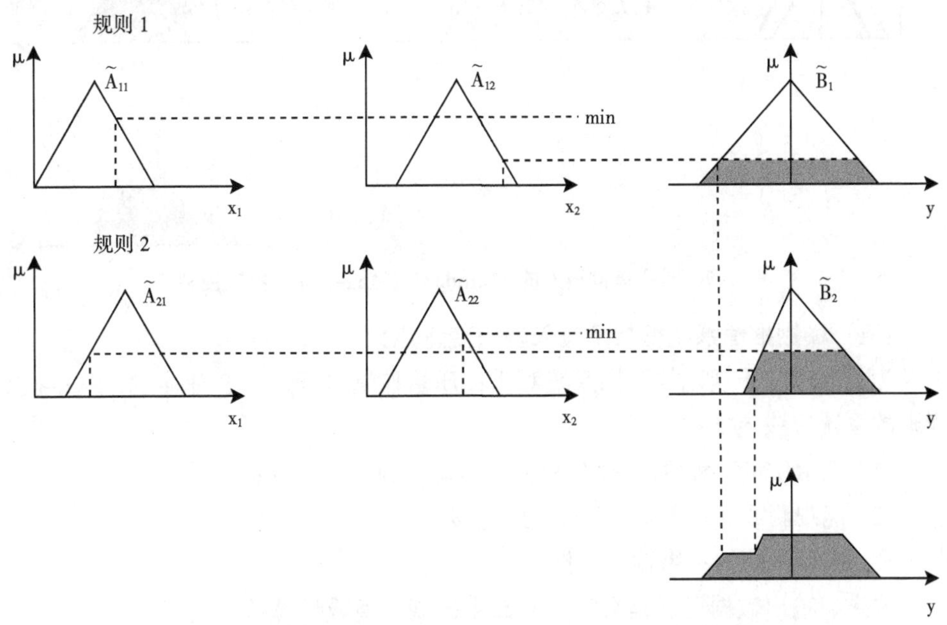

图 6-6　具有清晰输入的 Mamdani（Max-Min）推理图解

2. 系统输入为模糊值

图 6-7 说明了输入 x_1、x_2 为由模糊隶属函数描述的模糊变量时，两规则推理系统的图解分析。其中$\tilde{A}_{11}$、$\tilde{A}_{12}$、$\tilde{B}_1$、$\tilde{A}_{21}$、$\tilde{A}_{22}$ 及$\tilde{B}_2$ 与图 6-6 含义相同。输入 1 及输入 2 为模糊输入的隶属函数，其与各规则前件隶属函数的交集为三角形，规则中两个前件之间用“and”连接，所以交集三角形中较小的隶属值会延伸至结果，使规则的后件隶属函数截短。对规则系统的每条规则都进行类似图解，图 6-7 所示为规则逻辑和聚合，最终的聚合结果由各条规则隶属函数的外包络组成。

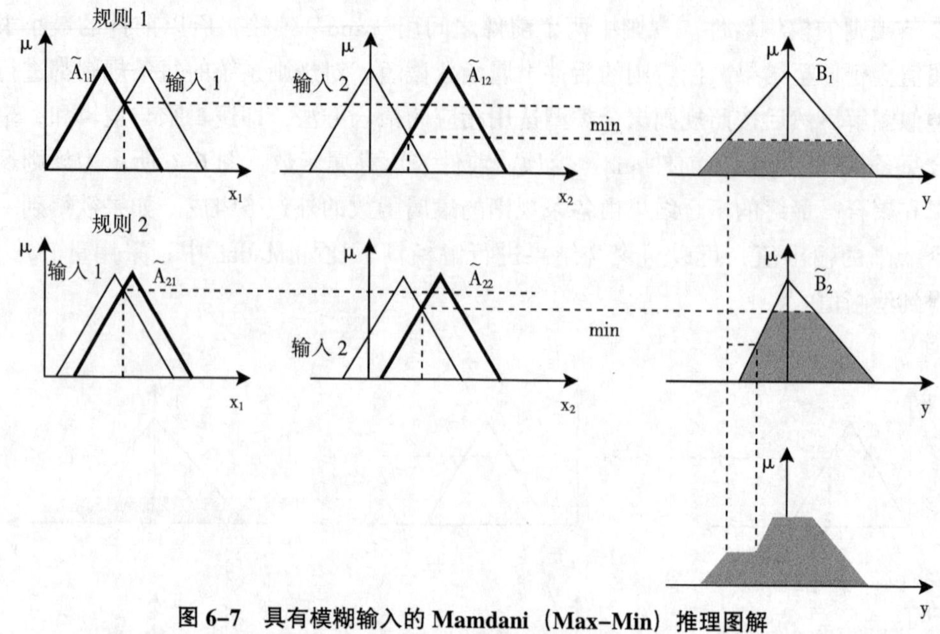

图 6-7 具有模糊输入的 Mamdani（Max-Min）推理图解

（五）模糊推理系统框架及输入输出变量定义

为了利用基于规则的模糊系统对模糊质量控制过程进行合理描述，基于模糊规则的系统应该包括：

（1）表示质量工程师/专家对系统行为理解的一组规则；

（2）能观测或获取并输入系统的一组数据；

（3）来自系统的一组输出数据。

输入、输出数据可以是数字或非数字的观测值或计算结果。

系统的输入、输出可以是向量。假设系统有 n 个输入和 m 个输出，令 X 为 n 个输入域 X_i（i=1，2，…，n）的笛卡儿积，即：

$$X=X_1\times X_2\times\cdots\times X_n \tag{6-14}$$

令 Y 为 m 个输出域 Y_j（j=1，2，…，m）的笛卡儿积，即：

$$Y=Y_1\times Y_2\times\cdots\times Y_m \tag{6-15}$$

向量 X=（X_1，X_2，…，X_n）为定义在实空间 R^n 上的系统输入向量，向量 Y=（Y_1，Y_2，…，Y_m）为定义在实空间 R^m 上的系统输出向量。输入数据、规则和输出结果一般都是模糊集合，是由定义在适当论域上的适当隶属函数表示的模糊集合。规则推理方法被称为近似推理或插值推理，通常由 IF-THEN 规则构成的模糊关系的复合来表示。

上述建立的系统存在如下三个空间：

（1）系统输入的可能条件空间 x。一般情况下，可由模糊子集$\tilde{A}^k$（k=1，2，…，n）的集合表示，$\tilde{A}^k$为空间 X 的模糊分区，隶属函数表示为：

$$\mu_{\tilde{A}^k}(x)\quad (k=1,2,\cdots,n) \tag{6-16}$$

（2）可能的系统输出结果空间 Y。基于输入的一些特殊条件，可由模糊子集$\tilde{A}^p$（p=1，2，…）的集合表示，$\tilde{A}^p$为空间 Y 的模糊分区，隶属函数表示为：

$$\mu_{\tilde{A}^p}(x)\quad (p=1,2,\cdots,n) \tag{6-17}$$

（3）从输入空间 X 到输出空间 Y 的可能映射关系空间。一般情况下，可由模糊关系$\tilde{A}^q$（k=1，2，…）描述，隶属函数表示为：

$$\mu_{\tilde{A}^q}(x)\quad (q=1,2,\cdots,n) \tag{6-18}$$

对质量控制过程的模糊认识来源于经验知识、专业知识、以经验为根据的观测、知觉，或对过程现象的了解或一组主观选择和目标等，本章试图将这类知识用一组非条件和条件判断形式自然语言来表示，对整个过程的理解处在基于模糊语言术语来定性说明的水平，也就是对过程理解的模糊水平。

模糊推理系统通过模糊规则库将输入变量映射到输出变量，其基本组成包括输入变量及其隶属函数、模糊规则库、输出变量及其隶属函数。模糊推理过程包括模糊化、推理及解模糊化。输入值通过相应输入变量的隶属函数计算隶属度，实现其模糊化。图中每一条箭线均由一个独立的 FIS 表示。本章提及的模糊推理系统包括六个独立子 FIS 模块及一个聚合模块（见图 6-8）。

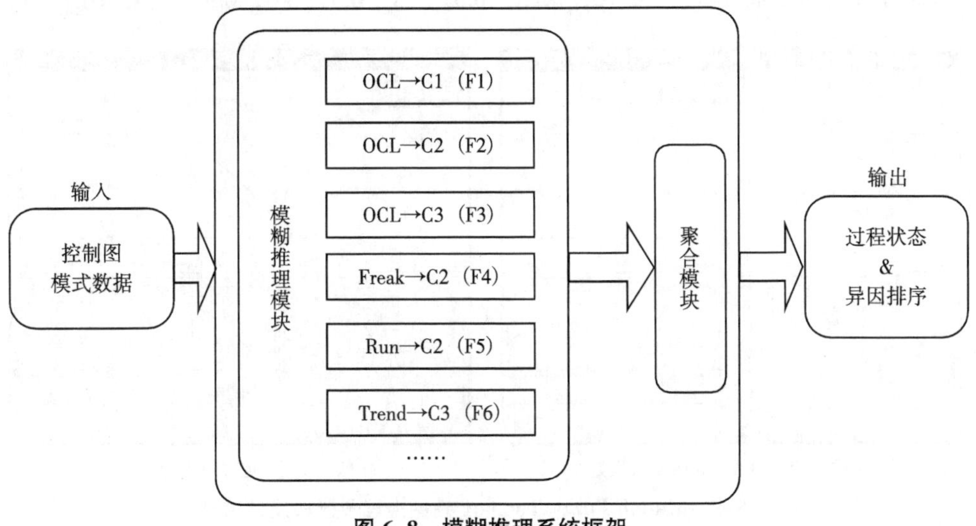

图 6-8　模糊推理系统框架

四、模糊推理模块设计

以四种异常模式及其发生度的逐点识别方法为基础，采用 Matlab 软件模糊工具箱建立 FIS，采用 Mamdani 型推理方法，输出的解模糊化采用重心法。

当诱发过程异常的原因出现时，在其控制图特征模式的起点、中间或尾点可能会发生点子出界的情况。所以仅根据点出界就下结论可能会对过程做出错误诊断。鉴于 OCL 模式在各种异因条件下出现的可能性，从图 6-2、图 6-8 可以看出，OCL 除了与其特征原因类 C1 之间的连接外，它通过不同模糊规则及隶属函数与 C2、C3 建立弱因果关系。

以第一个子模块为例，说明应用 Matlab Fuzzy Toolbox 对输入隶属函数、规则库及输出隶属函数的设计过程，结果如图 6-9 所示。

按照输入变量 OCL 的取值情况将其分为轻度波动、中度波动及重度波动，并定义为参数不同的隶属函数，分别为三角隶属函数 OCL1（-1.5，0，1.5）(取右半部分）及 OCL2（0.5，2，3），梯形隶属函数 OCL3（1.5，3，4，5.5）(取左半部分)，如图 6-9（a）、（b）、（c）所示。

应用推理规则编辑器设计对应的推理规则，如图 6-9（d）所示。

IF（OCL is OCL1）THEN（F1 is A）

IF（OCL is OCL2）THEN（F1 is B）

IF（OCL is OCL3）THEN（F1 is C）

相应地，用于表示 C1 对 OCL 贡献程度的子模块的输出 F1 也定义为三段参数不同的三角隶属函数：A（0，0.25，0.5）、B（0.3，0.6，0.9）及 C（0.7，1，

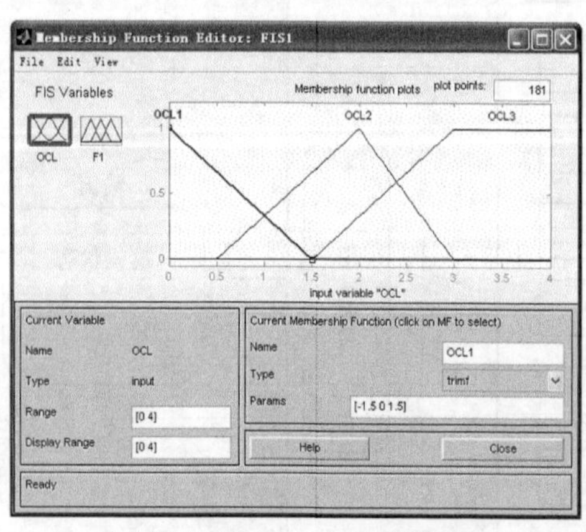

(a) 输入变量 OCL1 隶属函数设置

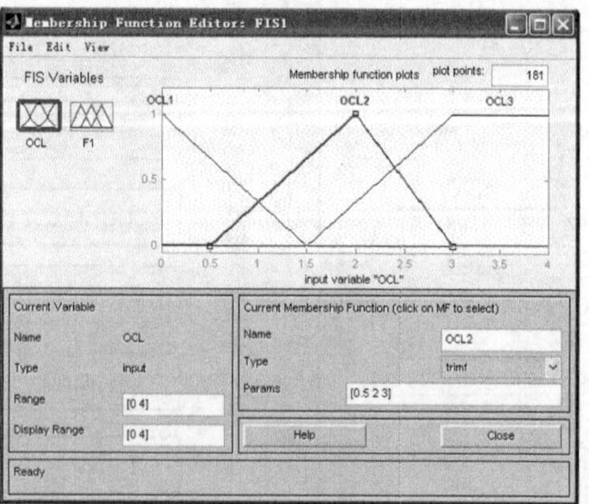

(b) 输入变量 OCL2 隶属函数设置

图 6-9　Matlab Fuzzy Toolbox 模糊推理子模块设计结果

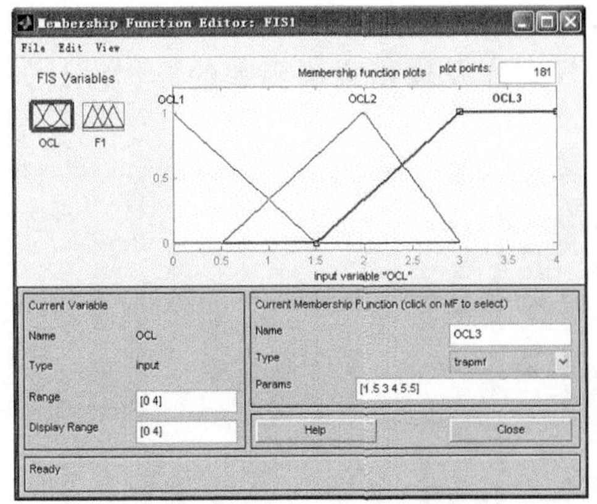

(c) 输入变量 OCL3 隶属函数设置

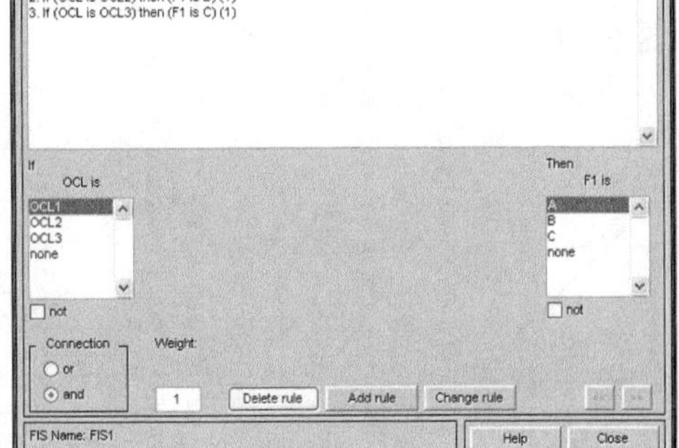

(d) 推理规则设计

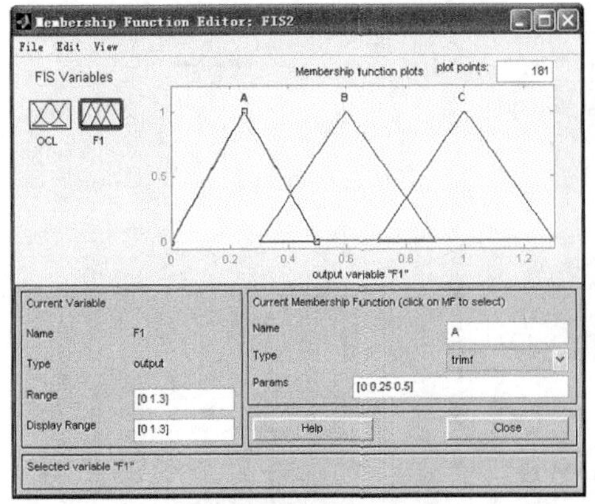

(e) 输出变量 A 隶属函数设置

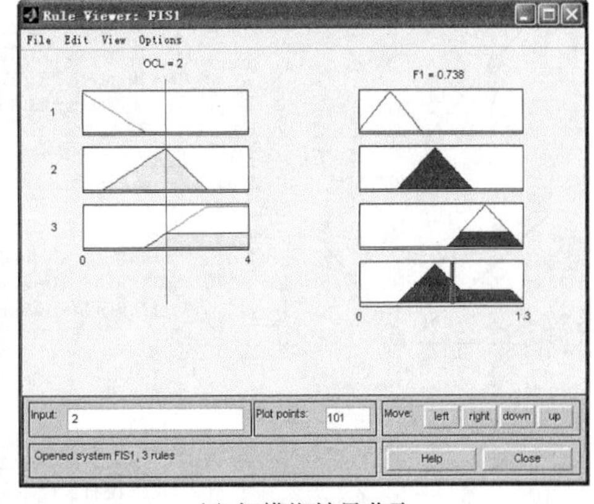

(f) 解模糊结果获取

图 6-9　Matlab Fuzzy Toolbox 模糊推理子模块设计结果（续）

0.3)，分别表示轻度贡献、中度贡献及大贡献，图 6-9 (e) 为 A 的设计结果。

推理模块的输出结果采用重心法解模糊，对应于不同输入变量 OCL 的值，输出结果可以利用 Rule Viewer 查看，图 6-9(f) 为 OCL 为 2 时，推理模块的输出结果 F1 为 0.738。

同理，根据 FR、Trend 及 Run 的取值将其隶属函数划分为三段，分别为三角隶属函数 FR1（-1，0，1）、FR2（0.25，1，1.75）、T1（-4，0，4）、T2（1，4，7）、R1（-4，0，4）、R2（1，4，7）及梯形隶属函数 T3（4，7，10，13）、FR3（1，2，3，4）、R3（4，7，10，13）；对应地，F2~F6 的隶属函数也划分为三段，其中 F2~F5 的划分与 F1 的划分一致，都为三角隶属函数 A（0，0.25，0.5）、B（0.3，0.6，0.9）及 C（0.7，1，1.3），F6 划分为三角隶属函数 D（0，

0.3，0.6）、E（0.4，0.6，0.8）及 F（0.7，1，1.3）。

各模糊推理子系统输入隶属函数、规则库及输出隶属函数的详细设计如图 6-10 所示。

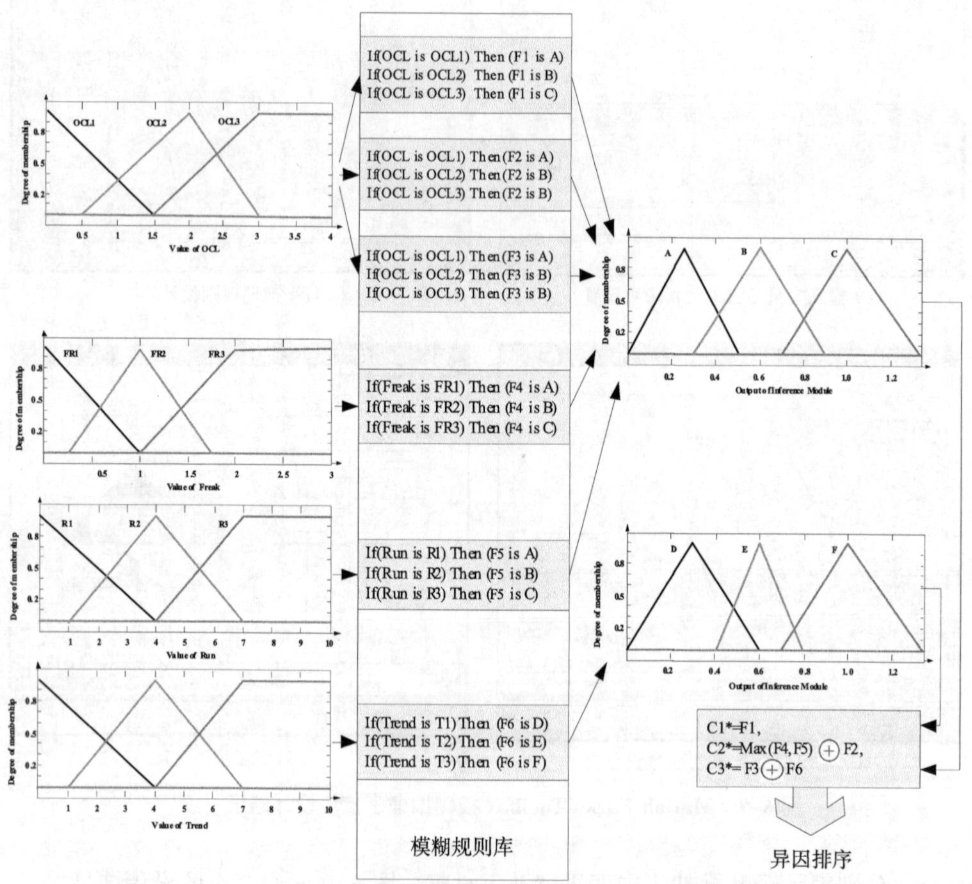

图 6-10　模糊推理系统各组成部分的详细设计

五、模糊聚合算子设计

对于每种类型的异因，其贡献程度的大小取决于以下两类因素：

（1）来自自身特征模式的数据；

（2）来自可能成为其特征模式一部分的其他模式的数据。

所以最终结果 C1~C3 的聚合分为两步：第一步，对其特征模式产生的结果，即相关子 FIS 模块的输出，采用 Max 算子进行聚合。OCL 为 C1 的特征模式，Freak 及 Run 为 C2 的特征模式，Trend 为 C3 的特征模式。第二步，对上一步的结果与非特征模式输出结果采用代数和算子⊕加以聚合，其算法定义为：

$$a \oplus b = a + b - a \times b \tag{6-19}$$

最终结果 C1~C3 表示为：

$$C1 = F1 \tag{6-20}$$

$$C2 = Max\ (F4,\ F5) \oplus F2 \tag{6-21}$$

$$C3 = F6 \oplus F3 \tag{6-22}$$

按照聚合结果的大小，即异因对异常模式的贡献程度的大小，对异因进行排序。通过设置异常触发阈值 α、β 及 γ，一旦聚合结果超过设定值，即 C1≥α 或或 C2≥β 或 C3≥γ，便对相应异因展开排查。

六、应用实例分析

以某纺织机械厂罗拉件生产车间的质量检测数据为例，绘制控制图，验证本章所提方法的应用效果。

罗拉件规格中心为 35mm，收集观察数据总数 N＝72，分组大小 n＝6。应用 Minitab 软件绘制的 Xbar 控制图。图 6-11 为 Minitab 的异常检测规则设置情况，选中全部选项：

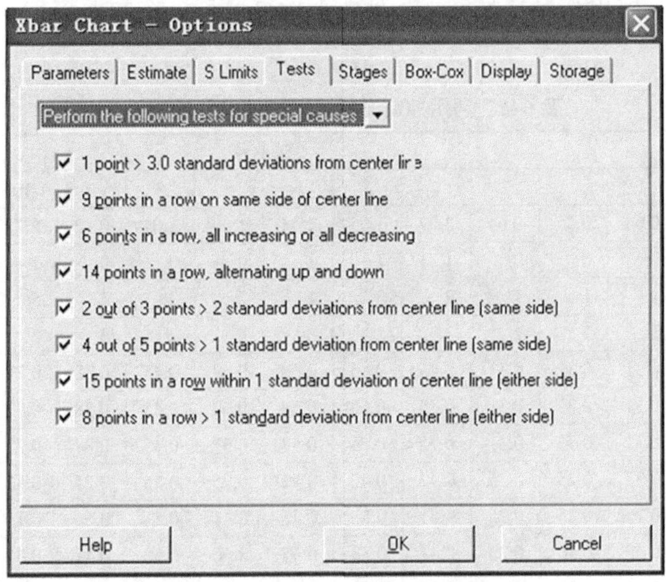

图 6-11　Minitab 异常检测规则设置

对上述过程数据，应用 Minitab 绘制常规控制图（见图 6-12），控制图没有违反前述异常规则，认为过程受控，不需要采取措施。

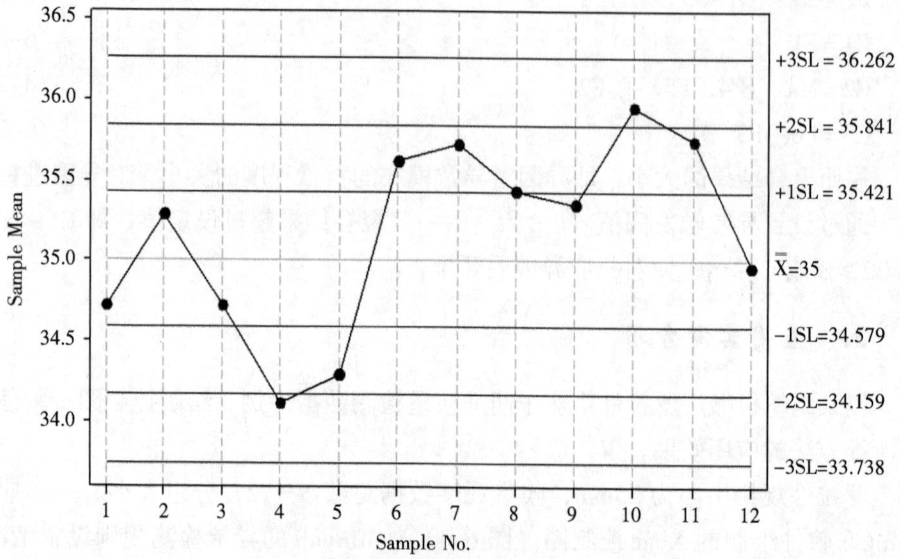

图 6-12 罗拉件质量检测数据 Xbar 控制图

表 6-1 为应用本章建立的 FIS 对样本进行监控、诊断的过程，设置 $\alpha=\beta=\gamma=0.9$。

表 6-1 利用控制图模式数据的 FIS 诊断过程

FIS		样本号											
		1	2	3	4	5	6	7	8	9	10	11	12
子模块输入	OCL	0.64	0.65	0.64	2.07	1.65	1.44	1.69	1.01	0.82	2.22	1.74	0.09
	Freak	0	0	0	1	1	1	0	0	0	1	1	1
	Run	1	1	1	2	3	1	2	3	4	5	6	1
	Trend	1	1	2	3	2	3	4	2	3	2	2	3
子模块输出	F1	0.31	0.32	0.31	0.75	0.66	0.58	0.67	0.45	0.38	0.77	0.68	0.25
	F2	0.31	0.32	0.31	0.75	0.66	0.58	0.67	0.45	0.38	0.77	0.68	0.25
	F3	0.31	0.32	0.31	0.75	0.66	0.58	0.67	0.45	0.38	0.77	0.68	0.25
	F4	0.25	0.25	0.25	0.42	0.42	0.42	0.25	0.25	0.25	0.42	0.42	0.42
	F5	0.25	0.25	0.25	0.41	0.5	0.25	0.41	0.5	0.6	0.75	0.85	0.25
	F6	0.30	0.30	0.38	0.47	0.38	0.47	0.60	0.38	0.47	0.38	0.38	0.47
聚合结果	C1	0.31	0.32	0.31	0.75	0.66	0.58	0.67	0.45	0.38	0.77	0.68	0.25
	C2	0.48	0.49	0.48	0.86	0.83	0.76	0.81	0.73	0.75	0.94	0.95	0.57
	C3	0.52	0.52	0.57	0.87	0.79	0.78	0.87	0.66	0.67	0.86	0.80	0.60

续表

FIS	样本号											
	1	2	3	4	5	6	7	8	9	10	11	12
异常原因排序	C3	C3	C3	C3	C2	C3	C3	C2	C2	C2	C2	C3
	C2	C2	C2	C2	C3	C2	C2	C3	C3	C3	C3	C2
	C1	C1	C1	C1	C1	C1	C1	C1	C1	C1	C1	C1

图 6-13~图 6-15 为根据 FIS 的诊断结果逐点绘制的异常原因的贡献度曲线。

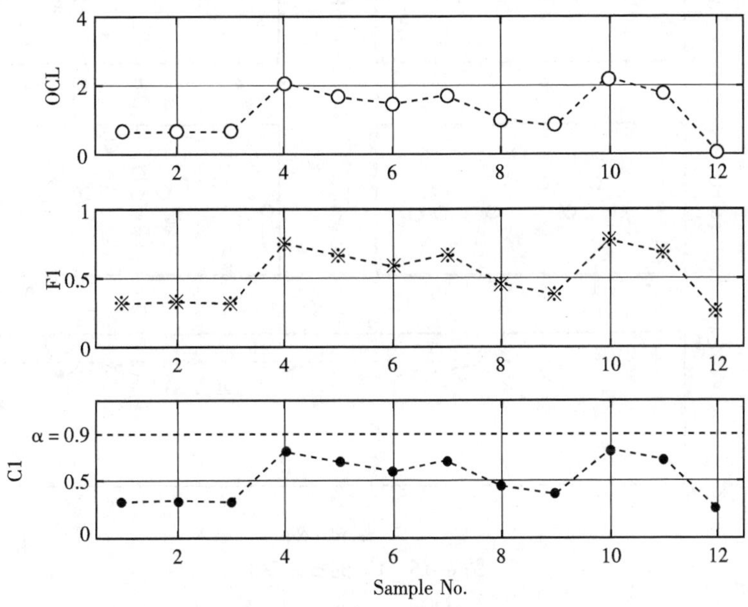

图 6-13　C1 的贡献度

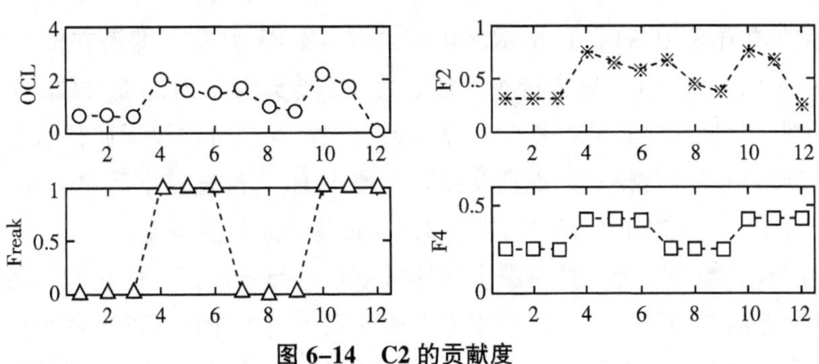

图 6-14　C2 的贡献度

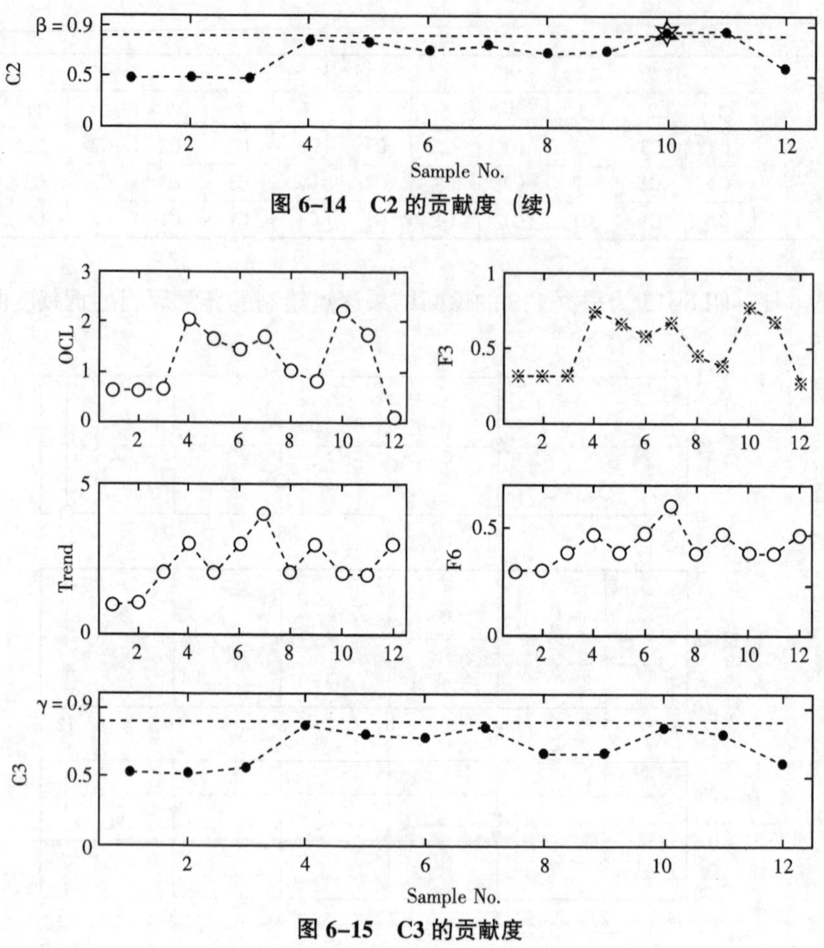

图 6-14　C2 的贡献度（续）

图 6-15　C3 的贡献度

如图 6-14 所示，当第 10 个子样点绘于控制图时，FIS 指示 C2 达到 0.94，触发异常阈值 β（0.9），且指示其由模块 F5 及 F3 引发，即潜在的异常模式为 Run 及 OCL，此时启动异常排查程序，将 C2 类异因作为排查对象，按照 C2 类排查范围，分别从工具完好程度、原材料变化情况、机器设置调整状态等方面入手，实现对潜在异常模式的识别及预防。图 6-16 为排查完毕后 Minitab 软件绘制的 12 个样本的控制图，继续应用上述诊断过程，未触发异常。

应用模糊推理系统对控制图上的异常信息进行分析，可以在控制图的每一点上定量描述潜在的异常模式，根据异常模式发生的可能程度确定各种异常原因的贡献程度，并按照贡献程度的大小对异因排序，一旦分析过程发现贡献程度大于异常触发阈值 α（β 或 γ）的异常原因，即以对应的异因作为重点排查对象，从

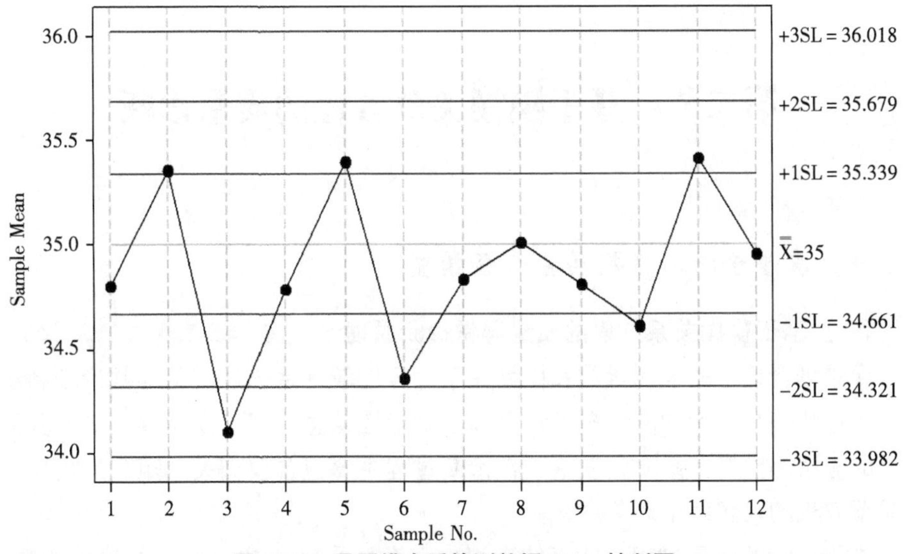

图 6-16 异因排查后检测数据 Xbar 控制图

而加速异常诊断与恢复过程，减少过程在异常状态下的运行时间。实例表明对于常规质量控制工具软件无法预警的异常模式，该系统有较好的效果。

实例以 XBar 图作了分析，进一步的研究可以扩展到其他类型的控制图上，并以多种控制图的综合分析结果作为最终异因排查的依据；可以结合具体行业质量控制经验知识，对各类异因的影响因素按照类似的思路作进一步分析推理，得出具体的异常因素对异常类 C1、C2 及 C3 的贡献度，从而为异常排查提供最直接的方案。

针对过程异常模式识别诊断过程存在的很多不确定性和模糊问题，提出了以制造过程质量控制图为输入，逐点计算既定义异常模式特征数的方法，根据制造过程运行记录及质量工程师的经验，建立了模糊异常—异因类之间的模糊关系，建立了 Matlab 环境下建立基于模糊逻辑的推理系统方法，根据异常与异因之间的关系度不同，为每一异因类设计了特定的聚合算子，聚合中间推理结果，实现模糊质量异常模式识别及大类异因粗诊断，并通过实例应用分析验证了上述方法的可行性及效果。

第二节　基于模糊关系方程的质量诊断

一、质量诊断的模糊关系方程模型

（一）基于模糊关系方程的质量异常诊断原理

模糊集合论中的隶属函数和模糊关系矩阵能较好地描述质量异常诊断制造过程的运行状态与环境中的许多模糊性和不确定性信息，因此模糊异常诊断获得了广泛的应用。模糊关系方程质量异常诊断过程主要包含模糊关系矩阵的构建和模糊关系方程的求解两个环节。

将待诊断的质量过程（或系统）视作一个具有 m 个输入与 n 个输出的黑箱，如图 6-17 所示：

图 6-17　质量系统图

假设过程所有可能出现的异常原因的集合为：

$X=(x_1, x_2, \cdots, x_m)$

其中 m 为异常原因数。

由 m 种异常原因引发的异常症状集合为：

$Y=(y_1, y_2, \cdots, y_n)$

其中 n 为异常症状种类数。

由于异常症状界线的不分明性，因此必须通过相应的算法来表征各种异常症状隶属于各种异常原因的程度。构造隶属函数是实现模糊诊断的前提与关键。

设观测到的一异常症状样本为 $(y_1, y_2, \cdots, y_n)$，同时得到此样本中各分量元素 y_i 对症状 Y_i 的隶属度为 $\mu_{Y_i}(y_i)$，异常症状可以用模糊向量表示为：

$Y=(\mu_{Y_1}(y_1), \mu_{Y_2}(y_2), \cdots, \mu_{Y_n}(y_n))=(b_1, b_2, \cdots, b_n)$

假设上述异常由异常原因 x 产生，x 对各种异常原因的隶属度为 $\mu_{x_j}(x)$，同样异常原因可以用模糊向量表示为：

$X=(\mu_{X_1}(x),\ \mu_{X_2}(x),\ \cdots,\ \mu_{X_m}(x))=(a_1,\ a_2,\ \cdots,\ a_m)$

由于异常原因与异常症状之间存在因果关系，根据 Zadeh 的复合推理规则可得到 Y 与 X 之间的模糊关系方程：

$$Y=X\circ R \tag{6-23}$$

其中∘为 min-max 复合算子，R 为模糊关系矩阵，表示为：

$$R=\begin{bmatrix} r_{11} & r_{12} & \cdots & r_{1n} \\ r_{21} & r_{22} & \cdots & r_{2n} \\ \vdots & \vdots & & \vdots \\ r_{m1} & r_{m2} & \cdots & r_{mn} \end{bmatrix}=(r_{ij})_{m\times n} \tag{6-24}$$

其中 $r_{ij}\in[0,\ 1]$，$i=1,\ 2,\ \cdots,\ m$；$j=1,\ 2,\ \cdots,\ n$。模糊关系矩阵 R 又称为模糊诊断关系矩阵，简称为模糊诊断矩阵。

模糊诊断矩阵 R 为 $m\times n$ 维矩阵，行表示异常原因，列表示异常症状。矩阵元素 r_{ij} 表示第 i 种异常原因对第 j 种异常症状的贡献度，或第 j 种异常症状对第 i 种异常原因的隶属度，即：

$$r_{ij}=\mu_{x_i}(y_j) \tag{6-25}$$

根据已知的关系矩阵 R 及模糊异常症状向量 Y，从而求解相应的模糊异常原因向量 A，等价于求解如下的模糊关系方程：

$$b_1=(a_1\wedge r_{11})\vee(a_2\wedge r_{21})\vee\cdots\vee(a_m\wedge r_{m1})$$
$$b_2=(a_1\wedge r_{12})\vee(a_2\wedge r_{22})\vee\cdots\vee(a_m\wedge r_{m2})$$
$$\cdots\cdots$$
$$b_n=(a_1\wedge r_{1n})\vee(a_2\wedge r_{2n})\vee\cdots\vee(a_m\wedge r_{mn})$$

其中算子∧、∨分别用 min、max，上述方程简化为：

$$b_j=\max_{i=1,\ 2,\ \cdots,\ m}(\min(a_i,\ r_{ij}))\quad(i=1,\ 2,\ \cdots,\ m;\ j=1,\ 2,\ \cdots,\ n) \tag{6-26}$$

由模糊关系方程（6-16）可以看出，对于观测到的异常症状样本（y_1，y_2，…，y_n），即异常症状模糊向量 Y 已知，又根据过程运行数据与质量工程师及专家的经验知识已经构造好的模糊关系矩阵 R，可以求得异常原因模糊向量 X，进而对各种异常原因进行分析与综合，得出异常诊断结果。

（二）质量异常诊断模糊关系方程的求解问题

模糊关系方程求解的复杂性对于逆模糊逻辑推理的应用形成制约。一般而言，只有在严格约束条件下，模糊关系方程才具有可行解。大多数现存的方法可以归结为分析型的，肯定逆解的存在性，对于解法存在的问题以及 sup-t 模构成的模糊关系方程的求解困难一直是制约模糊关系方程在诊断应用中的难题。

由于模糊关系方程式（6-16）的特殊形式，即方程由一系列集合运算表达式构成，从解析的角度分析，其解一般不是唯一确定的，而具有区间变动的特点，这也符合模糊关系方程用于异常诊断时模糊异因的特点，即变量在各自的变化范围内取值时，其不同组合均有可能满足方程，大多的求解方法只能给出一个或若干确切解，难以确定变量变动范围及其不同组合。

遗传算法（Genetic Algorithm，GA）是基于“适者生存”的一种高度并行、随机和自适应优化算法，它将问题的求解表示成“染色体”的适者生存过程，通过“染色体”群的一代代不断进化，包括复制、交叉和变异等操作，最终收敛到“最适应环境”的个体，从而求得问题的最优解或满意解。

GA 是一种基于生物进化原理构想出来的搜索最优解的仿生方法，它模拟了基因重组与进化的自然过程，把待解决问题的参数编成二进制码或十进制码（也可编成其他进制码）——基因，若干基因组成一个染色体（个体），许多染色体进行类似于自然选择、配对交叉和变异的运算，经过多次重复迭代（即世代遗传）直至得到最后的优化结果。习惯上，适应度值越大，表示解的质量越好。对于求解最小值问题，可通过变换转化为求解最大值问题。GA 以群体为基础，能同时从不同点获得多个极值，因此不易陷入局部最优。GA 是对问题变量的编码集进行操作，而不是对变量本身操作，有效地避免了对变量的微分操作运算。GA 只是利用目标函数来区别群体中个体的好坏而不必对其进行过多的附加操作。其主要特点是直接对结构对象进行操作，不存在求导和函数连续性的限定；具有内在的隐并行性和更好的全局寻优能力；采用概率的寻优方法，能自动获取和指导优化的搜索空间，自适应地调整搜索方向，不需要确定的规则。它以一组群体中的所有个体为对象，并利用随机技术指导对一个被编码的参数空间进行高效搜索。基于上述特点，GA 对于具有许多局部最值点的优化问题，具有很好的效果。

针对所考虑质量异常诊断模糊方程求解问题，可以将它等价为优化问题最优解的搜索过程，且模糊关系方程的求解是一个具有许多局部极值的复杂优化问题，随着诊断系统所考虑的因果对数目的增加，解空间呈几何级膨胀，结合上述 GA 求解时的优点，GA 是求解此类问题的较好选择。

（三）基于模糊关系方程 GA 求解的质量异常诊断模型

质量控制系统运行过程中，关于异常的精确因果关系的记录较少，更多的是类似如下的、由过程工程师或质量专家建立的比较式因果关联：“如果出现异常

C，那么原因 A 较原因 B 诱发的可能性或贡献程度更大。”

这种成对比较可以用于模糊关系矩阵的构建，在异因成对比较信息的基础上，采用评分法定义各异因对异常症状的贡献隶属度，异常症状与异常原因之间的因果联结通过 Zadeh 的复合推理规则加以仿真，即应用模糊关系矩阵建立诊断对象——质量控制过程或系统的输入变量（异常原因）与输出变量（异常症状）的关联关系；将异常症状视作给定异常原因论域上的模糊集合，构建异常模式隶属度向量。由模糊关系矩阵及异常模式隶属度构建模糊关系诊断方程，并用逆模糊逻辑推理的形式加以表示，通过对模糊关系方程 GA 求解实现由输出对输入的重现及识别。

图 6–18 为基于模糊关系方程 GA 求解的质量异常诊断原理图。

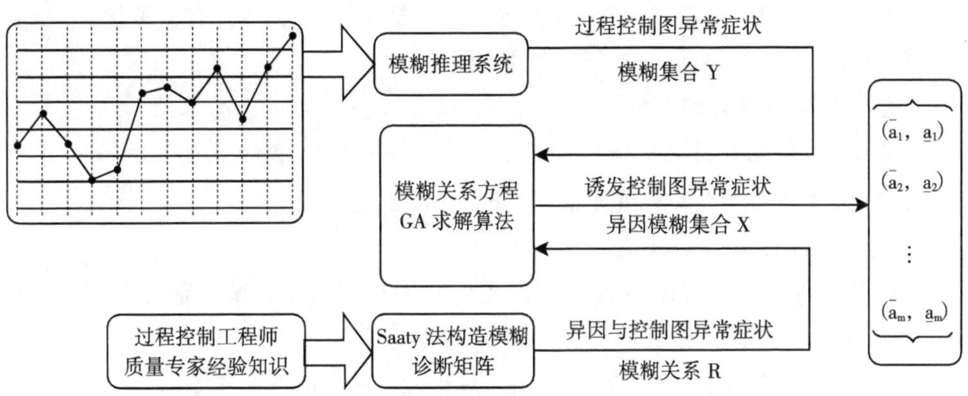

图 6–18 基于模糊关系方程 GA 求解的质量异常诊断原理图

二、模糊质量异常诊断方程的参数确定

为了应用上述方法完成制造过程模糊质量异常的诊断，需要确定模糊关系方程的相关参数，主要包括各种可能异常对异常症状影响程度的确定，过程异常症状对于模糊症状集合隶属度的确定，即前述模糊关系方程中的 R 及 Y 的确定。

（一）模糊诊断矩阵 R 的构建

构建模糊诊断矩阵，实际上是要找出各种异常征兆与各种产生异常征兆的原因之间的模糊关系，具体讲就是要确定矩阵的每个元素 r_{ij}，其定量地给出了第 j 种异常症状隶属于第 i 种异常原因的程度。

假定模糊矩阵 R 由专家评分而来，考虑异常症状 $y_j \in Y$ 为异因论域 X 上的模糊集 $\tilde{y}_j$：

$$\tilde{y}_j=\{(r_{1j}, x_1), (r_{2j}, x_2), \cdots, (r_{mj}, x_m)\} \tag{6-27}$$

用 r_{1j}，r_{2j}，…，r_{mj} 表示异因 x_1，x_2，…，x_m 对模糊集 $\tilde{y}_j$ 的隶属度。

下面介绍由成对比较法构造 r_{ij} 的方法：

首先建立异因 $x_i\in X$ 对异常 $y_j\in Y$ 的贡献度对比矩阵 C^j，

$$C^j=\begin{array}{c} \\ x_1 \\ x_2 \\ \vdots \\ x_m \end{array}\begin{array}{c} \begin{array}{cccc} x_1 & x_2 & \cdots & x_m \end{array} \\ \begin{bmatrix} c_{11}^j & c_{12}^j & \cdots & c_{1n}^j \\ c_{21}^j & c_{22}^j & \cdots & c_{2n}^j \\ \vdots & \vdots & \vdots & \vdots \\ c_{m1}^j & c_{m2}^j & \cdots & c_{mn}^j \end{bmatrix} \end{array}$$

其中 c_{ik}^j 由专家根据 9 分制评分法评定：$c_{ik}^j=1$，表示 x_i 相对于 x_k 对异常 y_j 无显著优势；$c_{ik}^j=3$，有较弱优势；$c_{ik}^j=5$，有重要优势；$c_{ik}^j=7$，有显著优势；$c_{ik}^j=9$，有绝对优势，2、4、6、8 介于上述之间。

比较矩阵 C^j 具有如下特性：

（1）主对角元素满足：$c_{ii}^j=1$（$i=1, 2, \cdots, m$；$j=1, 2, \cdots, n$）。

（2）关于主对角线对称元素满足：$c_{ik}^j=1/c_{ki}^j$。

（3）传递性：$c_{ii}^j\cdot c_{ik}^j=1/c_{ki}^j$。

根据上述特性，可以由其中一行或列元素获得整个矩阵。假设已知第 l 行（列）元素 c_{lk}^j，可以推知其他任意元素 c_{ik}^j，$i\neq l$：

$c_{ik}^j=c_{lk}^j/c_{li}^j$（$i, k, l=1, 2, \cdots, m$；$j=1, 2, \cdots, n$）

令：

$$r'_{ij}=\frac{1}{c_{i1}^j+c_{i2}^j+\cdots+c_{in}^j}\quad (i=1, 2, \cdots, m;\ j=1, 2, \cdots, n) \tag{6-28}$$

为了保证模糊矩阵 R 的元素取值范围为［0，1］，将由上式得到的 r'_{ij} 进行标准化处理，获得模糊关系矩阵的元素 r_{ij}：

$$r_{ij}=\frac{r'_{ij}}{\max(r'_{ij})} \tag{6-29}$$

（二）模糊异常隶属度向量构建

对于从制造过程获取的异常症状样本数据，需要确定其对于模糊异常症状集合的隶属度，可以采用下面两种方法：

1. 与上述构建 R 类似的相对比较评分法

$$U=\begin{array}{c|cccc|} & y_1 & y_2 & \cdots & y_m \\ y_1 & u_{11} & u_{12} & \cdots & u_{1m} \\ y_2 & u_{21} & u_{22} & \cdots & u_{2m} \\ \vdots & \vdots & \vdots & \vdots & \vdots \\ y_m & u_{m1} & u_{m2} & \cdots & u_{mm} \end{array}$$

$$b_j'=\frac{1}{u_{j1}+u_{j2}+\cdots+u_{jn}}\quad(j=1,\ 2,\ \cdots,\ n)$$

将由上式得到的 b_j' 进行标准化处理，获得模糊异常向量的元素 b_j：

$$b_j=\frac{b_j'}{\max(b_j')}$$

2. 由控制图数据计算方法

根据预先定义的控制图异常模式，利用控制图数据计算相关模式的特征数值，然后作为相应模式隶属函数的输入，得出当前控制图发生的异常对于模糊异常集合的隶属程度。

本书采用第二种方法。常见的五种控制图模糊异常模式隶属度计算如图 6-19 所示。

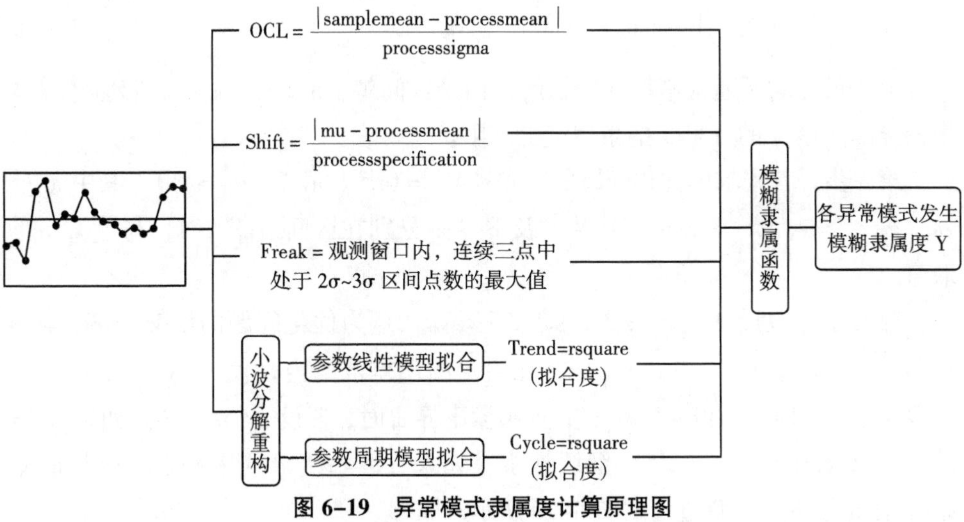

图 6-19　异常模式隶属度计算原理图

图 6-19 中，OCL 及 Freak 模式与第五章中的定义相同，关于 Shift、Trend 及 Cycle 定义如下：

Shift：监控窗口内，样本总体均值相对于过程均值的偏移程度；

Trend：监控窗口内，样本均值的线性趋势；

Cycle：监控窗口内，样本均值的周期变动程度。

对于 OCL，其特征数据用样本均值与过程均值的差值与过程方差的比值衡量，Shift 特征数据用样本总体均值与过程均值的差值与过程方差的比值衡量，Freak 用观测窗口内，连续三点内处于 2σ~3σ 区间内点子数的最大值衡量。具体的识别方法见第五章第二节。

对于 Trend 及 Cycle，由于趋势参数的波动性，难以用类似于上述三种模式的方法加以衡量，研究较多的是神经网络识别方法。本节采用先对控制图小波分解重构，然后用参数化模型对重构信号进行拟合，并用拟合度作为模式特征数，以此计算其模糊隶属度。方案的具体介绍见第五章第三节。

三、模糊关系方程的 GA 求解

（一）模糊关系方程求解规划

关于前述模糊关系方程（6-16）的求解可作如下规划：

搜索向量 $A=(a_1, a_2, \cdots, a_m)$，$a_i\in[0, 1]$，$i=1, 2, \cdots, m$，满足最小距离标准：

$$\min F(A)=\sum_{j=1}^{n}\left[b_j-\max\left(\min_{i=1, 2, \cdots, m}(a_i, r_{ij})\right)\right]^2 \tag{6-30}$$

上述最优问题通常不存在确切解，而是区间解：$a_i=[\underline{a_i}, \overline{a_i}]$，$\underline{a_i}$ 及 $\overline{a_i}$ 分别为模糊异因向量 A 的分量 a_i 的隶属度上下限。

第一步，首先求解优化问题的零解：$A^{(0)}=(a_1^{(0)}, a_2^{(0)}, \cdots, a_m^{(0)})$，其中 $a_i^{(0)}\in[\underline{a_i}, \overline{a_i}]$，$i=1, 2, \cdots, m$，上界 $\overline{a_i}$ 及下界 $\underline{a_i}$ 分别在区间 $[a_i^{(0)}, 1]$ 与 $[0, a_i^{(0)}]$ 取值。

第二步，假设 $A^{(k)}=(a_1^{(k)}, a_2^{(k)}, \cdots, a_m^{(k)})$ 为优化问题的第 k 个解，满足 $a_1^{(k)}\in[\underline{a_i}, \overline{a_i}]$，$i=1, 2, \cdots, m$，在给定的误差范围内，使 $F(A^{(k)})\cong F(A^{(0)})$。在搜索上界 $\overline{a_i}$ 时，假设 $a_i^{(k)}\geqslant a_i^{(k-1)}$；而搜索下界 $\underline{a_i}$ 时，假设 $a_i^{(k)}\leqslant a_i^{(k-1)}$。如果 $A^{(k)}\neq A^{(k-1)}$，令 $\overline{a_i}=a_i^{(k)}$ 或 $\underline{a_i}=a_i^{(k)}$，继续搜索；如果 $A^{(k)}=A^{(k-1)}$，得到解 $\overline{a_i}=a_i^{(k)}$ 或 $\underline{a_i}=a_i^{(k)}$，停止搜索。求解过程如图 6-20 所示。

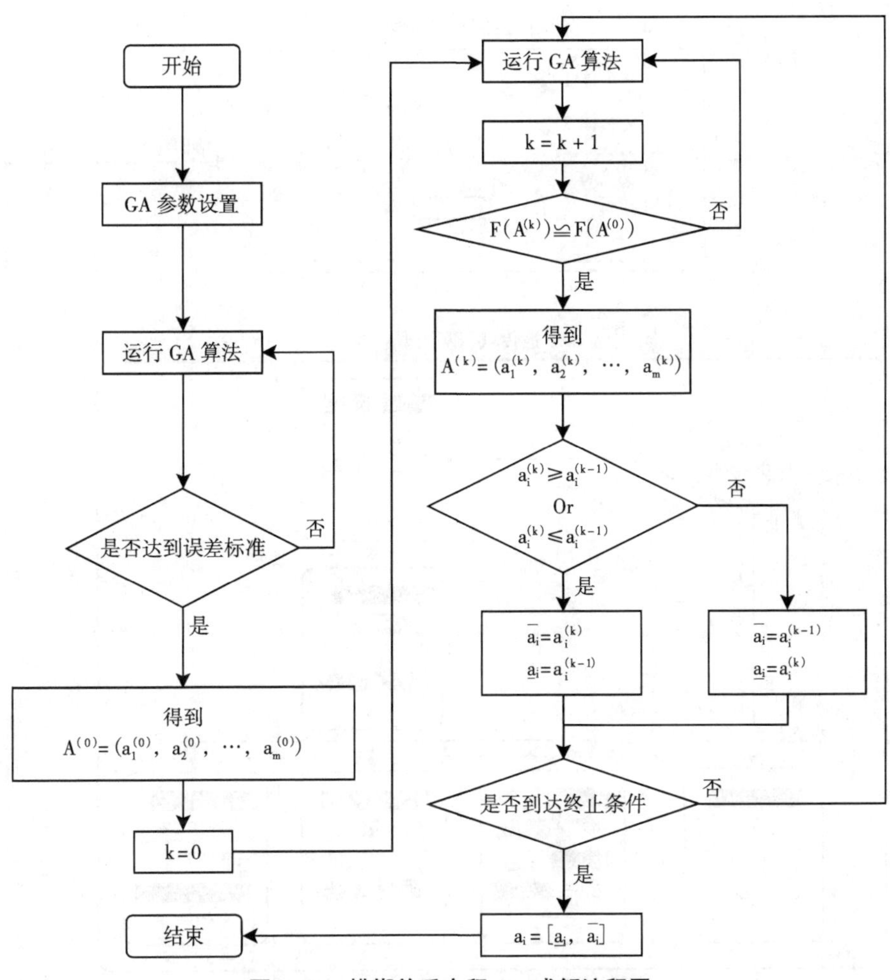

图 6-20　模糊关系方程 GA 求解流程图

（二）GA 求解基本流程

GA 将待求解问题目标函数通过适当转换作为适度函数，将问题解视作个体染色体或基因组，通过对解参数的编码，将编码的各个位作为构成染色体的基因，并对由一组个体构成的种群重复执行选择、交叉和变异等遗传操作，使种群逐步进化，最终得到最优个体解。参数编码、初始群体的设定、适应度函数的设计、遗传操作的设计、控制参数设定五个要素构成了遗传算法的核心内容。

GA 基本流程如图 6-21 所示，包括：

（1）随机产生个体，生成初始群体；

（2）由初始种群执行一下操作，产生子代种群：

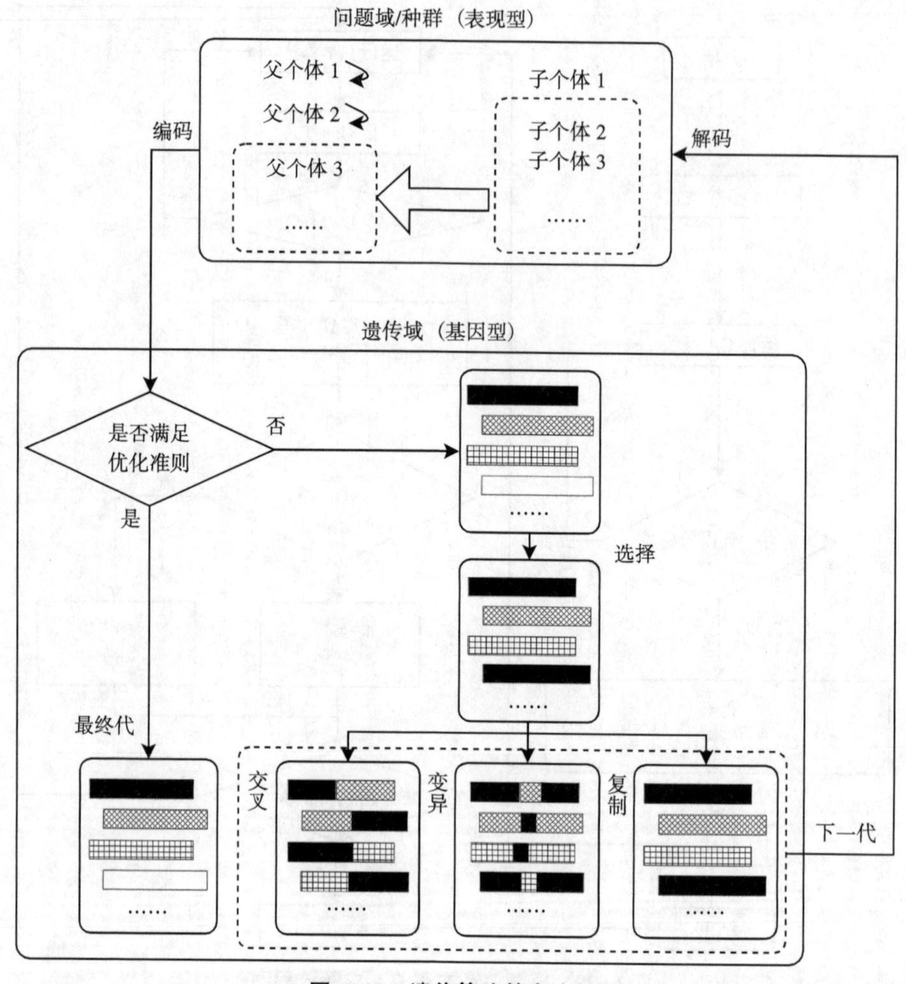

图 6-21 遗传算法基本流程

1）通过计算适度值为每个个体评分；执行标度变换，将原始评分转换为可供选择操作利用的数值，即适度值低的个体具有较高分值；根据转换后的适度值，选择用于产生下一种群（解集合）的父代个体。

2）选择当前种群中具有较低适度值的个体作为精英，直接进入下一代种群。

3）按照给定的交叉概率 p_c、变异概率 p_m，由被选父代个体通过交叉与变异操作产生子代个体。

4）用需要进入下代种群的个体取代当前种群。

（3）判断算法收敛准则是否满足。若满足则输出搜索结果，否则循环执行第（2）步。

（三）GA 相关参数设置

1. 适应度函数

适应度函数是根据目标函数确定的用于区分种群集合中个体好坏的标准，是算法演化过程的驱动力。作为对个体的一种评价尺度，适应度函数总是非负的，可以根据最优化问题的类型，由目标函数按一定的转换规则转换而来。

根据第六章第二节关于解的规划，选择最小距离标准 F（A）作为适度函数。个体适度值即为适度函数在个体的取值。对于最小化问题，种群中的最优个体即为适度值最低的个体。通过适度值尺度转换，可将根据适度函数得出的个体初始分值进行转换，保证初始适度分值最低的最优个体具有最高的转换分值，如图 6–22 所示。

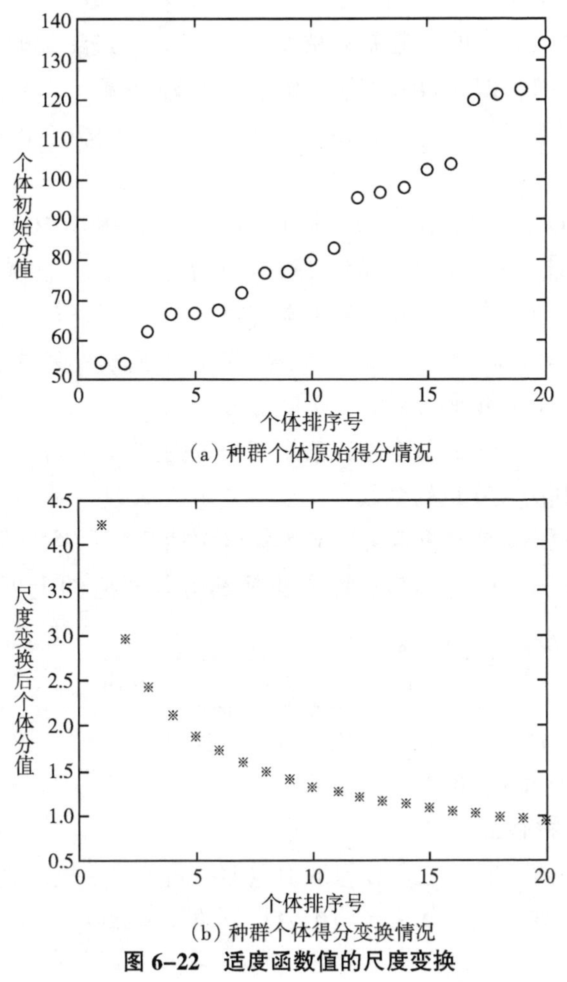

图 6–22　适度函数值的尺度变换

2. 编码方式

编码是应用 GA 时要解决的首要问题，也是设计遗传算法时的一个关键步骤。GA 在进行搜索之前，先将解空间表现型的解数据映射成遗传空间的基因型串数据结构，这种从表现型到基因型的映射称为编码。编码方法除了决定个体的染色体排列形式外，还决定了个体从搜索空间的基因型变换到解空间的表现型的解码方法，同时也影响遗传算子的运算方法。目前编码方法可以分为三大类：二进制编码方法、浮点数编码方法、符号编码方法。

将染色体定义为二进制编码串 $a_i \in [0, 1]$，$i=1, 2, \cdots, m$，编码的位数 n_i 由下式确定：

$$2^{n-1} < 10^{-q} < 2^n - 1 \tag{6-31}$$

其中 q 为 a_i 的精度，即十进制表示中小数点后的位数。

例如 $q=3$ 时，对应的十进制数精度为 0.001，二进制编码需要的位数 n 满足：$2^{n-1} < 10^{-3} < 2^n - 1$，即 $n=10$，需要 10 位二进数制编码。

$A = (a_1, a_2, a_3, a_4, a_5) = (0.593, 0.814, 0.141, 0.970, 0.300)$ 其对应的染色体为：

v=（1001010001　1100101110　0010001101　1111001010　0100101100）

对于一些多维、高精度要求的连续函数优化问题，二进制编码可量测性不强、不直观，且由于字符串太长而导致遗传算法训练的解空间过大，寻优时间很长，或由于字符串太短，使权值表达精度不够。根据模糊关系方程求解的特点，选用浮点数（或实数）编码方式。

浮点数编码中，个体的每个基因值用某一范围内的一个浮点数来表示，个体的编码长度等于其决策变量的个数。

例如，假设模糊异常诊断问题的异因集合包括五个元素，即对应的优化问题含有五个变量 x_i，$i=1, \cdots, 5$，每个变量都有其对应的上下限 $[x_{min}, x_{max}] = [0, 1]$，则：

0.593	0.845	0.364	0.263	0.694

即为一个解个体的实数编码形式，每一个基因位用一个 [0, 1] 之间的实数表示，每个个体表示为长度为 5 的基因组。

3. 初始种群的确定

按照既定的编码方式，在各变量取值范围内随机产生规定数量的个体作为初始种群。对于本章考虑的个体 a_i 为 [0, 1] 上的异因隶属度，m 为种群数，则：

$a_i = \text{Random}(0,\ 1) \quad (i=1,\ 2,\ \cdots,\ m)$

4. 选择函数

关于种群中进行遗传操作的父代选择，应该保证适应度较高的个体被选的概率更大，设种群规模为 m，则 p_k 为染色体 v_k 的被选概率：

$$p_k = \frac{f(v_k) - \min\limits_{j=1,\ 2,\ \cdots,\ m}(f(v_j))}{\sum_{k=1}^{m}\left[f(v_k) - \min\limits_{j=1,\ 2,\ \cdots,\ m}(f(v_j))\right]}$$

$$\sum_{k=1}^{m} p_k = 1$$

5. 交叉、变异因子

交叉操作通过父代个体染色体对相应基因位的交换完成，而变异操作由染色体某基因位的随机反转完成。

设 p_c 为交叉因子，决定每次交叉操作产生的子代数，m 为种群大小，每次选择的用于交叉操作的父代染色体对数为 $m \cdot p_c/2$。

执行 GA 的全过程，种群大小保持不变，所以每次循环均需要按照适应度值的大小，淘汰较差的 $m \cdot p_c$ 个个体。

四、应用实例分析

以某纺织机械厂精密轴加工过程为对象，利用提出的方案进行质量异常详细诊断，应用原理如图 6-23 所示。

（一）质量异常定义及异因分析

某精密轴外圆磨削工序，历史上曾出现过五种轴径尺寸及圆度异常，同时监察到导致上述异常的不同类型的异常源有 20 种。根据质控专家经验，采用第六章第二节介绍的方法建立两者之间的模糊关系矩阵。

轴径、圆度检测出现的五种质量异常：

（1）工件有椭圆；

（2）工件有鼓形；

（3）工件有锥度；

（4）工件有弯曲变形；

（5）台肩断面内部凸起。

已知轴的加工精度等级为 IT1，加工尺寸要求为 $20^{\pm 0.001}$。检测时，每根轴上分布有 20 个测点，样本容量为 30，以测量点作为样本分组依据，对样本内个体的 20 个测点的测量值绘制控制图，相应地控制图的监控窗口尺寸为 20。上述五

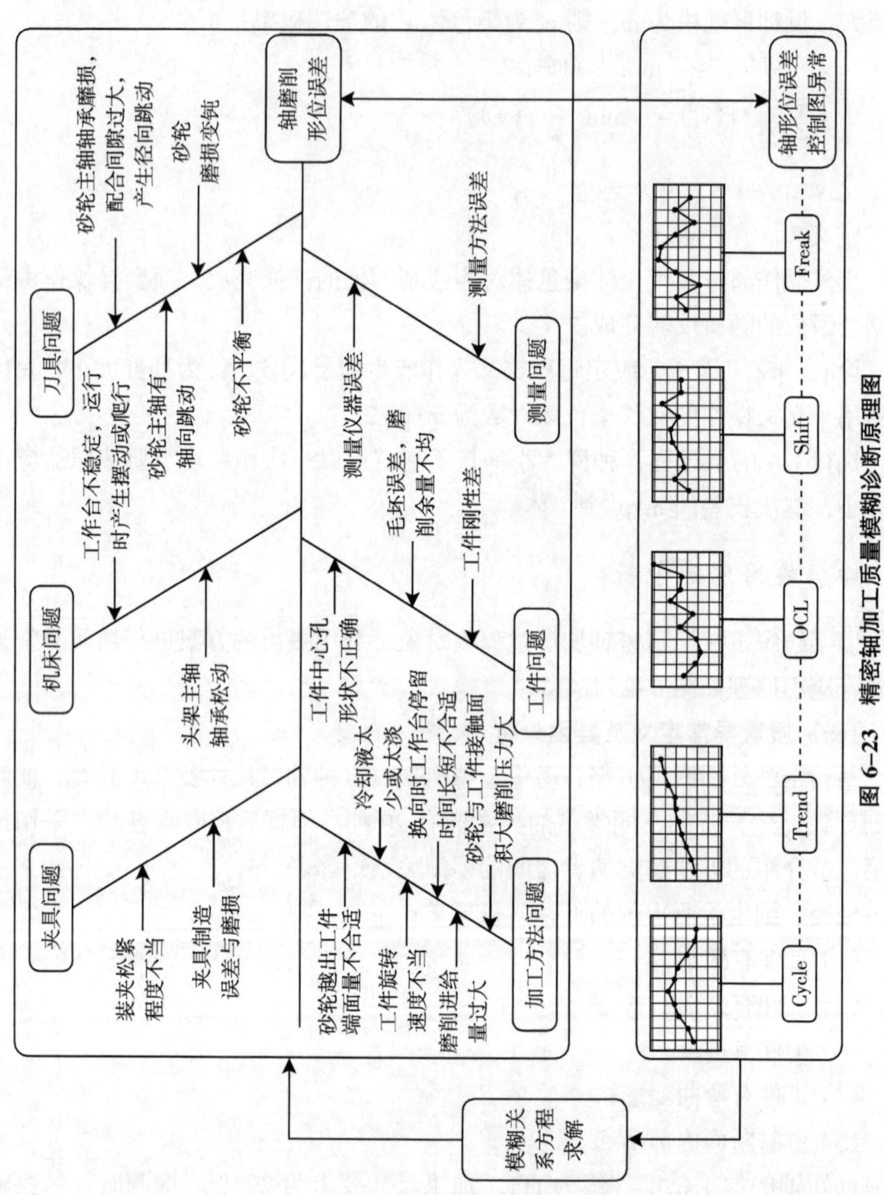

图 6–23 精密轴加工质量模糊诊断原理图

种质量异常反映到控制图上，控制图模式分别为下面几种情况：

（1）工件有椭圆，样本均值整体偏移，即 Shift 模式（y_1）；

（2）工件有鼓形，控制图点子呈现一种周期循环状态，即 Cycle 模式（y_2）；

（3）工件有锥度，控制图点子呈现上升（或下降）趋势，即 Trend 模式（y_3）；

（4）工件有弯曲变形，控制图监控窗口内，在发生弯曲的位置附近，测点值会出现突变，即 Freak 模式（y_4）；

（5）台肩断面内部凸起，控制图监控窗口内，对应于轴上靠近轴肩端的测点值，会发生跳出控制限的状态，即 OCL 模式（y_5）。

引发上述质量异常可能的 20 种原因如表 6–2 所示：

表 6–2　精密轴加工质量异常原因列表

代码	异因描述	代码	异因描述
x_1	砂轮不平衡	x_{11}	冷却液太少或太淡
x_2	砂轮主轴轴承磨损，配合间隙过大，产生径向跳动	x_{12}	换向时工作台停留时间长短不合适
x_3	砂轮主轴有轴向跳动	x_{13}	砂轮越出工件端面量不合适
x_4	砂轮主轴中心线与工作台运动方向不平行	x_{14}	砂轮与工件接触面积大，磨削压力大
x_5	砂轮磨损变钝	x_{15}	工作台不稳定，运行时产生摆动或爬行
x_6	工件刚性差	x_{16}	头架主轴轴承松动
x_7	工件中心孔形状不正确	x_{17}	装夹松紧程度不当
x_8	毛坯误差，磨削余量不均	x_{18}	夹具制造误差与磨损
x_9	工件旋转速度不当	x_{19}	测量仪器误差
x_{10}	磨削进给量过大	x_{20}	测量方法误差

（二）模糊关系矩阵构建

在专家评估的基础上，形成对于每一个异常模式（或异常现象）y_j，异因 x_i 的成对比较矩阵 $C_{ij}^1 \sim C_{ij}^5$ 如下所示。

C_{ij}^1：

	x_9	x_{10}	x_{12}	x_{13}	x_{14}	x_{16}	x_3	x_{20}	x_{15}	x_{19}	x_1	x_4	x_7	x_{11}	x_{17}	x_8	x_{18}	x_2	x_5	x_6
x_9	1.00	1.50	2.00	2.10	2.50	2.80	3.00	3.50	4.00	4.50	5.00	5.50	6.00	6.50	7.00	7.50	8.00	8.50	8.80	9.00
x_{10}	0.67	1.00	1.33	1.40	1.67	1.87	2.00	2.33	2.67	3.00	3.33	3.67	4.00	4.33	4.67	5.00	5.33	5.67	5.87	6.00
x_{12}	0.50	0.75	1.00	1.05	1.25	1.40	1.50	1.75	2.00	2.25	2.50	2.75	3.00	3.25	3.50	3.75	4.00	4.25	4.40	4.50
x_{13}	0.48	0.71	0.95	1.00	1.19	1.33	1.43	1.67	1.90	2.14	2.38	2.62	2.86	3.10	3.33	3.57	3.81	4.05	4.19	4.29
x_{14}	0.40	0.60	0.80	0.84	1.00	1.12	1.20	1.40	1.60	1.80	2.00	2.20	2.40	2.60	2.80	3.00	3.20	3.40	3.52	3.60
x_{16}	0.36	0.54	0.71	0.75	0.89	1.00	1.07	1.25	1.43	1.61	1.79	1.96	2.14	2.32	2.50	2.68	2.86	3.04	3.14	3.21
x_3	0.33	0.50	0.67	0.70	0.83	0.93	1.00	1.17	1.33	1.50	1.67	1.83	2.00	2.17	2.33	2.50	2.67	2.83	2.93	3.00

续表

	x_9	x_{10}	x_{12}	x_{13}	x_{14}	x_{16}	x_3	x_{20}	x_{15}	x_{19}	x_1	x_4	x_7	x_{11}	x_{17}	x_8	x_{18}	x_2	x_5	x_6
x_{20}	0.29	0.43	0.57	0.60	0.71	0.80	0.86	1.00	1.14	1.29	1.43	1.57	1.71	1.86	2.00	2.14	2.29	2.43	2.51	2.57
x_{15}	0.25	0.38	0.50	0.53	0.63	0.70	0.75	0.88	1.00	1.13	1.25	1.38	1.50	1.63	1.75	1.88	2.00	2.13	2.20	2.25
x_{19}	0.22	0.33	0.44	0.47	0.56	0.62	0.67	0.78	0.89	1.00	1.11	1.22	1.33	1.44	1.56	1.67	1.78	1.89	1.96	2.00
x_1	0.20	0.30	0.40	0.42	0.50	0.56	0.60	0.70	0.80	0.90	1.00	1.10	1.20	1.30	1.40	1.50	1.60	1.70	1.76	1.80
x_4	0.18	0.27	0.36	0.38	0.45	0.51	0.55	0.64	0.73	0.82	0.91	1.00	1.09	1.18	1.27	1.36	1.45	1.55	1.60	1.64
x_7	0.17	0.25	0.33	0.35	0.42	0.47	0.50	0.58	0.67	0.75	0.83	0.92	1.00	1.08	1.17	1.25	1.33	1.42	1.47	1.50
x_{11}	0.15	0.23	0.31	0.32	0.38	0.43	0.46	0.54	0.62	0.69	0.77	0.85	0.92	1.00	1.08	1.15	1.23	1.31	1.35	1.38
x_{17}	0.14	0.21	0.29	0.30	0.36	0.40	0.43	0.50	0.57	0.64	0.71	0.79	0.86	0.93	1.00	1.07	1.14	1.21	1.26	1.29
x_8	0.13	0.20	0.27	0.28	0.33	0.37	0.40	0.47	0.53	0.60	0.67	0.73	0.80	0.87	0.93	1.00	1.07	1.13	1.17	1.20
x_{18}	0.13	0.19	0.25	0.26	0.31	0.35	0.38	0.44	0.50	0.56	0.63	0.69	0.75	0.81	0.88	0.94	1.00	1.06	1.10	1.13
x_2	0.12	0.18	0.24	0.25	0.29	0.33	0.35	0.41	0.47	0.53	0.59	0.65	0.71	0.76	0.82	0.88	0.94	1.00	1.04	1.06
x_5	0.11	0.17	0.23	0.24	0.28	0.32	0.34	0.40	0.45	0.51	0.57	0.63	0.68	0.74	0.80	0.85	0.91	0.97	1.00	1.02
x_6	0.11	0.17	0.22	0.23	0.28	0.31	0.33	0.39	0.44	0.50	0.56	0.61	0.67	0.72	0.78	0.83	0.89	0.94	0.98	1.00

C_{ij}^2:

	x_{12}	x_1	x_9	x_{13}	x_{14}	x_{20}	x_3	x_{10}	x_{11}	x_{16}	x_5	x_8	x_{19}	x_{17}	x_2	x_{18}	x_7	x_4	x_6	x_{15}
x_{12}	1.00	1.20	1.40	1.50	1.60	1.80	2.00	2.30	2.50	2.70	3.00	3.50	3.80	4.00	5.00	6.00	7.00	8.00	8.50	9.00
x_1	0.83	1.00	1.17	1.25	1.33	1.50	1.67	1.92	2.08	2.25	2.50	2.92	3.17	3.33	4.17	5.00	5.83	6.67	7.08	7.50
x_9	0.71	0.86	1.00	1.07	1.14	1.29	1.43	1.64	1.79	1.93	2.14	2.50	2.71	2.86	3.57	4.29	5.00	5.71	6.07	6.43
x_{13}	0.67	0.80	0.93	1.00	1.07	1.20	1.33	1.53	1.67	1.80	2.00	2.33	2.53	2.67	3.33	4.00	4.67	5.33	5.67	6.00
x_{14}	0.63	0.75	0.88	0.94	1.00	1.13	1.25	1.44	1.56	1.69	1.88	2.19	2.38	2.50	3.13	3.75	4.38	5.00	5.31	5.63
x_{20}	0.56	0.67	0.78	0.83	0.89	1.00	1.11	1.28	1.39	1.50	1.67	1.94	2.11	2.22	2.78	3.33	3.89	4.44	4.72	5.00
x_3	0.50	0.60	0.70	0.75	0.80	0.90	1.00	1.15	1.25	1.35	1.50	1.75	1.90	2.00	2.50	3.00	3.50	4.00	4.25	4.50
x_{10}	0.43	0.52	0.61	0.65	0.70	0.78	0.87	1.00	1.09	1.17	1.30	1.52	1.65	1.74	2.17	2.61	3.04	3.48	3.70	3.91
x_{11}	0.40	0.48	0.56	0.60	0.64	0.72	0.80	0.92	1.00	1.08	1.20	1.40	1.52	1.60	2.00	2.40	2.80	3.20	3.40	3.60
x_{16}	0.37	0.44	0.52	0.56	0.59	0.67	0.74	0.85	0.93	1.00	1.11	1.30	1.41	1.48	1.85	2.22	2.59	2.96	3.15	3.33
x_5	0.33	0.40	0.47	0.50	0.53	0.60	0.67	0.77	0.83	0.90	1.00	1.17	1.27	1.33	1.67	2.00	2.33	2.67	2.83	3.00
x_8	0.29	0.34	0.40	0.43	0.46	0.51	0.57	0.66	0.71	0.77	0.86	1.00	1.09	1.14	1.43	1.71	2.00	2.29	2.43	2.57
x_{19}	0.26	0.32	0.37	0.39	0.42	0.47	0.53	0.61	0.66	0.71	0.79	0.92	1.00	1.05	1.32	1.58	1.84	2.11	2.24	2.37
x_{17}	0.25	0.30	0.35	0.38	0.40	0.45	0.50	0.58	0.63	0.68	0.75	0.88	0.95	1.00	1.25	1.50	1.75	2.00	2.13	2.25
x_2	0.20	0.24	0.28	0.30	0.32	0.36	0.40	0.46	0.50	0.54	0.60	0.70	0.76	0.80	1.00	1.20	1.40	1.60	1.70	1.80
x_{18}	0.17	0.20	0.23	0.25	0.27	0.30	0.33	0.38	0.42	0.45	0.50	0.58	0.63	0.67	0.83	1.00	1.17	1.33	1.42	1.50
x_7	0.14	0.17	0.20	0.21	0.23	0.26	0.29	0.33	0.36	0.39	0.43	0.50	0.54	0.57	0.71	0.86	1.00	1.14	1.21	1.29
x_4	0.13	0.15	0.18	0.19	0.20	0.23	0.25	0.29	0.31	0.34	0.38	0.44	0.48	0.50	0.63	0.75	0.88	1.00	1.06	1.13
x_6	0.12	0.14	0.16	0.18	0.19	0.21	0.24	0.27	0.29	0.32	0.35	0.41	0.45	0.47	0.59	0.71	0.82	0.94	1.00	1.06
x_{15}	0.11	0.13	0.16	0.17	0.18	0.20	0.22	0.26	0.28	0.30	0.33	0.39	0.42	0.44	0.56	0.67	0.78	0.89	0.94	1.00

C_{ij}^3:

	x_{13}	x_{12}	x_1	x_2	x_9	x_{10}	x_{11}	x_{14}	x_{16}	x_4	x_{17}	x_3	x_8	x_{20}	x_7	x_{19}	x_5	x_{15}	x_6	x_{18}
x_{13}	1.00	1.50	2.00	2.20	2.40	2.50	2.60	2.70	2.90	3.40	3.70	4.00	4.30	4.50	5.00	5.50	6.00	6.50	8.50	9.00
x_{12}	0.67	1.00	1.33	1.47	1.60	1.67	1.73	1.80	1.93	2.27	2.47	2.67	2.87	3.00	3.33	3.67	4.00	4.33	5.67	6.00
x_1	0.50	0.75	1.00	1.10	1.20	1.25	1.30	1.35	1.45	1.70	1.85	2.00	2.15	2.25	2.50	2.75	3.00	3.25	4.25	4.50
x_2	0.45	0.68	0.91	1.00	1.09	1.14	1.18	1.23	1.32	1.55	1.68	1.82	1.95	2.05	2.27	2.50	2.73	2.95	3.86	4.09
x_9	0.42	0.63	0.83	0.92	1.00	1.04	1.08	1.13	1.21	1.42	1.54	1.67	1.79	1.88	2.08	2.29	2.50	2.71	3.54	3.75
x_{10}	0.40	0.60	0.80	0.88	0.96	1.00	1.04	1.08	1.16	1.36	1.48	1.60	1.72	1.80	2.00	2.20	2.40	2.60	3.40	3.60
x_{11}	0.38	0.58	0.77	0.85	0.92	0.96	1.00	1.04	1.12	1.31	1.42	1.54	1.65	1.73	1.92	2.12	2.31	2.50	3.27	3.46
x_{14}	0.37	0.56	0.74	0.81	0.89	0.93	0.96	1.00	1.07	1.26	1.37	1.48	1.59	1.67	1.85	2.04	2.22	2.41	3.15	3.33
x_{16}	0.34	0.52	0.69	0.76	0.83	0.86	0.90	0.93	1.00	1.17	1.28	1.38	1.48	1.55	1.72	1.90	2.07	2.24	2.93	3.10
x_4	0.29	0.44	0.59	0.65	0.71	0.74	0.76	0.79	0.85	1.00	1.09	1.18	1.26	1.32	1.47	1.62	1.76	1.91	2.50	2.65
x_{17}	0.27	0.41	0.54	0.59	0.65	0.68	0.70	0.73	0.78	0.92	1.00	1.08	1.16	1.22	1.35	1.49	1.62	1.76	2.30	2.43
x_3	0.25	0.38	0.50	0.55	0.60	0.63	0.65	0.68	0.73	0.85	0.93	1.00	1.08	1.13	1.25	1.38	1.50	1.63	2.13	2.25
x_8	0.23	0.35	0.47	0.51	0.56	0.58	0.60	0.63	0.67	0.79	0.86	0.93	1.00	1.05	1.16	1.28	1.40	1.51	1.98	2.09
x_{20}	0.22	0.33	0.44	0.49	0.53	0.56	0.58	0.60	0.64	0.76	0.82	0.89	0.96	1.00	1.11	1.22	1.33	1.44	1.89	2.00
x_7	0.20	0.30	0.40	0.44	0.48	0.50	0.52	0.54	0.58	0.68	0.74	0.80	0.86	0.90	1.00	1.10	1.20	1.30	1.70	1.80
x_{19}	0.18	0.27	0.36	0.40	0.44	0.45	0.47	0.49	0.53	0.62	0.67	0.73	0.78	0.82	0.91	1.00	1.09	1.18	1.55	1.64
x_5	0.17	0.25	0.33	0.37	0.40	0.42	0.43	0.45	0.48	0.57	0.62	0.67	0.72	0.75	0.83	0.92	1.00	1.08	1.42	1.50
x_{15}	0.15	0.23	0.31	0.34	0.37	0.38	0.40	0.42	0.45	0.52	0.57	0.62	0.66	0.69	0.77	0.85	0.92	1.00	1.31	1.38
x_6	0.12	0.18	0.24	0.26	0.28	0.29	0.31	0.32	0.34	0.40	0.44	0.47	0.51	0.53	0.59	0.65	0.71	0.76	1.00	1.06
x_{18}	0.11	0.17	0.22	0.24	0.27	0.28	0.29	0.30	0.32	0.38	0.41	0.44	0.48	0.50	0.56	0.61	0.67	0.72	0.94	1.00

C_{ij}^4:

	x_3	x_5	x_{12}	x_4	x_7	x_9	x_{13}	x_{16}	x_{20}	x_{14}	x_{17}	x_{19}	x_1	x_8	x_2	x_{15}	x_{18}	x_{10}	x_6	x_{11}
x_3	1.00	1.40	1.80	2.00	2.20	2.40	2.60	2.80	2.90	3.00	3.30	3.70	4.00	5.00	6.00	6.50	7.00	8.00	8.50	9.00
x_5	0.71	1.00	1.29	1.43	1.57	1.71	1.86	2.00	2.07	2.14	2.36	2.64	2.86	3.57	4.29	4.64	5.00	5.71	6.07	6.43
x_{12}	0.56	0.78	1.00	1.11	1.22	1.33	1.44	1.56	1.61	1.67	1.83	2.06	2.22	2.78	3.33	3.61	3.89	4.44	4.72	5.00
x_4	0.50	0.70	0.90	1.00	1.10	1.20	1.30	1.40	1.45	1.50	1.65	1.85	2.00	2.50	3.00	3.25	3.50	4.00	4.25	4.50
x_7	0.45	0.64	0.82	0.91	1.00	1.09	1.18	1.27	1.32	1.36	1.50	1.68	1.82	2.27	2.73	2.95	3.18	3.64	3.86	4.09
x_9	0.42	0.58	0.75	0.83	0.92	1.00	1.08	1.17	1.21	1.25	1.38	1.54	1.67	2.08	2.50	2.71	2.92	3.33	3.54	3.75
x_{13}	0.38	0.54	0.69	0.77	0.85	0.92	1.00	1.08	1.12	1.15	1.27	1.42	1.54	1.92	2.31	2.50	2.69	3.08	3.27	3.46
x_{16}	0.36	0.50	0.64	0.71	0.79	0.86	0.93	1.00	1.04	1.07	1.18	1.32	1.43	1.79	2.14	2.32	2.50	2.86	3.04	3.21
x_{20}	0.34	0.48	0.62	0.69	0.76	0.83	0.90	0.97	1.00	1.03	1.14	1.28	1.38	1.72	2.07	2.24	2.41	2.76	2.93	3.10
x_{14}	0.33	0.47	0.60	0.67	0.73	0.80	0.87	0.93	0.97	1.00	1.10	1.23	1.33	1.67	2.00	2.17	2.33	2.67	2.83	3.00
x_{17}	0.30	0.42	0.55	0.61	0.67	0.73	0.79	0.85	0.88	0.91	1.00	1.12	1.21	1.52	1.82	1.97	2.12	2.42	2.58	2.73
x_{19}	0.27	0.38	0.49	0.54	0.59	0.65	0.70	0.76	0.78	0.81	0.89	1.00	1.08	1.35	1.62	1.76	1.89	2.16	2.30	2.43
x_1	0.25	0.35	0.45	0.50	0.55	0.60	0.65	0.70	0.73	0.75	0.83	0.93	1.00	1.25	1.50	1.63	1.75	2.00	2.13	2.25
x_8	0.20	0.28	0.36	0.40	0.44	0.48	0.52	0.56	0.58	0.60	0.66	0.74	0.80	1.00	1.20	1.30	1.40	1.60	1.70	1.80

续表

	x_3	x_5	x_{12}	x_4	x_7	x_9	x_{13}	x_{16}	x_{20}	x_{14}	x_{17}	x_{19}	x_1	x_8	x_2	x_{15}	x_{18}	x_{10}	x_6	x_{11}
x_2	0.17	0.23	0.30	0.33	0.37	0.40	0.43	0.47	0.48	0.50	0.55	0.62	0.67	0.83	1.00	1.08	1.17	1.33	1.42	1.50
x_{15}	0.15	0.22	0.28	0.31	0.34	0.37	0.40	0.43	0.45	0.46	0.51	0.57	0.62	0.77	0.92	1.00	1.08	1.23	1.31	1.38
x_{18}	0.14	0.20	0.26	0.29	0.31	0.34	0.37	0.40	0.41	0.43	0.47	0.53	0.57	0.71	0.86	0.93	1.00	1.14	1.21	1.29
x_{10}	0.13	0.18	0.23	0.25	0.28	0.30	0.33	0.35	0.36	0.38	0.41	0.46	0.50	0.63	0.75	0.81	0.88	1.00	1.06	1.13
x_6	0.12	0.16	0.21	0.24	0.26	0.28	0.31	0.33	0.34	0.35	0.39	0.44	0.47	0.59	0.71	0.76	0.82	0.94	1.00	1.06
x_{11}	0.11	0.16	0.20	0.22	0.24	0.27	0.29	0.31	0.32	0.33	0.37	0.41	0.44	0.56	0.67	0.72	0.78	0.89	0.94	1.00

C^5_{ij}：

	x_{11}	x_7	x_1	x_2	x_4	x_6	x_{15}	x_{18}	x_{20}	x_9	x_{19}	x_5	x_3	x_{16}	x_8	x_{13}	x_{17}	x_{12}	x_{10}	x_{14}
x_{11}	1.00	1.50	2.00	2.10	2.30	2.50	2.70	2.80	2.90	3.00	3.50	4.00	5.00	5.50	6.00	6.30	6.80	7.00	8.00	9.00
x_7	0.67	1.00	1.33	1.40	1.53	1.67	1.80	1.87	1.93	2.00	2.33	2.67	3.33	3.67	4.00	4.20	4.53	4.67	5.33	6.00
x_1	0.50	0.75	1.00	1.05	1.15	1.25	1.35	1.40	1.45	1.50	1.75	2.00	2.50	2.75	3.00	3.15	3.40	3.50	4.00	4.50
x_2	0.48	0.71	0.95	1.00	1.10	1.19	1.29	1.33	1.38	1.43	1.67	1.90	2.38	2.62	2.86	3.00	3.24	3.33	3.81	4.29
x_4	0.43	0.65	0.87	0.91	1.00	1.09	1.17	1.22	1.26	1.30	1.52	1.74	2.17	2.39	2.61	2.74	2.96	3.04	3.48	3.91
x_6	0.40	0.60	0.80	0.84	0.92	1.00	1.08	1.12	1.16	1.20	1.40	1.60	2.00	2.20	2.40	2.52	2.72	2.80	3.20	3.60
x_{15}	0.37	0.56	0.74	0.78	0.85	0.93	1.00	1.04	1.07	1.11	1.30	1.48	1.85	2.04	2.22	2.33	2.52	2.59	2.96	3.33
x_{18}	0.36	0.54	0.71	0.75	0.82	0.89	0.96	1.00	1.04	1.07	1.25	1.43	1.79	1.96	2.14	2.25	2.43	2.50	2.86	3.21
x_{20}	0.34	0.52	0.69	0.72	0.79	0.86	0.93	0.97	1.00	1.03	1.21	1.38	1.72	1.90	2.07	2.17	2.34	2.41	2.76	3.10
x_9	0.33	0.50	0.67	0.70	0.77	0.83	0.90	0.93	0.97	1.00	1.17	1.33	1.67	1.83	2.00	2.10	2.27	2.33	2.67	3.00
x_{19}	0.29	0.43	0.57	0.60	0.66	0.71	0.77	0.80	0.83	0.86	1.00	1.14	1.43	1.57	1.71	1.80	1.94	2.00	2.29	2.57
x_5	0.25	0.38	0.50	0.53	0.58	0.63	0.68	0.70	0.73	0.75	0.88	1.00	1.25	1.38	1.50	1.58	1.70	1.75	2.00	2.25
x_3	0.20	0.30	0.40	0.42	0.46	0.50	0.54	0.56	0.58	0.60	0.70	0.80	1.00	1.10	1.20	1.26	1.36	1.40	1.60	1.80
x_{16}	0.18	0.27	0.36	0.38	0.42	0.45	0.49	0.51	0.53	0.55	0.64	0.73	0.91	1.00	1.09	1.15	1.24	1.27	1.45	1.64
x_8	0.17	0.25	0.33	0.35	0.38	0.42	0.45	0.47	0.48	0.50	0.58	0.67	0.83	0.92	1.00	1.05	1.13	1.17	1.33	1.50
x_{13}	0.16	0.24	0.32	0.33	0.37	0.40	0.43	0.44	0.46	0.48	0.56	0.63	0.79	0.87	0.95	1.00	1.08	1.11	1.27	1.43
x_{17}	0.15	0.22	0.29	0.31	0.34	0.37	0.40	0.41	0.43	0.44	0.51	0.59	0.74	0.81	0.88	0.93	1.00	1.03	1.18	1.32
x_{12}	0.14	0.21	0.29	0.30	0.33	0.36	0.39	0.40	0.41	0.43	0.50	0.57	0.71	0.79	0.86	0.90	0.97	1.00	1.14	1.29
x_{10}	0.13	0.19	0.25	0.26	0.29	0.31	0.34	0.35	0.36	0.38	0.44	0.50	0.63	0.69	0.75	0.79	0.85	0.88	1.00	1.13
x_{14}	0.11	0.17	0.22	0.23	0.26	0.28	0.30	0.31	0.32	0.33	0.39	0.44	0.56	0.61	0.67	0.70	0.76	0.78	0.89	1.00

各矩阵均是在第一行的基础上推导得出的。

利用前面给出的式（6-18），可以由 C^1~C^5 构造出模糊集合 $\tilde{y}_1$~$\tilde{y}_5$，分别对应为模糊关系矩阵的 1~5 列。

以异因 x_1~x_{20} 对于异常 $\tilde{y}_1$ 的贡献隶属度计算为例，介绍如下：

由式（6-18）$r_{i1}=\dfrac{1}{c^1_{i,1}+c^1_{i,2}+\cdots+c^1_{i,20}}$（i=1，2，…，20），即可以由比较矩阵

C_{ij}^1 与 x_1 对应的行数据求得：

$$r'_{11}=\frac{1}{c_{1,1}^1+c_{1,2}^1+\cdots+c_{1,20}^1}$$

$$=\frac{1}{0.20+0.30+0.40+0.42+0.50+0.56+0.60+0.70+0.80+\cdots+1.76+1.80}$$

$$=0.0507$$

同样可以由 C_{ij}^1 中与 x_2~x_{20} 对应的行求得 r'_{21}~$r'_{21,1}$，结果如表 6–3 所示。

表 6–3 由评分比较矩阵求得的模糊关系矩阵原始值

r'_{11}	r'_{21}	r'_{31}	r'_{41}	r'_{51}	r'_{61}	r'_{71}	r'_{81}	r'_{91}	$r'_{10,1}$
0.0507	0.0861	0.0304	0.0557	0.0892	0.0912	0.0608	0.0760	0.0101	0.0152
$r'_{11,1}$	$r'_{12,1}$	$r'_{13,1}$	$r'_{14,1}$	$r'_{15,1}$	$r'_{16,1}$	$r'_{17,1}$	$r'_{18,1}$	$r'_{19,1}$	$r'_{20,1}$
0.0659	0.0203	0.0213	0.0253	0.0405	0.0284	0.0709	0.0811	0.0456	0.0355

根据式（6–29），对上述 r'_{i1} 进行标准化处理，即得模糊关系矩阵 R 的第一列 r_{i1}，结果如表 6–4 所示。

表 6–4 模糊关系矩阵原始值归一化处理结果

r_{11}	r_{21}	r_{31}	r_{41}	r_{51}	r_{61}	r_{71}	r_{81}	r_{91}	$r_{10,1}$
0.56	0.94	0.33	0.61	0.98	1.00	0.67	0.83	0.11	0.17
$r_{11,1}$	$r_{12,1}$	$r_{13,1}$	$r_{14,1}$	$r_{15,1}$	$r_{16,1}$	$r_{17,1}$	$r_{18,1}$	$r_{19,1}$	$r_{20,1}$
0.72	0.22	0.23	0.28	0.44	0.31	0.78	0.89	0.5	0.39

依次可以由 C_{ij}^2~C_{ij}^5 得到模糊关系矩阵 R 的 2~5 列，如式（6–32）所示。

$$R=\begin{bmatrix} 0.56 & 0.13 & 0.22 & 0.44 & 0.22 \\ 0.94 & 0.56 & 0.24 & 0.67 & 0.23 \\ 0.33 & 0.22 & 0.44 & 0.11 & 0.56 \\ 0.61 & 0.89 & 0.38 & 0.22 & 0.26 \\ 0.98 & 0.33 & 0.67 & 0.16 & 0.44 \\ 1.00 & 0.94 & 0.94 & 0.31 & 0.28 \\ 0.67 & 0.78 & 0.56 & 0.24 & 0.17 \\ 0.83 & 0.39 & 0.48 & 0.56 & 0.67 \\ 0.11 & 0.16 & 0.27 & 0.27 & 0.33 \\ 0.17 & 0.26 & 0.28 & 0.89 & 0.89 \\ 0.72 & 0.28 & 0.29 & 1.00 & 0.11 \\ 0.22 & 0.11 & 0.17 & 0.20 & 0.78 \\ 0.23 & 0.17 & 0.11 & 0.29 & 0.70 \\ 0.28 & 0.18 & 0.30 & 0.72 & 1.00 \\ 0.44 & 1.00 & 0.72 & 0.72 & 0.30 \\ 0.31 & 0.30 & 0.32 & 0.31 & 0.61 \\ 0.78 & 0.44 & 0.41 & 0.37 & 0.76 \\ 0.89 & 0.67 & 1.00 & 0.78 & 0.31 \\ 0.50 & 0.42 & 0.61 & 0.41 & 0.39 \\ 0.39 & 0.20 & 0.50 & 0.32 & 0.32 \end{bmatrix} \tag{6-32}$$

（三）模糊质量异常隶属度计算

根据图 6-16 给出的控制图异常模式隶属度计算方案，获取控制图异常模式模糊信息。

表 6-5 为用于绘制控制图的测点检测样本数据。

由样本数据绘制的控制图如图 6-24 所示。

（1）对于 OCL、Shift、Freak 模式隶属度，按照模式定义，逐点计算控制图发生的隶属度，计算流程如图 6-25 所示。

计算结果为：OCL_mf=0.4412，Freak_mf=0.8696，Shift_mf=0.1853。

（2）对于 Trend、Cycle 模式：

第一步，首先对控制图进行小波分解。

应用 Matlab wavelet 工具箱，通过不同小波函数、不同分解级数的重构、拟合效果比较，确定小波函数为 sys4，分解级数为 5。图 6-26 为控制图五级分级系数，从上到下依次为原始控制图信号，A5，D5，D4，D3，D2，D1。

表 6–5　测点检测数据

样本号	测点 1	测点 2	测点 3	测点 4	测点 5	测点 6	测点 7	测点 8	测点 9	测点 10	测点 11	测点 12	测点 13	测点 14	测点 15	测点 16	测点 17	测点 18	测点 19	测点 20
样本 1	10.0015	10.0031	10.0045	9.9999	10.002	9.9989	9.9981	9.9993	9.9994	9.9996	10.0006	10.0026	9.9981	10.0007	10.0012	9.9984	10.0007	10.0004	10.0021	9.9968
样本 2	10.003	9.9999	10.0013	9.9986	10.0023	9.9993	10.0002	10.0001	9.9987	10.0025	9.9975	10.003	9.9976	10.0019	9.9976	9.9999	10.0002	9.9992	9.9987	9.9985
样本 3	9.9991	10.0004	10.0017	9.9991	10.0028	9.9979	10.0011	10.0002	9.9968	10.0015	10.0001	10.0011	10.0035	10.0004	10.0004	9.9975	10.0024	10.0036	10.0002	10.0009
样本 4	9.9998	9.9986	9.9999	9.9999	10.0022	10.005	9.9996	9.998	9.9983	10.0008	9.9978	10.0024	9.9996	9.9985	10.0016	9.9998	9.9955	10.0021	9.9978	9.9949
样本 5	9.9988	9.9987	10.0001	9.9994	9.9996	10.0027	9.9988	9.9999	10.0013	10.0017	9.9993	9.9988	10.0023	9.9992	9.9958	10.0011	9.9969	9.9992	10.0005	10.0013
样本 6	9.9996	9.9979	9.9992	9.998	9.9981	9.9985	9.9977	10.0018	10.002	10.0002	9.999	10.0023	9.9983	10.0016	9.9983	9.998	9.9968	10.0002	9.995	9.999
样本 7	9.9991	9.999	10.0003	9.9983	10.0024	10.0031	9.998	10	9.9994	10.0011	10.0004	9.9992	10.001	10.0006	10.0016	9.9977	10.0005	10.002	9.9997	10.0014
样本 8	10	9.9983	9.9997	9.9998	10.0015	10.0018	9.9994	9.9997	10.0001	10.0008	10.0015	9.9984	10.0017	9.9984	10.0019	9.9982	9.9987	10.0024	10.0028	9.9978
样本 9	10.0009	9.9994	10.0007	9.9998	9.9972	10.0025	9.9967	10.0048	9.9996	10.0024	9.9985	9.999	9.9968	9.9991	10.0008	10.0011	9.9985	10.0017	9.9993	10.0002
样本 10	9.9997	9.998	9.9994	9.9994	9.9991	9.999	10.0026	10.0007	9.9968	9.9994	9.9973	10.0007	9.999	9.999	9.9996	10.0011	10.0008	9.9991	10.0004	9.9996
样本 11	9.9982	10.001	10.0023	9.996	9.9967	10.0018	9.9997	9.999	9.9982	10.0018	10.0007	9.9996	9.9967	10.0001	10	9.9986	9.9975	10.0014	10	10.0002
样本 12	9.999	9.999	10.0004	9.9984	9.9985	9.9998	10.0013	10.0001	9.994	9.9993	9.995	10	10.0007	10.0021	10.0003	9.9981	9.9968	9.9975	10.0013	10.0026
样本 13	10.0001	9.9977	9.999	10.0014	10.0006	10.0002	9.9973	9.997	10.0018	9.9984	10.0008	9.9986	10.0004	10.0047	9.9994	10.0011	10.0007	9.9993	9.9977	10.0012
样本 14	9.9981	9.9993	10.0006	10.0015	10.0028	10.0006	9.9997	9.9986	10.0025	10.0016	9.9972	10.0007	10.0014	10.0017	9.9987	9.9953	9.9998	10	9.9986	10.0004
样本 15	9.9969	10.0023	10.0036	10.0008	9.9974	10.0036	10.0006	9.9986	9.9986	10.006	10.0012	10.0002	9.9975	9.9995	9.9968	10	10.0028	9.9997	10.0005	9.9999
样本 16	9.9992	9.9979	9.9992	9.9984	9.9989	9.9995	9.9954	10.0014	10.0009	10.0018	9.9974	10.0023	9.9982	10.0015	9.9969	10.0022	10.0021	10.0023	10.0009	9.9994
样本 17	10.0005	9.9977	9.999	9.9976	9.9991	10.0016	10.0024	10.0017	10.0015	10.0004	9.9994	10.0022	9.9991	9.9989	9.9983	10.0064	10.0018	9.9991	10.0015	9.9991
样本 18	9.9995	10.0011	10.0024	9.9956	10.0038	9.9987	9.9971	10.0014	10.004	10.0003	9.9993	10.0033	9.9996	9.9988	9.9982	10.0001	9.9995	9.999	10.0006	10.0011
样本 19	9.9987	9.9996	10.0009	9.9968	10.0006	9.9997	9.9986	10.0003	10.003	10.001	9.9994	10	10	10.0065	10.0012	9.9967	9.9986	10.0016	10.004	9.9986
样本 20	9.9968	9.9983	9.9997	10.0022	10.0029	10.0017	10.0016	9.9973	9.9983	10.0011	10.0007	9.9996	10.0005	10.0031	9.9974	9.9971	9.9995	10.0019	9.9994	10.0011
样本 21	9.9983	9.9987	10	9.9999	10.001	10.0001	9.9972	10.0008	10.0014	9.9948	10.0019	10.0016	9.9978	10.0002	9.999	9.9963	9.9996	9.9974	10.0026	9.9945
样本 22	9.9999	9.9993	10.0007	10.0008	9.999	10.0005	10.0021	9.9987	10.0022	10.0013	10.0028	10.0008	10.0012	10.0007	9.9988	9.9991	9.9964	9.9987	10.0019	9.9963
样本 23	9.9961	9.9993	10.0007	9.9963	10.0045	10.002	10.0017	9.9977	9.9992	10.0028	9.9972	10.0002	10.0013	10.0003	10.0033	9.9984	10.0013	10.0001	10.0013	9.9997
样本 24	9.9983	10.0006	10.002	9.9972	10.0003	9.9981	10.0001	9.9979	9.9986	10.0006	10.0008	10.0012	10.006	9.9999	9.9964	9.9986	9.9966	10.0016	10.0006	9.9966
样本 25	10.0014	9.9991	10.0005	9.9991	10.0019	10.0027	9.996	10.0002	10.0017	9.9988	9.9996	10.0015	10.0002	10.0022	10.0012	9.9977	10.0018	9.9978	10.001	9.9977
样本 26	10.0009	10.0002	10.0015	10.0009	9.9972	10.0031	9.9981	9.9991	9.9981	10.004	10.001	9.9992	9.9988	9.9977	9.998	10.0011	9.9966	9.999	10.0009	10.0007
样本 27	9.9969	10.0029	10.0042	9.9982	10.0015	10.0009	10.0008	10.004	9.9996	10	9.9985	10.0014	10.0022	9.9975	9.9991	10.0027	9.9987	10.0034	10.0008	10.0046
样本 28	9.9982	9.9999	10.0012	9.9976	10.0001	9.9993	10.0013	9.9996	9.9975	10.0011	9.9981	10.0007	9.9992	10.0027	9.997	9.9995	10.0003	10.0001	9.9999	10.0003
样本 29	10.0017	9.9951	9.9965	9.9995	10.0006	10.0031	9.9974	10.0011	9.9981	10.0015	10.0019	9.9984	10.0015	9.9985	9.9995	10.0003	9.9965	10.0033	10.0002	10.0009
样本 30	9.9975	9.999	10.0004	10.0003	9.9996	9.9988	9.9967	9.999	9.9969	10.0005	9.9986	10.0017	9.9975	10.0027	10.0011	9.9998	9.9981	9.997	10.0019	9.9981

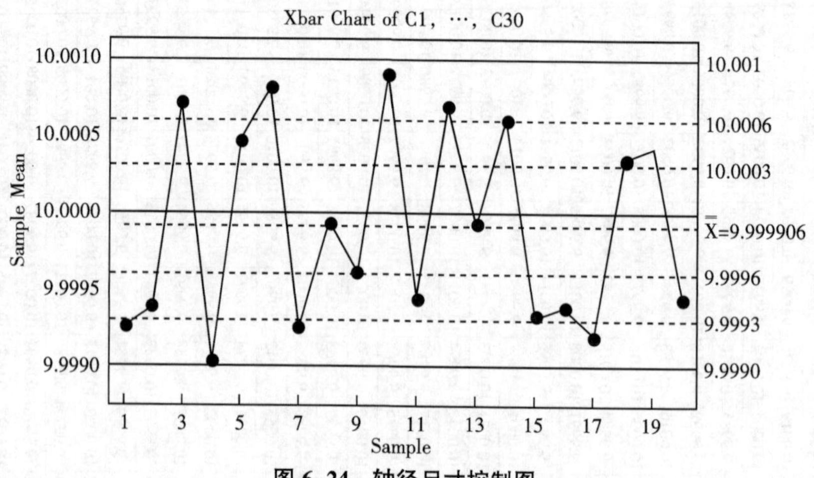

图 6-24 轴径尺寸控制图

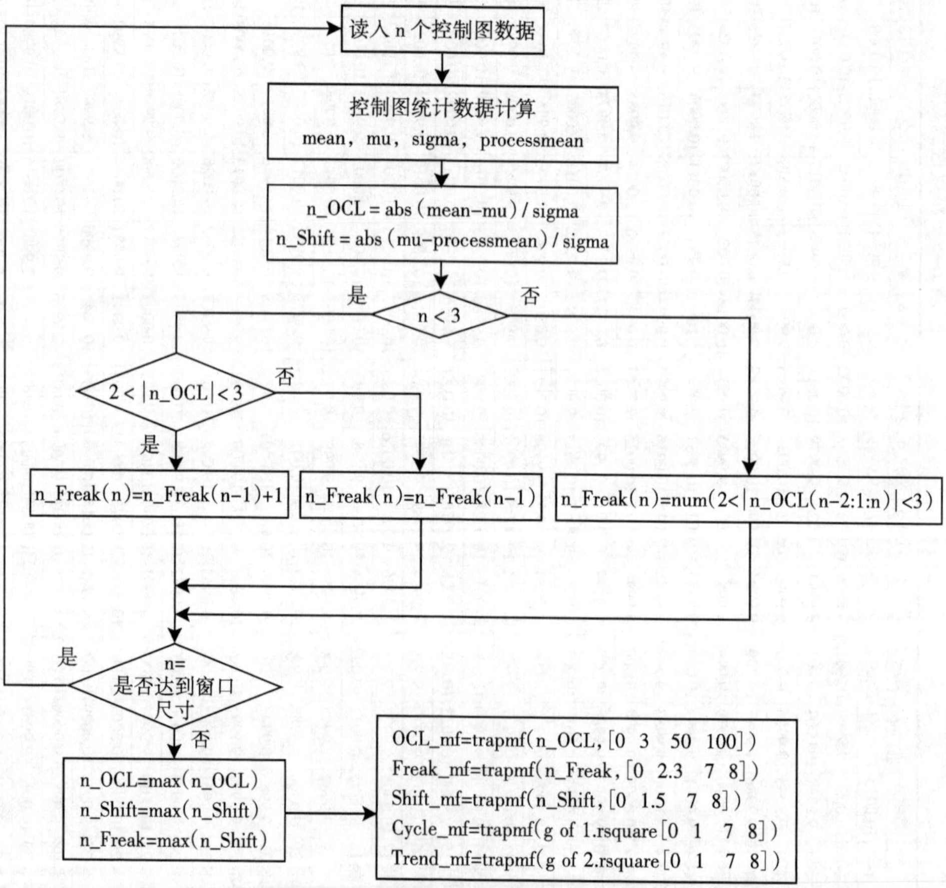

读入 n 个控制图数据

控制图统计数据计算
mean，mu，sigma，processmean

n_OCL = abs (mean-mu) / sigma
n_Shift = abs (mu-processmean) / sigma

n < 3（是 / 否）

2 < |n_OCL| < 3（是 / 否）

n_Freak(n)=n_Freak(n-1)+1

n_Freak(n)=n_Freak(n-1)

n_Freak(n)=num(2<|n_OCL(n-2:1:n)|<3)

n=
是否达到窗口
尺寸（是 / 否）

n_OCL=max(n_OCL)
n_Shift=max(n_Shift)
n_Freak=max(n_Shift)

OCL_mf=trapmf(n_OCL, [0 3 50 100])
Freak_mf=trapmf(n_Freak, [0 2.3 7 8])
Shift_mf=trapmf(n_Shift, [0 1.5 7 8])
Cycle_mf=trapmf(g of 1.rsquare [0 1 7 8])
Trend_mf=trapmf(g of 2.rsquare [0 1 7 8])

图 6-25 控制图模糊隶属度计算流程

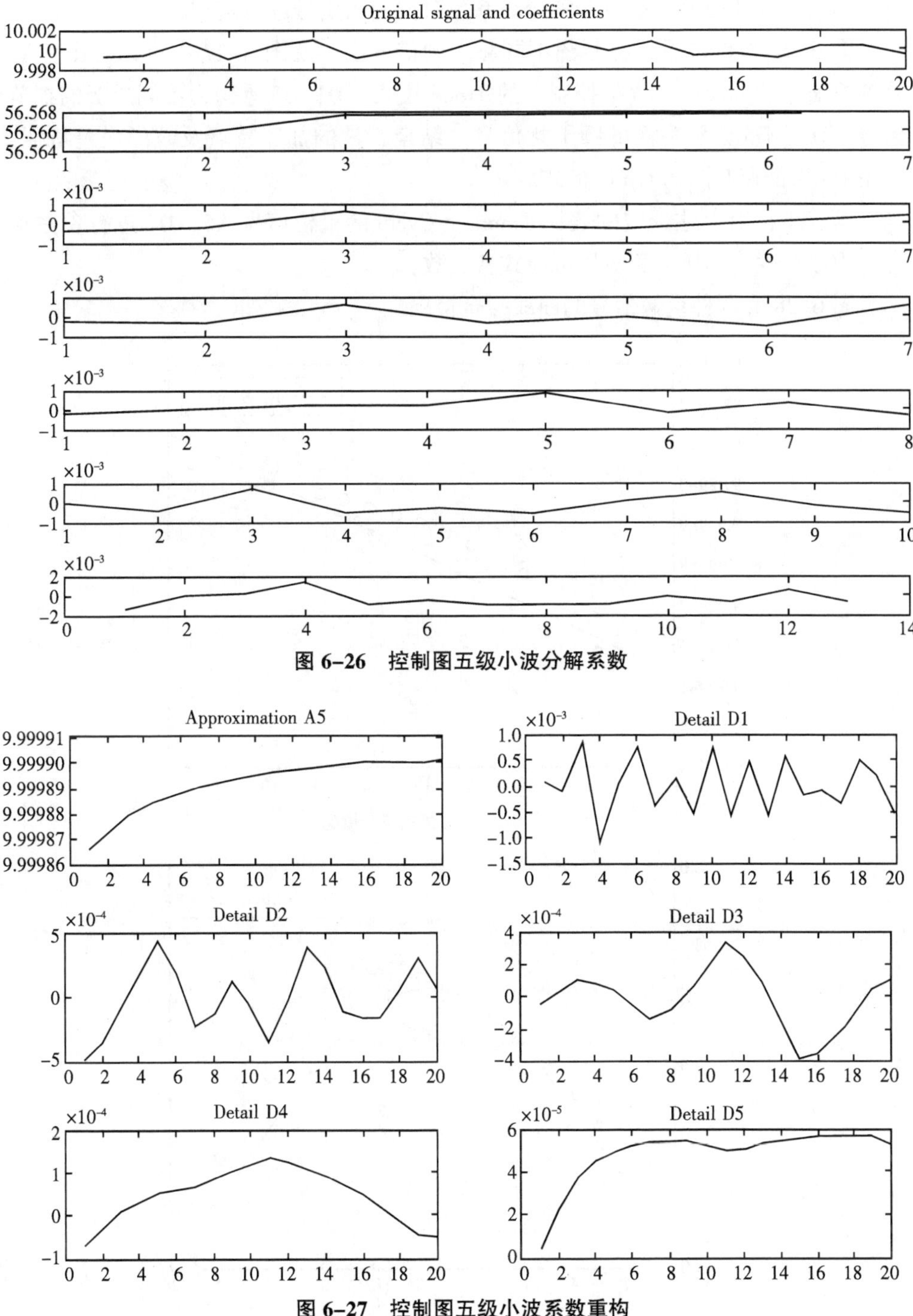

图 6-26　控制图五级小波分解系数

图 6-27　控制图五级小波系数重构

第二步，利用上述小波分解分级系数对控制图信号进行重构。

图 6-27 为重构后，控制图不同频率的信号图。从图 6-27 中可以看出，A5 重构的信号接近线性，表征控制图的 Trend 模式，D1~D5 重构为不同层级的细节信号，D1、D5 分别为高低频干扰信号，结合工件的加工特点及鼓形误差特征，选用 D4 表征控制图的 Cycle 模式。

第三步，对上述选定的表征 Trend 及 Cycle 的重构信号 A5、D4 进行参数拟合，用拟合度指标作为相应异常模式特征数。

图 6-28 为两种重构信号的曲线拟合情况。

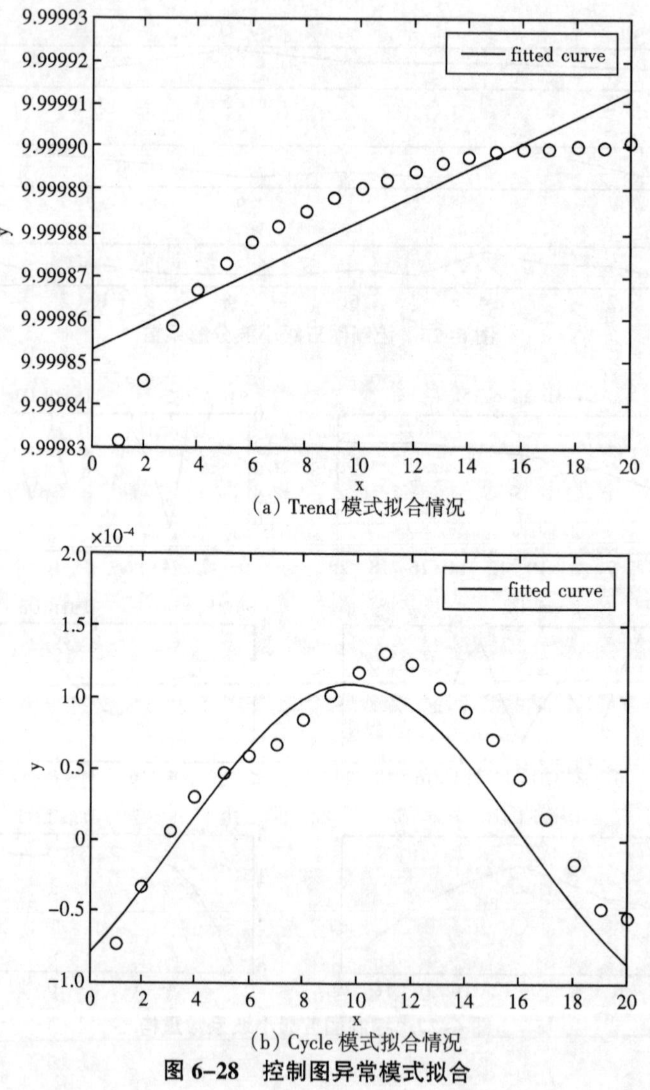

(a) Trend 模式拟合情况

(b) Cycle 模式拟合情况

图 6-28　控制图异常模式拟合

拟合结果为：

```
c1 = {
    General model:c1(x)=C1*sin(C2*x-C3)(拟合模型的一般形式)
    Coefficients (with 95% confidence bounds)(模型系数及 95%置信区间):
    C1=0.0001092 (9.011e-005,0.0001284)
    C2=0.245 (0.2226,0.2673)
    C3=0.8444 (0.5744,1.114)}
gof1={
     sse:1.1079e-008
     rsquare:0.8533
     dfe: 17
     adjrsquare:0.8361
     rmse: 2.5528e-005}
c2={
    Linear model Poly1: c2(x)=p1*x+p2(线性拟合模型形式)
    Coefficients (with 95% confidence bounds)(模型系数及 95%置信区间):
    p1=3.012e-006 (2.27e-006,3.754e-006)
    p2=10(10,10)}
gof2 ={
     sse: 1.4933e-009
     rsquare: 0.8016
     dfe: 18
     adjrsquare: 0.7906
     rmse: 9.1084e-006 }
```

其中 c1 与 gof1 及 c2 与 gof2 为拟合函数输出数据结构，c 为拟合模型及其参数数据，gof 为拟合度统计量。

第四步，用拟合度（rsquare）作为异常模式特征数，计算异常模式隶属度。

计算结果为：Cycle_mf =0.8533，Trend_mf =0.8016。

计算控制图模糊异常模式隶属度的 Matlab 算法如下（其中 OCL 与 Freak 模式的相应算法参见第五章第二节）。

```
hs=d3; %d3 为控制图数据
[processstate,plotdata]=controlchart(hs,'display','off');
```

```
processmean=processstate.mean;
processsigma=processstate.sigma;
%Freak 特征数分析
n=size(processmean,1);
%n_Shift
p_g=10;  %过程均值
p_s=0.001;
n_Shift=abs((processstate.mu(1)-p_g)/p_s/3);
%%5 层分解重构,sym4:
signal=reshape(processstate.mean,1,20);
[C,L] = wavedec(signal,5,'sym4');
cA5 = appcoef(C,L,'sym4',5);
[cD1,cD2,cD3,cD4,cD5] = detcoef(C,L,[1,2,3,4,5]);
figure
subplot(7,1,1); plot(signal);
title('Original signal  and coefficients.')
subplot(7,1,2); plot(cA5);
subplot(7,1,3); plot(cD5);
subplot(7,1,4); plot(cD4);
subplot(7,1,5); plot(cD3);
subplot(7,1,6); plot(cD2);
subplot(7,1,7); plot(cD1);
A5=wrcoef('a',C,L,'sym4',5);
D1=wrcoef('d',C,L,'sym4',1);
D2=wrcoef('d',C,L,'sym4',2);
D3=wrcoef('d',C,L,'sym4',3);
D4=wrcoef('d',C,L,'sym4',4);
D5=wrcoef('d',C,L,'sym4',5);
figure
subplot(3,2,1); plot(A5);
title('Approximation A5')
subplot(3,2,2); plot(D1);
title('Detail D1')
```

```
subplot(3,2,3); plot(D2);
title('Detail D2')
subplot(3,2,4); plot(D3);
title('Detail D3')
subplot(3,2,5); plot(D4);
title('Detail D4')
subplot(3,2,6); plot(D5);
title('Detail D5')
t=(1:1:20);
%%%周期模式拟合
fo = fitoptions('Method','NonlinearLeastSquares',...
'Lower',[-Inf,-Inf,-Inf],...
'Upper',[Inf,Inf,Inf],...
'Startpoint',[0.001 0.12 0]);
f = fittype('C1*sin(C2*x-C3)','options',fo);
[c1,gof1] = fit(t',D4',f)
figure
plot(t',D4','o')
hold on
plot(c1,'r')
%%%趋势模式拟合
f2 = fittype('poly1');
[c2,gof2] = fit(t',A5',f2)
figure
plot(t',A5','o')
hold on
plot(c2,'r')
OCL_mf=trapmf(n_OCL,[0 3 50 100])
Freak_mf=trapmf(n_Freak,[0 2.3 7 8])
Shift_mf=trapmf(n_Shift,[0 1.5 7 8])
Cycle_mf=trapmf(gof1.rsquare,[0 1 7 8])
Trend_mf=trapmf(gof2.rsquare,[0 1 7 8])
```

（四）模糊关系方程 GA 求解

模糊关系方程中 $Y=X\circ R$，R 见式（4-19）。

$Y=(\mu_{Shift_1}(n\_Shift),\ \mu_{Cycle}(n\_Cycle),\ \mu_{Trend}(n\_Trend)),\ \mu_{Freak}(n\_Freak),\ \mu_{OCL}(N\_OCL))=(0.1853,\ 0.8533,\ 0.8016,\ 0.8696,\ 0.4412)$

待求解模糊关系方程为：

$0.1853=(a_1\wedge r_{11})\vee(a_2\wedge r_{21})\vee\cdots\vee(a_{20}\wedge r_{20,1})$

$0.8533=(a_1\wedge r_{12})\vee(a_2\wedge r_{22})\vee\cdots\vee(a_{20}\wedge r_{20,2})$

$0.8016=(a_1\wedge r_{13})\vee(a_2\wedge r_{23})\vee\cdots\vee(a_{20}\wedge r_{20,3})$

$0.8696=(a_1\wedge r_{14})\vee(a_2\wedge r_{24})\vee\cdots\vee(a_{20}\wedge r_{20,4})$

$0.4412=(a_1\wedge r_{15})\vee(a_2\wedge r_{25})\vee\cdots\vee(a_{20}\wedge r_{20,5})$

下面为应用 GA 算法求解上述模糊关系方程的过程：

（1）适度函数。根据式（6-20），建立问题的适度函数，Matlab 代码如下：

```
function z = fitness(x)
%%异常模式隶属度
b=[0.595 0.985 0.909 0.5 0.156];
%%模糊关系矩阵
r=[0.56  0.13  0.22  0.44  0.22;
   0.94  0.56  0.24  0.67  0.23;
   0.33  0.22  0.44  0.11  0.56;
   0.61  0.89  0.38  0.22  0.26;
   0.98  0.33  0.67  0.16  0.44;
   1.00  0.94  0.94  0.31  0.28;
   0.67  0.78  0.56  0.24  0.17;
   0.83  0.39  0.48  0.56  0.67;
   0.11  0.16  0.27  0.27  0.33;
   0.17  0.26  0.28  0.89  0.89;
   0.72  0.28  0.29  1.00  0.11;
   0.22  0.11  0.17  0.2   0.78;
   0.23  0.17  0.11  0.29  0.7;
   0.28  0.18  0.3   0.33  1.00;
   0.44  1.00  0.72  0.72  0.3;
   0.31  0.30  0.32  0.31  0.61;
   0.78  0.44  0.41  0.37  0.76;
```

```
    0.89  0.67  1.00  0.78  0.31;
    0.5   0.42  0.61  0.41  0.39;
    0.39  0.2   0.5   0.32  0.32];
a=[x(1) x(2) x(3) x(4) x(5) x(6) x(7) x(8) x(9) x(10) x(11) x(12) x(13) x
(14) x(15) x(16) x(17) x(18) x(19) x(20)];
c(1)=max(min(a,r(:,1)'));
c(2)=max(min(a,r(:,2)'));
c(3)=max(min(a,r(:,3)'));
c(4)=max(min(a,r(:,4)'));
c(5)=max(min(a,r(:,5)'));
z=sum((b-c).^2)
```

（2）GA 参数设置。

在 Matlab 的命令窗口，设置 GA 参数如下：

PopulationSize:200, MigrationDirection:'forward',

Generations:Inf, StallGenLimit: Inf, InitialPopulation:[200x20 double],

InitialScores:[200x1 double], CreationFcn: @gacreationlinearfeasible,

FitnessScalingFcn:@fitscalingprop, CrossoverFcn: @crossoverscattered,

MutationFcn:@mutationadaptfeasible, Display:'off',

PlotFcns:(@gaplotbestf @gaplotbestindiv @gaplotchange)。

（3）按照上述参数设置情况，在 matlab 环境下运行 GA 算法。

Matlab 运行代码如下：

```
rand('twister',71); % These two commands are only included to
randn('state',59); % make the results reproducible.
record=[];
for n=0:.05:1
options = gaoptimset(options,'CrossoverFraction',n);
[x fval]=ga(@my_fun2,5,[],[],[],[],[],[],[],options);
record = [record; fval];
end
plot(0:.05:1,record);
xlabel('Crossover Fraction');
ylabel('fval')
```

图 6-29 表示适度值及最优个体随循环代数 N 的变化情况。

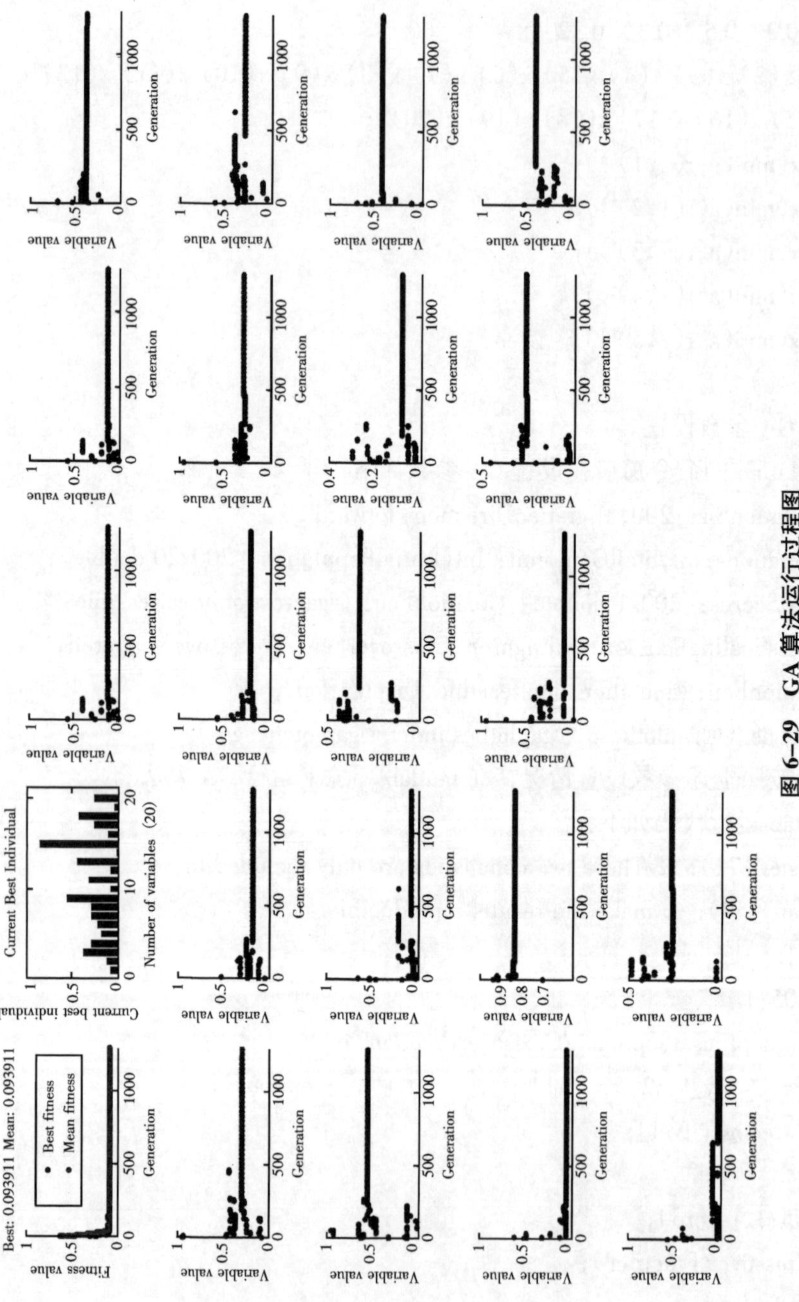

图 6-29 GA 算法运行过程图

图 6-29 中第一个图为适度函数随迭代循环数的变动情况，第二个图为当前循环最优个体隶属度取值，第 3~22 个图为异因 a_1~a_{20} 隶属度取值随迭代循环数的变动曲线。

目标函数值达到稳定状态时，即适度函数 F=0.093911，得到模糊关系方程 GA 求解结果：

$$A^{(0)}=(a_1^{(0)}, a_2^{(0)}, \cdots, a_{20}^{(0)})$$
$$=(0.2158, 0.1315, 0.3809, 0.2969, 0.1903, 0.2307, 0.2896, 0.2987, 0.5615, 0.0844, 0.3275, 0.1011, 0.4412, 0.0204, 0.8533, 0.1158, 0.2642, 0.4369, 0.1130, 0.2736)$$

（4）以 $A^{(0)}=(a_1^{(0)}, a_2^{(0)}, \cdots, a_{20}^{(0)})$ 为起点，继续运行 GA 算法，得到 $A^{(k)}=(a_1^{(k)}, a_2^{(k)}, \cdots, a_m^{(k)})$，并获取 $\underline{a_i}$ 及 $\overline{a_i}$，取 k=20，运行结果如表 6-6 所示。

（5）对于 GA 求解得出的结果，图 6-30 为搜索上下界过程中，各异因隶属度的变动曲线，图 6-31 为结果的区间图，利用算子 max（mean（a_i））对其进行排序，形成对于控制图异常模式贡献程度由大到小的异因序列（如表 6-6 最后一行所示）。从图 6-31 中可以看出 a_{15} 的上下限基本重合且最大，所以其对于控制图异常贡献度最大，优先进行排查，a_{20} 次之，依次类推。

第三节　本章小结

本章建立了用于质量异常大类异因粗诊断的模糊推理系统以及用于具体质量异常诱发异因详细诊断的模糊关系方程模型。详细阐述了 Matlab 环境下，模糊推理粗诊断系统的基本思路，设计过程以及应用分析；针对模糊关系方程系诊断系统，介绍了利用遗传算法求解模糊关系方程的详细过程，用优化的区间解作为不同异常因素对异常模式贡献程度的量化判断，并对可能的异常因素做出优先排序，用于指导模糊质量异常的诱发原因的定位及异常的排除。

表 6-6 GA 运行结果

循环	a_1	a_2	a_3	a_4	a_5	a_6	a_7	a_8	a_9	a_{10}	a_{11}	a_{12}	a_{13}	a_{14}	a_{15}	a_{16}	a_{17}	a_{18}	a_{19}	a_{20}
循环 1	0.3872	0.0896	0.2741	0.3985	0.4013	0.0654	0.3044	0.3194	0.7628	0.4368	0.0814	0.1038	0.2584	0.4412	0.8533	0.4166	0.2005	0.4242	0.1890	0.9582
循环 2	0.3524	0.3125	0.0518	0.3833	0.2520	0.3070	0.3311	0.0837	0.5633	0.0587	0.3706	0.3913	0.4153	0.4412	0.8533	0.1061	0.1764	0.4112	0.3299	0.4854
循环 3	0.4009	0.1622	0.2955	0.0010	0.3465	0.0801	0.2080	0.1815	0.6278	0.4153	0.3856	0.1585	0.1589	0.2232	0.8533	0.4412	0.2994	0.3596	0.2816	0.2363
循环 4	0.2585	0.4007	0.4295	0.4235	0.0132	0.0689	0.2812	0.2743	0.1958	0.3903	0.1547	0.4412	0.3222	0.3179	0.8533	0.3148	0.1993	0.4154	0.0873	0.4015
循环 5	0.3879	0.3275	0.4065	0.4099	0.0419	0.0645	0.1831	0.0452	0.9378	0.3930	0.3848	0.4368	0.0238	0.4412	0.8533	0.2192	0.3552	0.0413	0.2352	0.5636
循环 6	0.1590	0.2351	0.2285	0.2098	0.4376	0.0899	0.3206	0.1143	0.6663	0.3913	0.2298	0.3084	0.4412	0.2922	0.8533	0.3634	0.1096	0.3988	0.2704	0.6083
循环 7	0.4289	0.0829	0.3318	0.1006	0.4200	0.1041	0.1930	0.1093	0.8095	0.2207	0.2534	0.4080	0.4412	0.0021	0.8547	0.2403	0.4258	0.3756	0.1057	0.7229
循环 8	0.0905	0.1313	0.3800	0.2966	0.1886	0.2287	0.2885	0.2976	0.5613	0.0840	0.3272	0.0842	0.4412	0.0180	0.8533	0.1151	0.2641	0.4358	0.0502	0.2677
循环 9	0.2158	0.1315	0.3809	0.2969	0.1903	0.2307	0.2896	0.2987	0.5615	0.0844	0.3275	0.1011	0.4412	0.0204	0.8533	0.1158	0.2642	0.4369	0.1130	0.2736
循环 10	0.0922	0.1335	0.3840	0.2996	0.3052	0.2316	0.2906	0.3008	0.5623	0.0866	0.3474	0.0862	0.4412	0.0197	0.8533	0.1175	0.2661	0.4387	0.0537	0.2702
循环 11	0.0919	0.1330	0.3832	0.2970	0.1923	0.2374	0.2894	0.2982	0.5624	0.0873	0.3293	0.0852	0.4412	0.0205	0.8533	0.1169	0.2694	0.4382	0.0520	0.2704
循环 12	0.3873	0.0821	0.4412	0.2737	0.1332	0.3849	0.0090	0.4358	0.7930	0.0208	0.3370	0.1933	0.2092	0.2313	0.8533	0.4221	0.1221	0.3456	0.0822	0.8540
循环 13	0.2201	0.0537	0.3444	0.0456	0.0620	0.1303	0.2919	0.1489	0.2679	0.0910	0.1453	0.1189	0.3296	0.1345	0.8533	0.4412	0.3246	0.1348	0.3164	0.3290
循环 14	0.3105	0.4242	0.1448	0.2775	0.3268	0.3476	0.1922	0.1757	0.2714	0.4412	0.2176	0.2633	0.2148	0.0824	0.8533	0.3789	0.2679	0.3623	0.2303	0.8005
循环 15	0.2102	0.1168	0.4399	0.3432	0.0910	0.3401	0.0670	0.0464	0.4535	0.2752	0.1417	0.3918	0.4400	0.4412	0.8533	0.3914	0.0887	0.1265	0.3794	0.5386
循环 16	0.2247	0.3192	0.4412	0.0021	0.3432	0.1148	0.0230	0.2203	0.1969	0.3878	0.3750	0.3519	0.1877	0.0342	0.8533	0.3299	0.0875	0.4016	0.4088	0.9606
循环 17	0.2373	0.3833	0.4311	0.1894	0.4309	0.3997	0.1279	0.2264	0.5829	0.1495	0.1748	0.3463	0.0369	0.2730	0.8533	0.4412	0.4335	0.0966	0.2149	0.8095
循环 18	0.0751	0.2813	0.2511	0.2223	0.3035	0.4176	0.0437	0.2930	0.1532	0.3052	0.0459	0.4363	0.2439	0.4412	0.8533	0.1159	0.2627	0.0548	0.2002	0.9992
循环 19	0.1771	0.1661	0.0956	0.1637	0.1753	0.2721	0.2212	0.3002	0.9457	0.2060	0.2014	0.1289	0.0018	0.1624	0.8533	0.4412	0.0263	0.3977	0.4220	0.5706
循环 20	0.1551	0.4107	0.1457	0.2012	0.4217	0.0901	0.1325	0.0512	0.2311	0.4213	0.0700	0.4412	0.2583	0.4365	0.8533	0.3572	0.0812	0.3135	0.3315	0.5956
$\bar{a}_i$	0.4289	0.4242	0.4412	0.4235	0.4376	0.4176	0.3311	0.4358	0.9457	0.4412	0.3856	0.4412	0.4412	0.4412	0.8547	0.4412	0.4335	0.4387	0.4220	0.9992
$\underline{a}_j$	0.0751	0.0537	0.0518	0.0010	0.0132	0.0645	0.0090	0.0452	0.1532	0.0208	0.0459	0.0842	0.0018	0.0021	0.8533	0.1061	0.0263	0.0413	0.0502	0.2363
mean (a_i)	0.243	0.218	0.314	0.241	0.253	0.21	0.204	0.211	0.535	0.247	0.245	0.263	0.287	0.223	0.853	0.294	0.226	0.32	0.217	0.575
排序	12	16	5	13	9	19	20	18	3	10	11	8	7	15	1	6	14	4	17	2

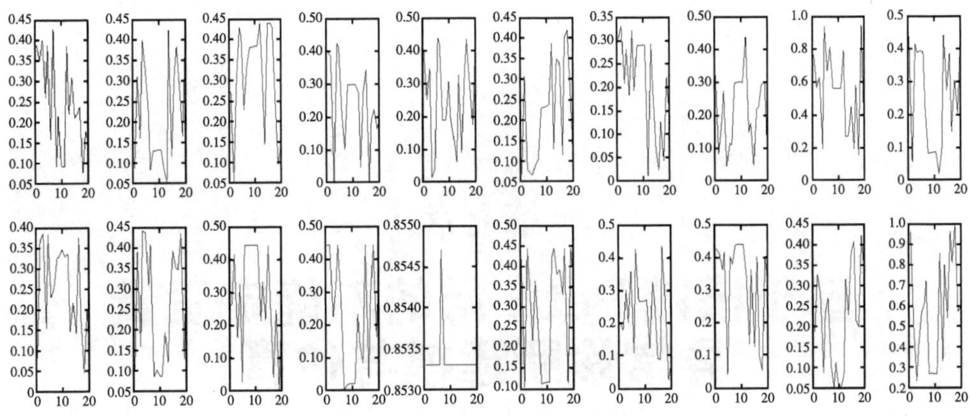

图 6-30　异因隶属度 GA 求解结果变动曲线

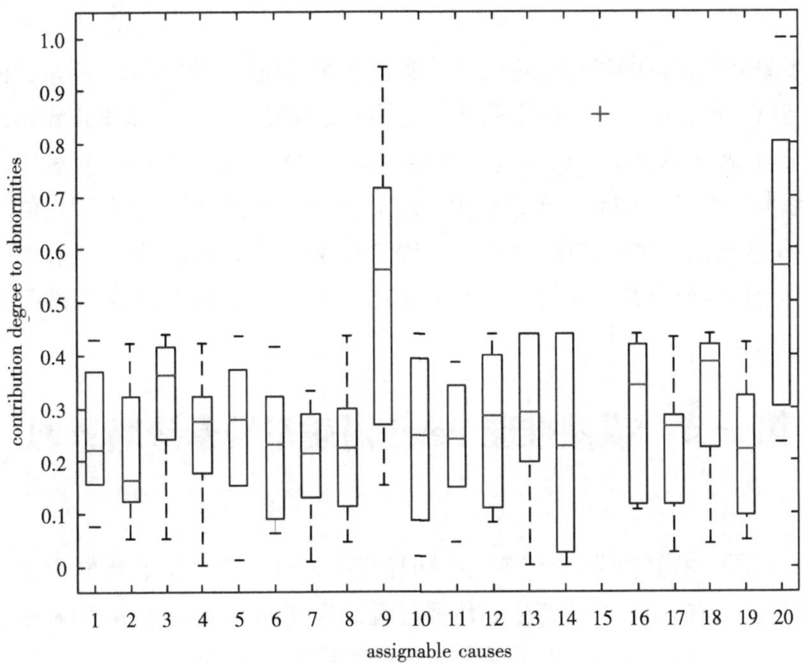

图 6-31　异因隶属度 GA 求解结果区间图

第七章

基于模糊 Petri 网的不确定质量异常诊断建模与仿真

为了验证质量诊断过程的正确性并实现诊断过程的动态显示，质量诊断过程的建模与仿真十分必要。根据不确定质量异常诊断特点，建立基本模糊推理规则的模糊 Petri 网表示方法，由这些基本结构就可以构建任意复杂过程的不确定质量异常诊断模型，但同时由于模糊 Petri 网具有的独特图形表示和逻辑结构，常规的 Petri 网软件，比如 PNK、CPN、VPNT 及 Visual Object++等，难以对其性能进行仿真分析，研究其相应的仿真方法成为该方法在实际应用中的关键问题。

第一节　模糊推理 Petri 网质量异常诊断原理

Petri 网具有描述并发、不确定性和异步等特性，非常适合诊断中的知识表示，可以很好地描述异常的产生和传播过程。模糊 Petri 网将 Petri 网和模糊理论结合在一起，是基于模糊产生式规则的知识库系统的良好建模工具。通过利用模糊 Petri 网表示基于规则系统的模糊产生式规则，从而支持模糊推理。基于模糊产生式规则的模糊 Petri 网可以有效处理模糊不确定信息，并通过规则置信度查找故障原因。模糊 Petri 网已经成为离散事件动态系统建模和分析的重要工具，它结合了 Petri 网的图形描述能力，将基于规则的系统中的模糊规则映射成结构化的知识表达，使得知识的表示简单、清晰，且表现出了知识库系统中规则之间的结构化特性；同时它又具有模糊系统的模糊推理能力，便于知识的分析、推理、测试及决策支持等，既可描述模糊知识，又非常适合并行的逻辑推理，被广泛应用于汽轮机、数控机床、变压器、通信系统以及生产制造系统等的故障诊断。

考虑模糊质量异常传播及其诊断过程的模糊不确定性、异步并发及因果关系复杂性等特点，将质量控制过程中的模糊知识用模糊规则加以表示，将规则的前后件、前件的发生程度、规则的置信度以及规则的聚合操作等内容与模糊推理 Petri 网的基本构件、属性及其状态转移活动建立联系，从而将一系列质量异常诊断模糊规则以模糊推理 Petri 网的形式呈现，前件状态的变化，即模糊异常发生隶属度的变化触发模糊推理 Petri 网变迁的运行，并由模糊规则的聚合结果确定后件状态的模糊隶属度，即各种可能异因的贡献度，作为当前模糊异常状态下的诊断结果。基于此，提出了利用模糊推理 Petri 网（Fuzzy Reasoning Petri Nets，FRPNs）来描述质量异常产生和传播过程，进行异常诊断，为维修人员快速定位和排除故障提供支持。

模糊推理 Petri 网质量异常诊断原理如图 7-1 所示。

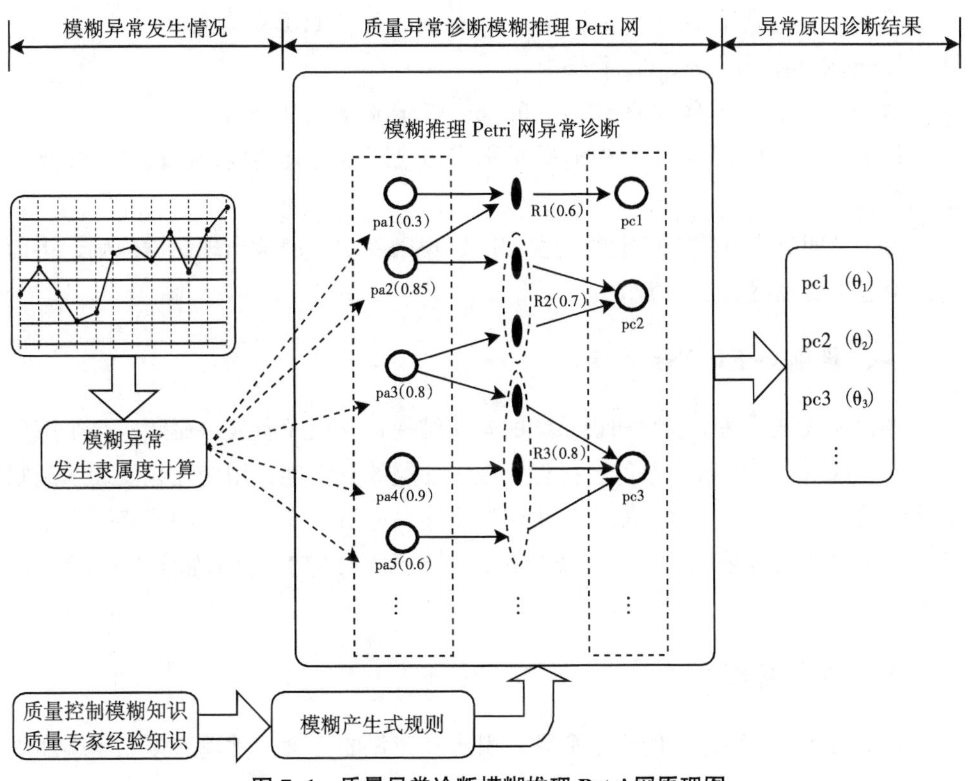

图 7-1　质量异常诊断模糊推理 Petri 网原理图

第二节 质量异常诊断中的模糊产生式规则及 FRPNs 表示

一、质量异常诊断中的模糊产生式规则类型

质量异常诊断中的模糊产生式规则是对诊断过程中不确定与不精确知识的一种描述方法，常用的有以下四种类型：

(1) $R_i(c_i)$：IF $p_1(\theta_1)$ and $p_2(\theta_2)$ and … and $p_{k-1}(\theta_{k-1})$ THEN $p_k(\theta_k)$，

$\theta_k = \min\{\theta_1, \theta_2, \cdots, \theta_{k-1}\} \times c_i$

(2) $R_i(c_i)$：IF $p_1(\theta_1)$ THEN $p_2(\theta_2)$ and … and $p_k(\theta_k)$，

$\theta_j = \theta_1 \times c_i$，$j = 2, 3, \cdots, k$

(3) $R_i(c_i)$：IF $p_1(\theta_1)$ or $p_2(\theta_2)$ or … or $p_{k-1}(\theta_{k-1})$ THEN $p_k(\theta_k)$，

$\theta_k = \max\{\theta_1, \theta_2, \cdots, \theta_{k-1}\} \times c_i$

(4) $R_i(c_i)$：IF $p_1(\theta_1)$ THEN $p_2(\theta_2)$ or … or $p_k(\theta_k)$，$\theta_k = \theta_1 \times c_i$

其中 θ_j 表示模糊规则 R_i 中前提库所或结果库所的真实度，c_i 表示模糊规则 R_i 的置信水平。

由于第四类难以获得确定的蕴含，所以规则库中要避免出现此类规则，下面的讨论也主要围绕前三种类型。

二、规则的 FRPNs 表示

FRPNs 代表了基于规则知识系统的句法结构，它用库所表示命题，每个库所包含一个可以在［0，1］取值的托肯，表示命题的真实度，用变迁触发表示规则推理过程，规则的置信水平取决于相应的变迁，库所与变迁之间的连接弧表示命题与规则之间的因果联系。前三类质量诊断规则的 FRPNs 表示如图 7-2~图 7-4 所示。

三、否命题的处理

对于规则中可能包含的否定命题，引入补充弧的概念。常规连接弧尾端加小圆圈表示为补充弧。比如规则：

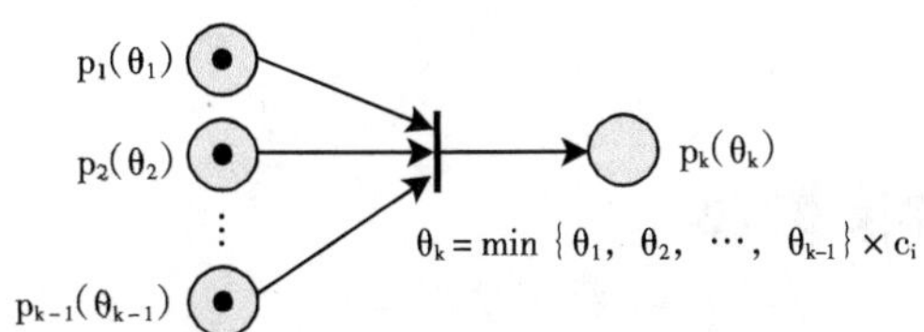

图 7-2　第一类规则 FRPNs 表示

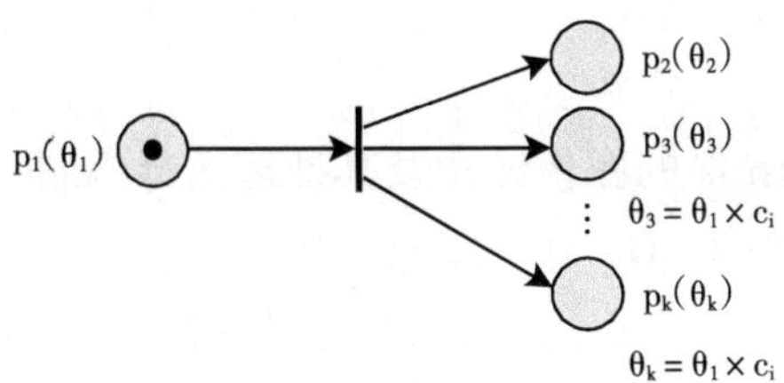

图 7-3　第二类规则 FRPNs 表示

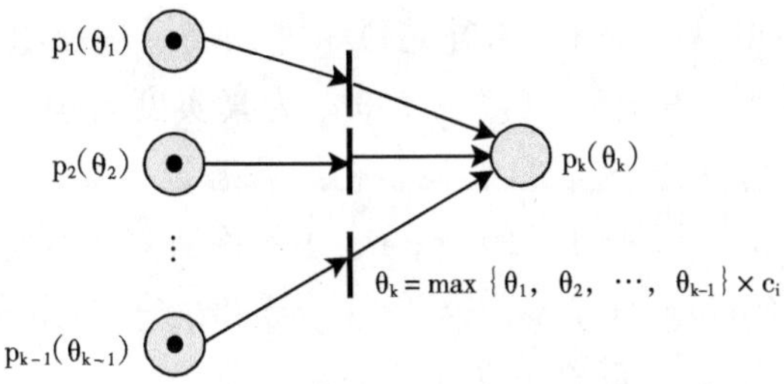

图 7-4　第三类规则 FRPNs 表示

R（0.8）：IF p_1（0.8）and p_2（0.9）and（not p_3（0.7））THEN（not p_4（θ_4））其 FRPNs 表示如图 7-5 所示。

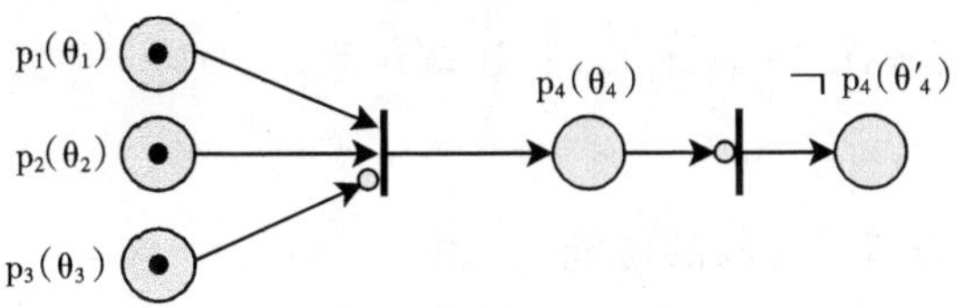

图 7-5　否命题 FRPNs 表示

命题 $p(\theta)$ 的否命题记为 $\neg\ p(\theta')$，且 $\theta' = 1 - \theta$。

第三节　FRPNs 模型

一、模型定义

考虑模糊推理 Petri 网的图像结构及其推理运行机制，FRPNs 模型可以定义为一个 8 元组：(P，R，I，O，H，θ，γ，C)。

其中，$P=\{p_1, p_2, \cdots, p_n\}$ 是库所的有限集合，$R=\{r_1, r_2, \cdots, r_n\}$ 是变迁规则的有限集合；$I: P\times R\rightarrow \{0, 1\}$ 是输入函数，表示从前提命题库所到变迁规则的映射；$O: R\times P\rightarrow \{0, 1\}$ 是输出函数，表示从变迁规则到结果命题库所的映射；$H: R\times P\rightarrow \{0, 1\}$ 为补充弧矩阵，表示从命题库所到变迁规则之间补充弧的连接情况；$\theta=\{\theta_1, \theta_2, \cdots, \theta_n\}$ 为真实度向量，$\theta_i\in[0, 1]$，$i=1, 2, \cdots, n$ 表示库所 p_i 的真实程度，向量初始状态记为 θ^0；$\gamma=\{\gamma_1, \gamma_2, \cdots, \gamma_n\}$ 为标识向量，$\gamma_i\in\{0, 1\}$，$i=1, 2, \cdots, n$，表示库所 p_i 中托肯的存在情况，向量初始状态记为 γ^0；$C=diag(c_1, c_2, \cdots, c_m)$ 为置信水平对角阵，$c_i\in[0, 1]$，$i=1, 2, \cdots, m$，表示规则 r_i 的置信度。

二、模型的运行规则

FRPNs 执行推理规则时，采用以下两种算子：

(1) $\oplus$：$A\oplus B=D$，$A=(a_{ij})_{m\times n}$，$B=(b_{ij})_{m\times n}$，$D=(d_{ij})_{m\times n}$，满足：$d_{ij}=\max\{a_{ij}, b_{ij}\}$；

(2) $\otimes$：$A\otimes B=D$，$A=(a_{ik})_{m\times p}$，$B=(b_{kj})_{p\times n}$，$D=(d_{ij})_{m\times n}$，满足：$d_{ij}=\max\limits_{1\leqslant k\leqslant p}(a_{ij}, b_{ij})$。

FRPNs 运行过程包括规则的使能与触发：

(1) 规则使能的充要条件：所有前件库所均被标识；

(2) 在标识状态 γ 下，规则 r_j 触发后产生新的标识状态 γ'，且满足：$\gamma'(p)=\gamma(p)\oplus O(p, r_j)$，$\forall p\in P$，真实度向量由 θ 变化为 θ'，满足：$\theta'(p)=\theta(p)\oplus c_j\cdot\rho_j\cdot O(p, r_j)$，$\forall\rho\in P$，其中 $\rho=(\rho_1, \rho_2, \cdots, \rho_m)^T$ 为控制向量，且：

$$\rho_j=\min\{x_i\},\quad x_i=\begin{cases}\theta_i, & \text{当 } I(p_i, r_i)=1\\ 1-\theta_i, & \text{当 } H(p_i, r_i)=1\end{cases}$$

(3) 在 FRPNs 模型中，所有使能规则可以同时触发，用触发向量 $\mu=(\mu_1,$

μ_2，…，μ_m）表示规则的触发状态，规则 r_j 触发，则 $\mu_j=1$，否则 $\mu_j=0$。一组模糊规则触发后，标识向量及真实度向量的变化情况满足：

$$\gamma'=\gamma\oplus[O\otimes\mu] \tag{7-1}$$

$$\theta'=\theta\oplus[O\cdot C]\otimes\rho \tag{7-2}$$

第四节　状态流（Stateflow）仿真模型

为了对上述方法建立的 FRPNs 的运行过程及推理结果进行验证，必须采用适当的方法进行仿真分析。但由于其独特的图形表示和逻辑结构，常规的 Petri 网软件，比如 PNK、CPN、VPNT 及 Visual Object++等，难以对其性能进行仿真分析。

一、Stateflow

Matlab 软件的 Simulink/Stateflow 工具包，是有限状态机的图形实现工具，用来设计和分析事件驱动系统。它可以用于解决复杂的监控问题，用户可以用图形化的工具来实现各状态之间的转换。Stateflow 生成的监控逻辑可以直接嵌入 Simulink 模型下，从而实现两者的无缝连接。

Stateflow 是一个创建和仿真复杂响应系统及事件驱动系统的工具，它以独特的方式将有限状态机理论、流程图和状态转移概念等结合起来，采用面向对象的编程思想，即属性、事件和方法，用图形方式描述物理模型。Stateflow 具有以下特点：

（1）状态（State）和跃迁（Transition，为了避免和 Petri 网中的变迁相混淆，这里称为跃迁）构成了 Stateflow 状态图的基本框架。其中状态用方框表示，每个状态可以包括 Entry、During、Exit 和 on event_name 四种行为（Action），分别实现进入该状态时，处于该状态期间、离开该状态和期间发生某事件时相应的动作。跃迁用连线表示，表明状态迁移的路径。跃迁的标注格式为：

{Event，condition，condition_action，transition_action}

分别表示使跃迁使能的“事件”、激发跃迁的“条件”、“条件行为”和“跃迁时发生的行为”。

（2）支持对象层次、并行状态和历史记录，可以实现复杂系统的分层、并行仿真，并依靠历史记录选择跃迁的目的状态。

(3) 使用时间运算符 before、after、at、every 方便实现跃迁行为和状态行为的时间逻辑。

(4) 采用 Stateflow 框图建立监控逻辑，结合 Simulink 中的条件执行子系统功能，有选择性地激活或禁止子系统，扩展了 Simulink 动态仿真环境。

基于上述特点，它适于用来仿真基于事件驱动的 FRPNs 模型。模糊质量异常诊断 FRPNs 是离散事件驱动系统，可以通过 Stateflow 方便地建立起这一系统的仿真程序，通过 Stateflow 的调试器 Debugger 设置断点，检测 Stateflow 框图的正确性，并且动态地显示整个系统的执行过程。

二、由 FRPNs 构造 Stateflow 仿真模型

Stateflow 以有限状态机为理论基础，简单地说就是如果激发条件为真，则系统从一种状态变化到另一种指定状态，并且可以执行一系列动作。Stateflow 状态图是有限状态机的图形表示，因此在 Stateflow 状态图中可以用状态（State）表示 Petri 网中库所和变迁，用跃迁（Transition）表示有向弧，用状态的行为（Action）和跃迁上标识来描述变迁规则。根据系统的变迁关系及控制逻辑，利用前述各种工具，可以建立模糊推理 Petri 网的仿真模型。

对应前述几种基本 FRPNs 结构，下面分别介绍相应的 Stateflow 图的构建规则。

规则一 对于第一种类型的 FRPNs 结构，多个库所的输出弧后只有一个变迁，且变迁的输出弧后只有一个库所，则将变迁的输入库所对应为一组并发的（OR）超态（superstate）P_1~P_{k-1}，并将每一个超态分为 Normal（正常）与 Abnormal（异常）两种互斥状态，由库所的真实度值 a_j（即 θ_j）决定超态内部的状态转换，且在由 Normal 向 Abnormal 状态转换时，执行状态进入动作 En，将库所的真实度值赋值给状态属性，即 en：$p_k-CL=a_k$，同时触发事件 E；变迁的输出库所用一个并发超态 p_k 表示，其内部互斥状态分别为异因没有发生（None）状态与异因发生（On）状态，事件 E 为二者转换的激活事件，输入库所的状态逻辑式为二者转换的条件，并在“Transition Action”中执行规则置信度赋值，以及输入库所真实度值取 max 操作，如图 7-6 所示。

规则二 对于第二种类型的 FRPNs 结构，一个变迁的输出弧后有多个库所，

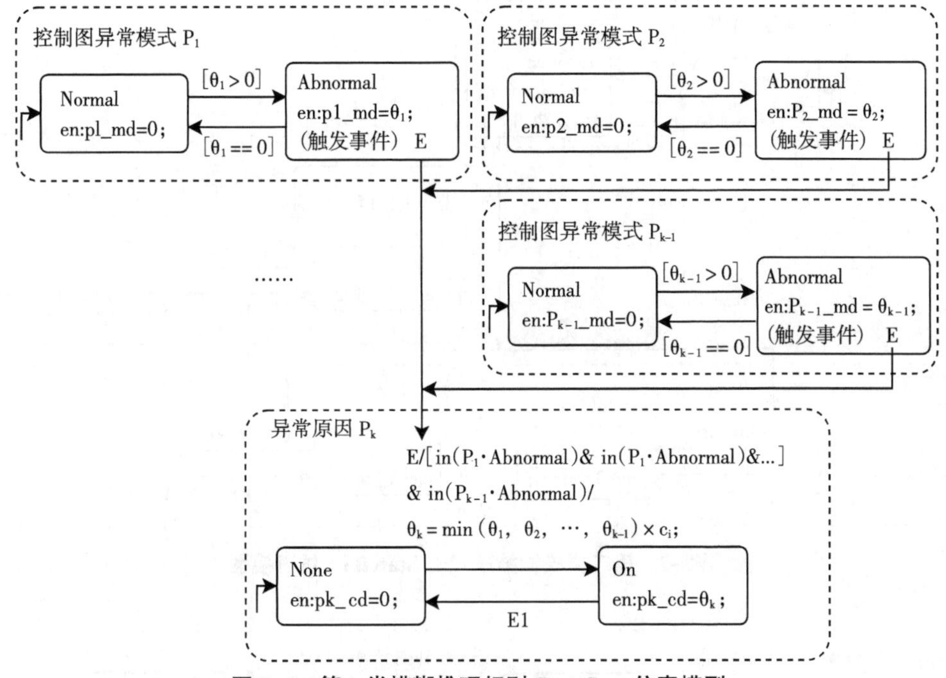

图 7–6　第一类模糊推理规则 Stateflow 仿真模型

且变迁的输入弧前只有一个库所，则将变迁的输入库所对应为一个状态，用状态的“Entry Action”为输入库所的置信水平赋值，用跃迁表示有向弧，并在“Transition Action”中为规则置信度赋值，变迁的输出库所对应为一组超态(Superstate)，其中每个输出库所作为并发的（OR）子状态，并用每个子状态的“Entry Action”为每个输出库所的置信水平赋值。事件 E 的激活及相关活动同规则一所述，如图 7–7 所示。

规则三　对于第三种类型的 FRPNs 结构，多个变迁的输出弧后只有一个库所，且每个变迁输入弧前都有一个库所，则将每一个输入、输出库所均对应一个状态，用状态的“Entry Action”为每个库所的置信水平赋值，用跃迁表示有向弧，并在“Transition Action”中为规则置信度赋值。事件 E 的激活及相关活动同规则一所述，如图 7–8 所示。

规则四　对于前面提到的否命题 FRPNs，可以通过当前库所对应的状态中“Entry Action”中的补值赋值来实现。这样包含补充弧的 FRPNs 都可以转换为其他三种类型，相应地应用前三类规则构造 Stateflow 图。事件 E 的激活及相关活动同规则一所述。如图 7–9 所示。

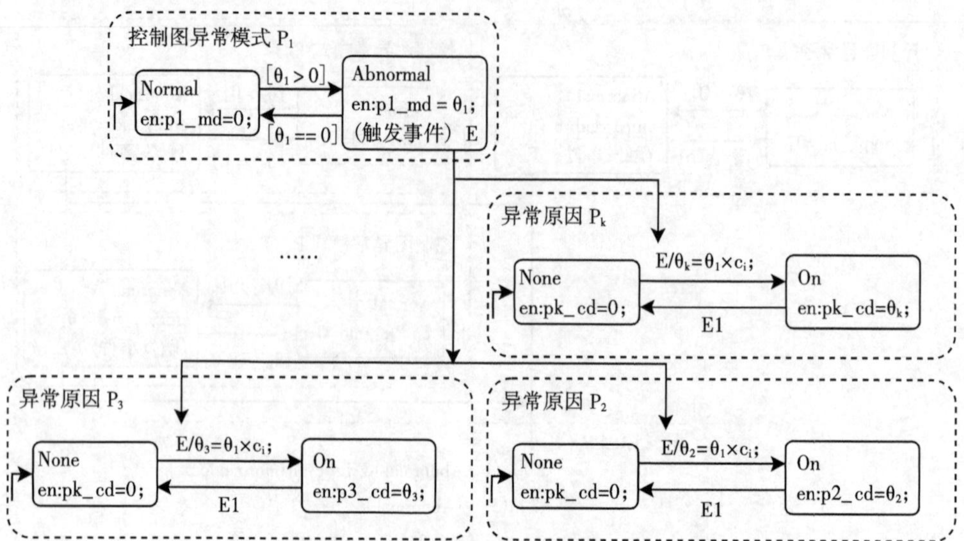

图 7-7　第二类模糊推理规则 Stateflow 仿真模型

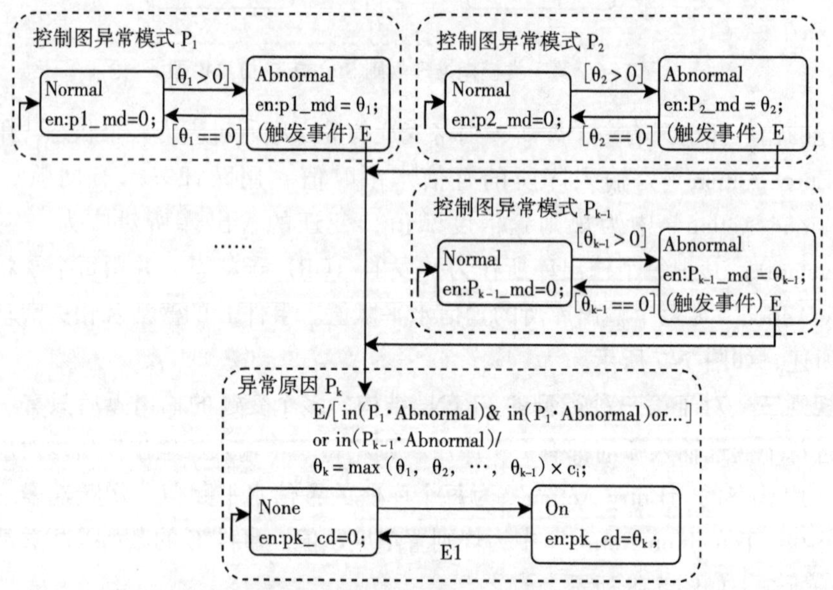

图 7-8　第三类模糊推理规则 Stateflow 仿真模型

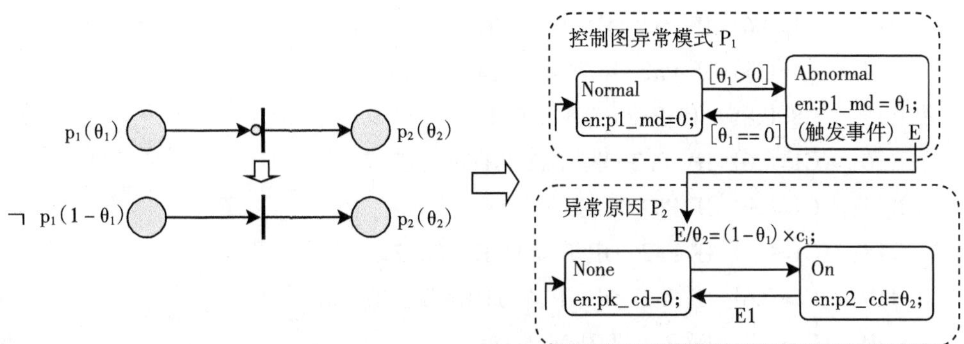

图 7-9　FRPNs 否命题 Stateflow 仿真模型

第五节　应用实例分析

以第六章第二节精密轴加工质量异常诊断为例，利用 FRPNs 方法建立诊断模型，并用 Stateflow 仿真分析其诊断过程及结果。

一、质量异常诊断 FRPNs 模型

将第六章第二节精密轴加工质量异常诊断问题，用模糊推理规则的形式表达如下：

R1：(C1=0.6) IF Pa1 THEN Pc1;

R2：(C3=0.9) IF Pa1 THEN Pc2;

R3：(C7=0.5) IF Pa1 THEN Pc4;

R4：(C1=0.9) IF Pa1 THEN Pc5;

R5：(C1=0.9) IF Pa1 OR Pa2 OR Pa3 OR Pa4 THEN Pc6;

R6：(C1=0.9) IF Pa1 THEN Pc7;

R7：(C1=0.9) IF Pa1 THEN Pc8;

R8：(C1=0.9) IF Pa1 OR Pa4 THEN Pc11;

R9：(C1=0.6) IF Pa1 OR Pa3 OR Pa4 THEN Pc15;

R10：(C1=0.9) IF Pa1 THEN Pc17;

R11：(C1=0.9) IF Pa1 OR Pa3 THEN Pc18;

R12：(C1=0.6) IF Pa1 OR Pa3 THEN Pc19;

R13：（C1=0.6）IF Pa1 THEN Pc20；

R14：（C4=0.7）IF Pa2 OR Pa4 THEN Pc2；

R15：（C8=0.85）IF Pa2 THEN Pc4；

R16：（C1=0.6）IF Pa2 OR Pa3 THEN Pc7；

R17：（C1=0.9）IF Pa2 THEN Pc15；

R18：（C1=0.3）IF Pa2 OR Pa4 THEN Pc17；

R19：（C1=0.6）IF Pa2 OR Pa4 THEN Pc18；

R20：（C5=0.3）IF Pa3 THEN Pc3；

R21：（C1=0.4）IF Pa3 THEN Pc4；

R22：（C1=0.7）IF Pa3 THEN Pc5；

R23：（C1=0.3）IF Pa3 THEN Pc8；

R24：（C2=0.3）IF Pa4 THEN Pc1；

R25：（C1=0.65）IF Pa4 OR Pa5 THEN Pc8；

R26：（C1=0.9）IF Pa4 OR Pa5 THEN Pc10；

R27：（C1=0.3）IF Pa4 THEN Pc14；

R28：（C6=0.6）IF Pa5 THEN Pc3；

R29：（C1=0.25）IF Pa5 THEN Pc5；

R30：（C1=0.2）IF Pa5 THEN Pc9；

R31：（C1=0.9）IF Pa5 THEN Pc12；

R32：（C1=0.6）IF Pa5 THEN Pc13；

R33：（C1=0.9）IF Pa5 THEN Pc14；

R34：（C1=0.5）IF Pa5 THEN Pc16；

R35：（C1=0.6）IF Pa5 THEN Pc17；

R36：（C1=0.3）IF Pa5 THEN Pc19。

通过将诊断问题中的各种条件及规则与模糊推理 Petri 网基本元素建立对应关系（见表 7-1），构建模糊质量异常诊断 FRPNs 模型（见图 7-10）。

二、FRPNs 模型的 Simulink/Stateflow 仿真

按照第五章第一节介绍的由 Simulink/Stateflow 仿真 FRPNs 模型的规则，建立仿真模型。

模型以控制图数据作为输入，通过模拟 FRPNs 的模糊推理过程，分析当前控制图的可能异常模式，最终输出诱发这些异常的可能异常源的贡献度。

表 7–1　FRPNs 模型参数说明

符号	表征意义	符号	表征意义
P_1	控制图	T_{11}~T_{31}	控制图数据读入，统计信息计算
T_{41}~T_{51}	小波分解重构	P_{11}~P_{31}	控制图统计信息
P_{41}~P_{51}	重构后信号 A 及 D	T_{12}~T_{32}	异常模式信息获取
T_{42}~T_{52}	参数拟合	P_{12}~P_{32}	各模式特征信息
P_{42}~P_{52}	模式拟合度特征信息	T_{13}~T_{53}	异常模式隶属函数
P_{a1}~P_{a5}	各异常模式发生隶属度	R_1~R_{36}	模糊推理规则
P_{c1}~Pc_{20}	可能的异常原因	T_f	推理结果聚合
P_r	异常原因诊断结果		

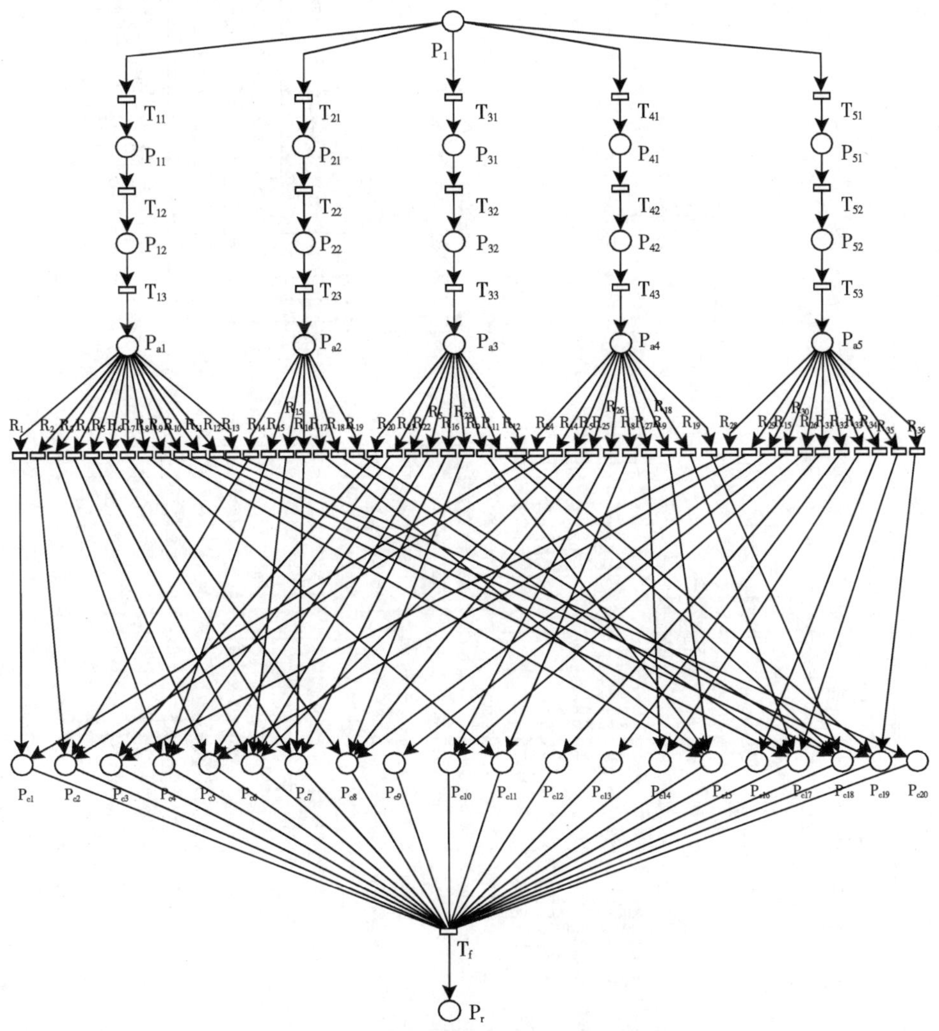

图 7–10　模糊质量异常诊断 FRPNs 模型

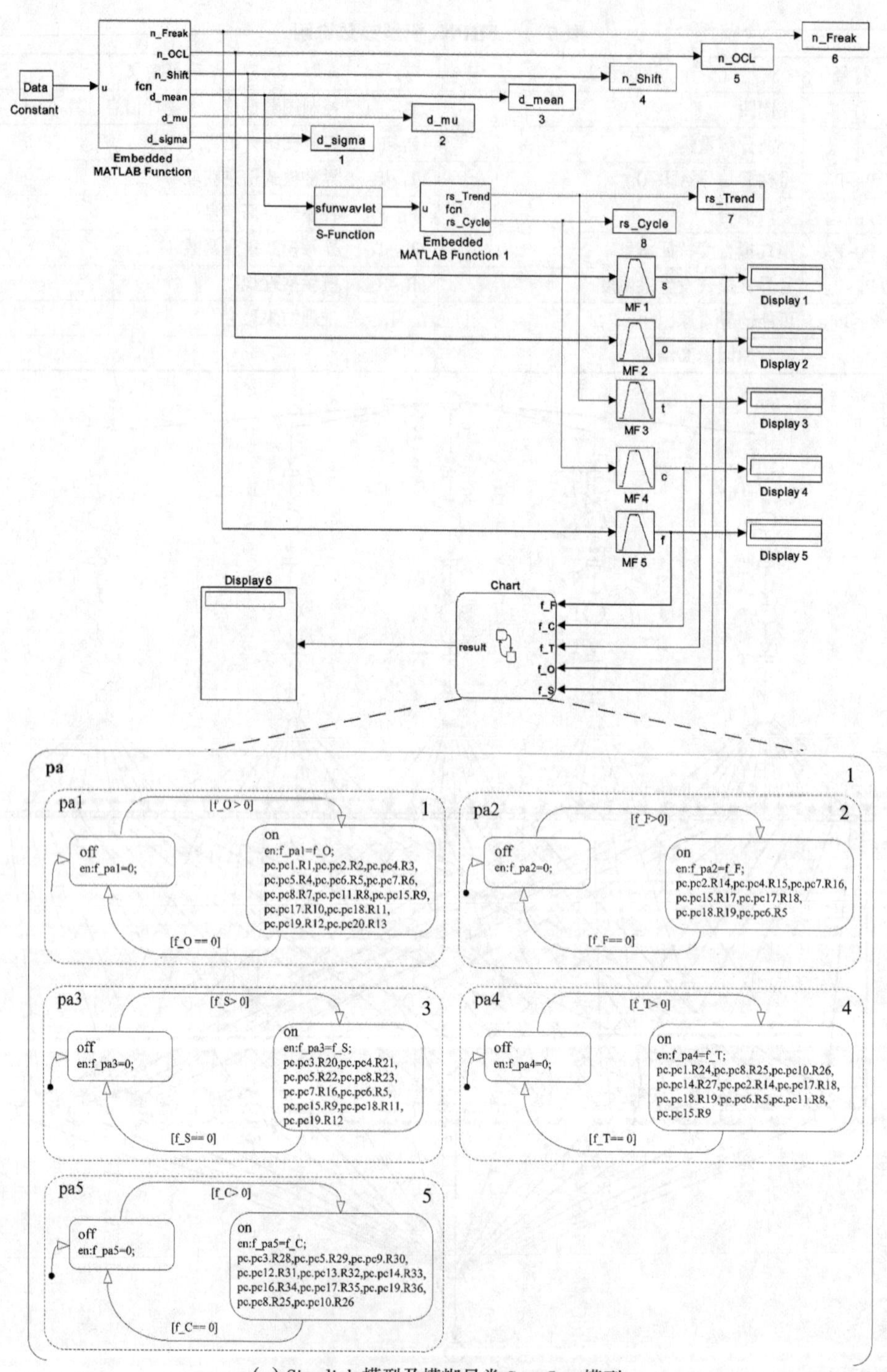

（a）Simulink 模型及模糊异常 Stateflow 模型

图 7-11 FRPNs 模型的 Simulink/Stateflow 仿真模型

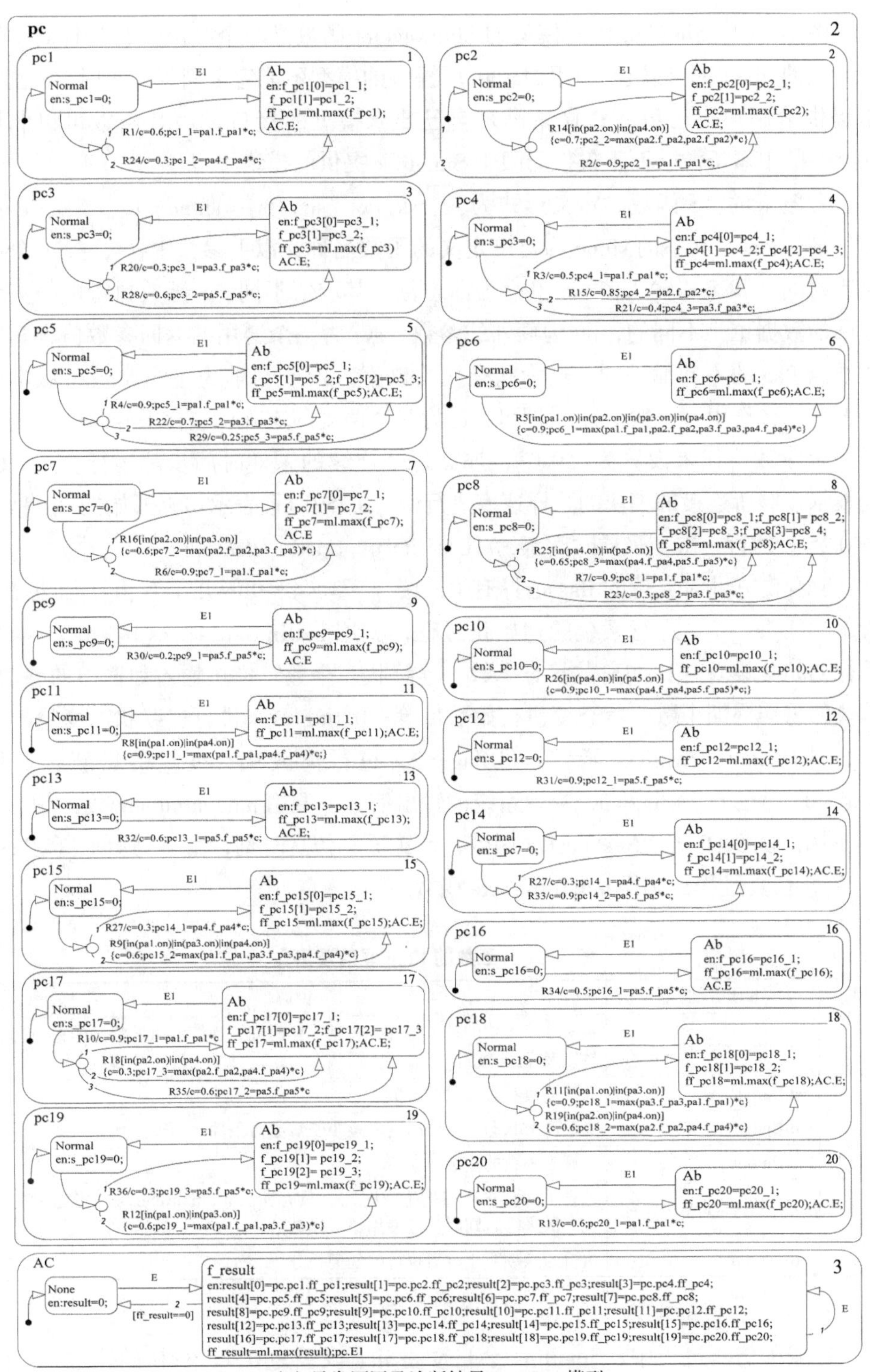

（b）异常原因及诊断结果 Stateflow 模型

图 7-11　FRPNs 模型的 Simulink/Stateflow 仿真模型（续）

图 7-11 中 Simuink 仿真模型的 Sfunwavelet 函数是一个 S 函数，是针对本案例开发的 Simulink 模块。当用 Matlab 所提供的模型不能完全满足用户时，S 函数是提供给用户自己编写程序来满足自己要求模型的接口，用 S 函数可以利用 Matlab 的丰富资源，而不仅仅局限于 Simulink 提供的模块。

一般来说，S 函数的定义形式为：[sys，x_0，str，ts] = sfunc（t，x，u，flag，p1，…，Pn），其中的 sfunc 为自己定义的函数名称，以上参数中，t、x、u 分别对应时间、状态、输入信号，flag 为标志位，其取值不同，S 函数执行的任务和返回的数据也是不同的，pn 为额外的参数，sys 为一个通用的返回参数值，其数值根据 flag 的不同而不同，x_0 为状态初始数值，str 在目前为止的 Matlab 版本中并没有什么作用，一般 str=[ ] 即可，ts 为一个两列的矩阵，包含采样时间和偏移量两个参数，如果设置为 [0 0]，那么每个连续的采样时间步都运行，[-1 0] 则表示按照所连接的模块的采样速率进行，[0.25 0.1] 表示仿真开始的 0.1 秒后每 0.25 秒运行一次，采样时间点为 TimeHit = n*period + offset。

S 函数中目前支持的 flag 选择有 0、1、2、3、4、9 等几个数值，如表 7-2 所示。①flag = 0，进行系统的初始化过程，调用 mdlInitializeSizes 函数，对参数进行初始化设置，比如离散状态个数、连续状态个数、模块输入和输出的路数、模块的采样周期个数、状态变量初始数值等；②flag = 1，进行连续状态变量的更新，调用 mdlDerivatives 函数；③flag = 2，进行离散状态变量的更新，调用 mdlUpdate 函数；④flag = 3，求取系统的输出信号，调用 mdlOutputs 函数；⑤flag = 4，调用 mdlGetTimeOfNextVarHit 函数，计算下一仿真时刻，由 sys 返回；⑥flag = 9。终止仿真过程，调用 mdlTerminate 函数。

表 7-2　S 函数的 Flag 取值及意义

Flag	S 函数动作	说明
0	mdlInitializeSizes	定义 S 函数块的基本特性，包括采样时间，连续、离散状态的初始化条件以及 sizes 数组
1	mdlDerivatives	计算连续状态变量的导数
2	mdlUpdate	更新离散状态、采样时间、逐步长等必需条件
3	mdlOutputs	计算 S 函数的输出
4	mdlGetTimeOfNextVarHit	计算下一个采样点的绝对时间，只有在 mdlInitializeSizes 中指定了变步长离散采样时间时，才使用该子函数
9	mdlTerminate	执行 S 函数终止时需执行的任何任务

在实际仿真过程中，Simulink 会自动将 flag 设置为 0，进行初始化过程，然

后将 flag 的数值设置为 3，计算模块的输出，一个仿真周期后，Simulink 将 flag 的数值先后设置为 1 和 2，更新系统的连续和离散状态，再将其设置为 3，计算模块的输出，如此循环直至仿真结束条件满足。

在 S 函数的编写过程中，首先需要搞清楚模块中有多少个连续和离散状态，离散模块的采样周期是如何的，同时需要了解模块的连续和离散的状态方程分别是什么，输出如何表示。

图 7-11 中 Simuink 仿真模型的 Sfunwavelet 函数的 Matlab 代码如下：

```
function[sys,x0,str,ts]= sfunwavlet(t,x,u,flag)
switch flag,
 case 0,
   [sys,x0,str,ts]=mdlInitializeSizes;
 case 1,
   sys=mdlDerivatives(t,x,u);
 case 2,
   sys=mdlUpdate(t,x,u);
 case 3,
   sys=mdlOutputs(t,x,u);
 case 4,
   sys=mdlGetTimeOfNextVarHit(t,x,u);
 case 9,
   sys=mdlTerminate(t,x,u);
   DAStudio.error('Simulink:blocks:unhandledFlag',num2str(flag));
end
function [sys,x0,str,ts]=mdlInitializeSizes
sizes = simsizes;
sizes.NumContStates  = 0;
sizes.NumDiscStates  = 0;
sizes.NumOutputs     = 2;
sizes.NumInputs      = -1;
sizes.DirFeedthrough = 1;
sizes.NumSampleTimes = 1;   % at least one sample time is needed
sys = simsizes(sizes);
```

```
x0 = [];
str = [];
ts = [0 0];
function sys=mdlDerivatives(t,x,u)
sys = [];
function sys=mdlUpdate(t,x,u)
sys = [];
function sys=mdlOutputs(t,x,u)
[C,L] = wavedec(u,5,'sym4');
cA5 = appcoef(C,L,'sym4',5);
[cD1,cD2,cD3,cD4,cD5] = detcoef(C,L,[1,2,3,4,5]);
A5 = wrcoef('a',C,L,'sym4',5);
D1 = wrcoef('d',C,L,'sym4',1);
D2 = wrcoef('d',C,L,'sym4',2);
D3 = wrcoef('d',C,L,'sym4',3);
D4 = wrcoef('d',C,L,'sym4',4);
D5 = wrcoef('d',C,L,'sym4',5);
t1=(1:1:20)';
fo = fitoptions('Method','NonlinearLeastSquares',...
'Lower',[-Inf,-Inf,-Inf],...
'Upper',[Inf,Inf,Inf],...
'Startpoint',[0.001 0.12 0]);
f = fittype('C1*sin(C2*x-C3)','options',fo);
[c1,gof1] = fit(t1,D4,f);
f2 = fittype('poly1');
[c2,gof2] = fit(t1,A5,f2);
sys =[gof1.rsquare;gof2.rsquare];
function sys=mdlGetTimeOfNextVarHit(t,x,u)
sampleTime = 1;    % Example,set the next hit to be one second later.
sys = t + sampleTime;
function sys=mdlTerminate(t,x,u)
sys = [];
```

三、仿真过程及结果分析

如表 6-3 所示控制图数据 Data［30×20］作为上述模型的输入，运行仿真模型，Simulink 模型的数据分析结果为：f_O＝0.4413，f_F＝0.8696，f_S＝0.1853，f_T＝0.8016，f_C＝0.8533（见图 7-12），并以此作为 Stateflow 的输入，执行异常诊断。

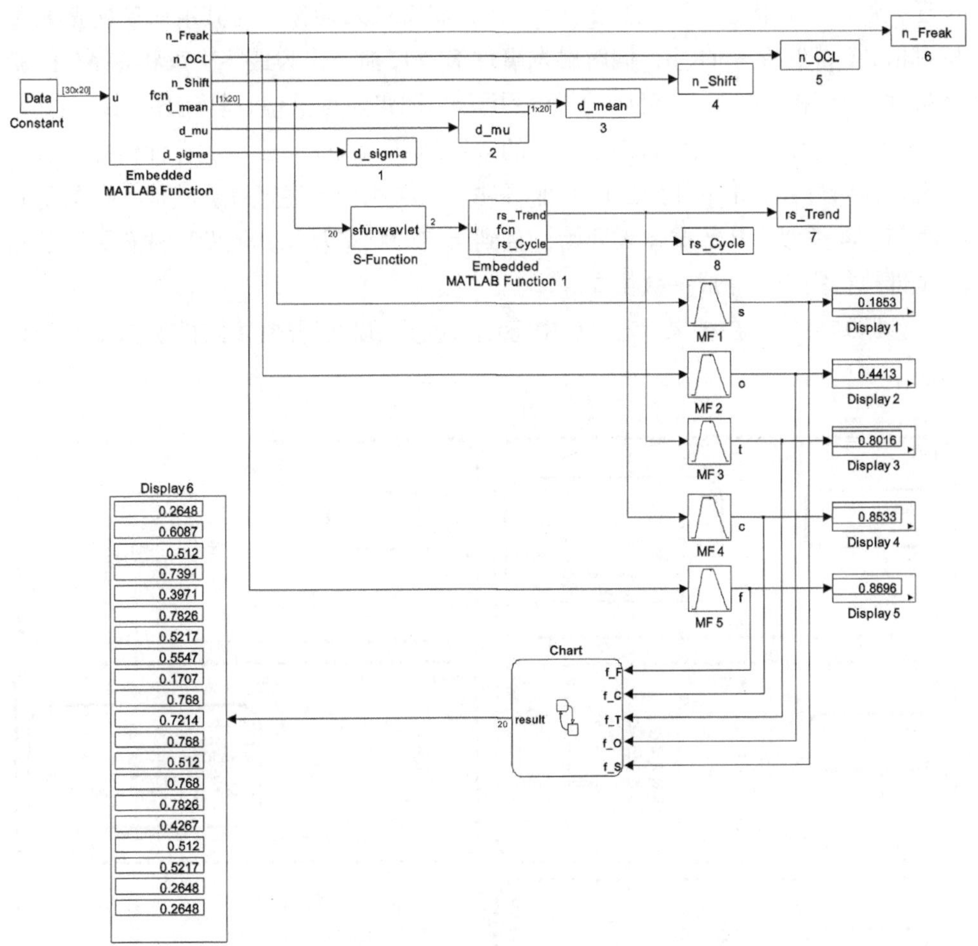

图 7-12　质量控制图模糊异常模式隶属度仿真计算

图 7-13 为 Stateflow 模拟推理规则时的动态效果，运行时刻为判断控制图出现 Trend 异常模式，即参数 f_T>0 时，与该模式库所相应的状态 pa4 被激活，运行过程被激活的状态以高亮形式显示，并执行状态进入动作对 pa4 的发生度赋

值，即 en：f_pa4 = f_F，同时触发与该异常相关的规则事件，包括 R5、R8、R9、R14、R18、R19、R24~R27 十个规则事件，在异因状态集 pc 中依次广播，在每个循环扫描周期内，异因状态集中对上述异常负责的异因捕捉相应事件，以 R25 为例，即可能诱发异常 pa4 的异因 pc8（高亮显示），捕捉到 R25 事件，并在变迁条件中判断触发该事件的源，即 [in pa4.on or in pa5.on]，执行变迁动作，即对规则置信水平赋值 c = 0.65，pc8_3 = max（pa4.f_pa4，pa5.f_pa5）× c，然后执行变迁，激活 pc8 状态（高亮显示），并执行状态进入动作，对其隶属度向量相关位赋值，f_pc8[2] = pc8_3，同时触发事件 E 并广播，作为最终决策状态 AC 的激活条件，AC 状态捕捉该事件，激活后执行异因隶属度数值计算动作，result [7] = pc.pc8.ff_pc8，作为当前状态下最终的输出结果，这样完成一次事件传播、状态触发及诊断过程。由 pa4 触发的其他事件，依次执行上述过程。其他状态的仿真过程与 pa4 类似。从数据输入开始，直到所有的状态及与其触发事件相关联的动作全部执行完毕，完成一次仿真。

诊断结束后，在结果状态 AC 中将记录各异因对于异常模式的贡献度，结果如表 7-3 所示。

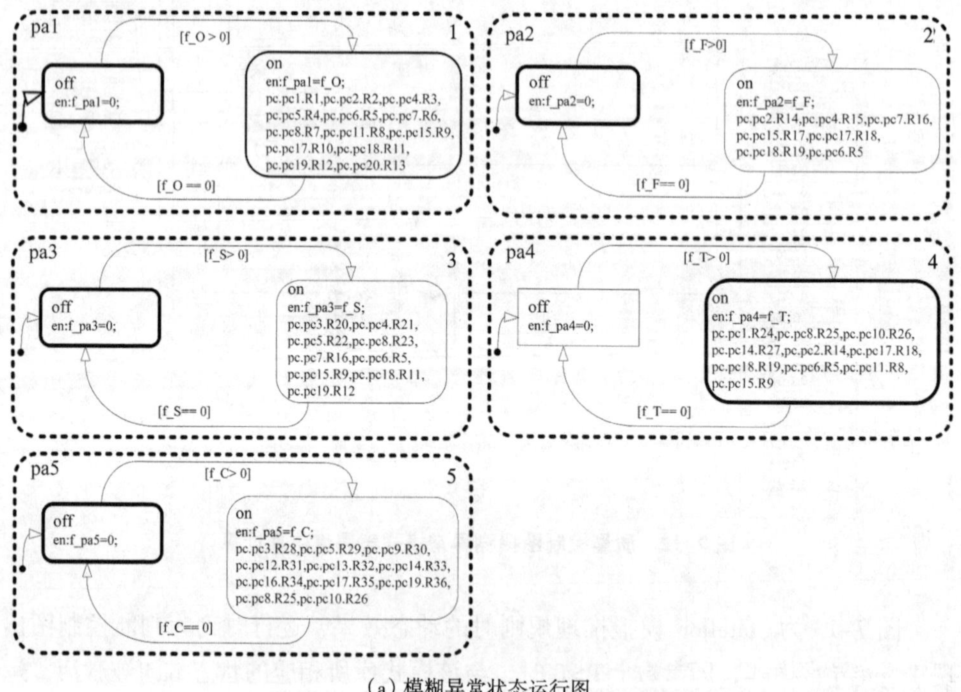

（a）模糊异常状态运行图

图 7-13　FRPNs 模型的 Stateflow 仿真过程图

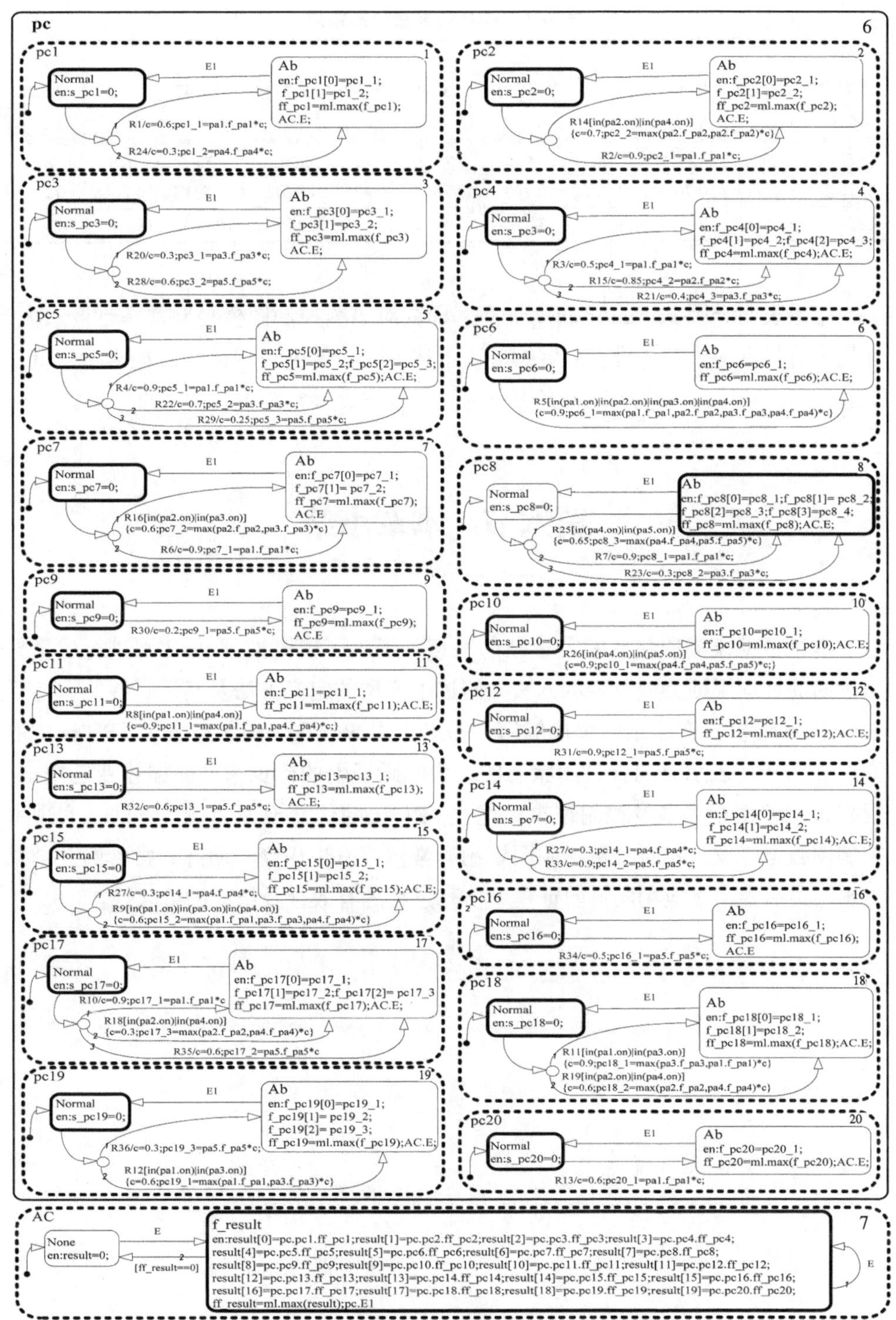

（b）异常源及诊断结果运行图

图 7-13 FRPNs 模型的 Stateflow 仿真过程图（续）

表 7-3 FRPNs 质量诊断结果

异因	x_1	x_2	x_3	x_4	x_5	x_6	x_7	x_8	x_9	x_{10}
隶属度	0.2468	0.6087	0.512	0.7391	0.3971	0.7826	0.5217	0.5547	0.1717	0.768
排序	17	8	12	6	16	1	11	9	20	3
异因	x_{11}	x_{12}	x_{13}	x_{14}	x_{15}	x_{16}	x_{17}	x_{18}	x_{19}	x_{20}
隶属度	0.7214	0.768	0.512	0.768	0.7826	0.4267	0.512	0.5217	0.2648	0.2648
排序	7	4	13	5	2	15	14	10	18	19

结果表明异因 x_6、x_{15} 隶属度最高，即其对当前控制图模糊异常贡献度最大，优先进行异常源排查，排查后继续应用上述方法对制造过程进行监控诊断，重复上述过程。应用结果表明该方案可以为过程维护、异常排查提供可靠信息。

第六节 本章小结

本章根据模糊质量异常及诊断的特点，提出了模糊推理 Petri 网进行质量异常诊断的推理规则类型及表示方法，阐述了模型的定义方法及其运行规则，鉴于常规 Petri 网仿真方法难以直接应用，提出了用 Stateflow 的状态表示 FRPNs 中的库所，用跃迁表示有向弧，用状态的行为和跃迁上的标识来共同描述变迁规则，根据系统的变迁关系及控制逻辑，建立 FRPNs 的仿真模型的基本方法，实现由控制图数据触发，实时分析控制图模糊异常模式发生程度、动态异常诊断及结果显示。最后给出了应用实例验证模型仿真过程的有效性及结果的可靠性。

第八章
基于不确定质量特性的过程能力评价

第一节　过程能力与过程能力指数

一、工序能力

产品的制造质量主要取决于工序能力的高低。工序能力决定了质量波动的大小。那么，究竟什么是工序能力呢？

工序能力是指工序处于控制状态下的实际加工能力，即在影响工序质量的所有因素都充分规范化和标准化后，工序处于稳定状态下所表现出来的保证工序质量的能力。

处于稳定生产状态下的工序应该具备以下几个方面的条件：

(1) 原材料或上一道工序半成品按照标准要求供应；

(2) 本工序按作业标准实施，并应在影响工序质量各主要因素无异常的条件下进行；

(3) 工序完成后，产品检测按标准进行。

总之，工序实施以及前后过程均应标准化。在非稳定生产状态下的工序所测的工序能力是没有意义的。

工序能力的测定一般是在成批生产状态下进行的。工序满足产品质量要求的能力主要表现在以下两个方面：

（1）产品质量是否稳定；

（2）产品质量精度是否足够。

因此，当确认工序能力可以满足精度要求的条件下，工序能力是以该工序产品质量特性值的变异或波动来表示的。产品质量的变异可以用频数分布表、直方图、分布的定量值以及分布曲线来表示。在稳定生产状态下，影响工序能力的偶然因素的综合结果近似地服从正态分布。

由概率理论可知，一个正态分布曲线可用两个参数表征，即平均值 p 和标准差 d。平均值 p 是个位置参数，它反映了正东分布曲线所处的位置；标准差 σ 是个形状参数，它反映了正态分布曲线形状的“高矮”和“胖瘦”，如图 8-1 所示。σ 越小则正态分布曲线越“高”和“瘦”，工序质量波动的范围越小，工序能力越强；反之，σ 越大则正态分布曲线越“矮”和“胖”，工序质量波动的范围越大，工序能力越弱。

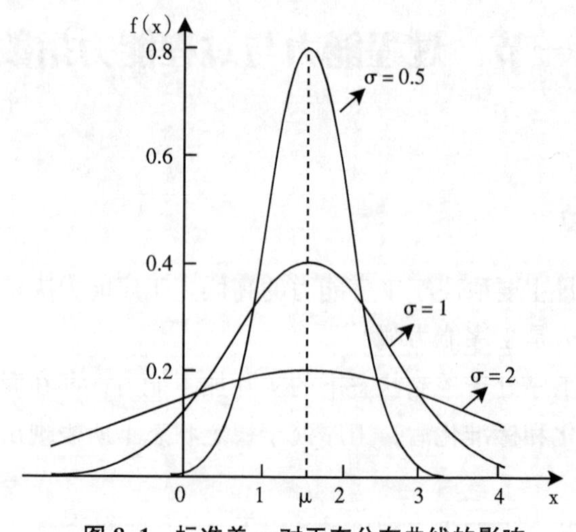

图 8-1　标准差 σ 对正态分布曲线的影响

正是由于标准差能反映工序能力的强弱，所以实践中人们常用 σ 作为基础来表征工序能力。为了经济性地实现工序质量控制，人们使用了±3σ 来描述工序能力，即 B = 6σ。为什么要用 6σ 呢？其原因是当生产过程处于受控状态时，在距平均值±3σ 范围内的产品占整个产品的 99.73%，废品率仅为 0.27%，如图 8-2 所示。这样的控制过程既经济，又保证了质量。当然也可用 8σ、10σ，甚至 12σ 来描述工序能力，这时不合格品的比率仅为全部产品的 0.006%、0.0006%和百万分之 0.002（0.002ppm），但企业为此所付出的代价大得多。因此，究竟选用什么数值来表征工序能力，应在顾客满意度和经济性之间权衡后做出选择。

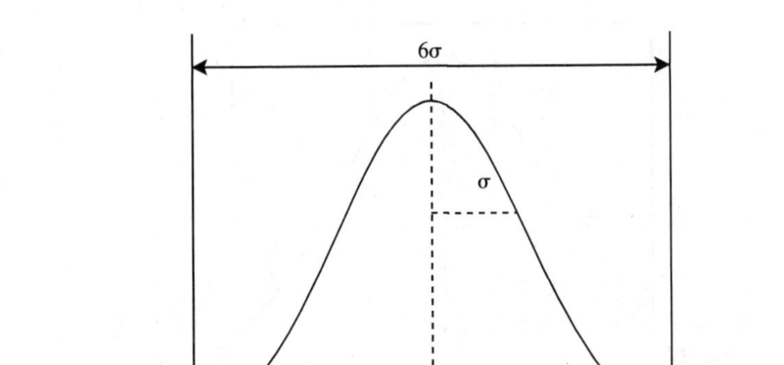

图 8-2　6σ 工序能力

工序能力表示了工序固有的实际加工能力，即工序能达到的实际质量水平，它与产品的技术要求无关。为了衡量工序能力满足技术要求的程度，为此引入了工序能力指数的概念。所谓工序能力指数是指加工质量标准（通常是公差）与工序能力的比值，用符号 C_p 表示，即：

$$C_p = \frac{质量标准}{工序能力} \tag{8-1}$$

如果质量标准用公差 T 表示，工序能力用 6σ 描述，则工序能力指数一般表达式为：

$$C_p = \frac{T}{6\sigma} \tag{8-2}$$

二、工序能力指数的计算

（1）工序分布中心 μ 与公差带中心 M 重合。如图 8-3 所示，其工序能力指数为：

$$C_p = \frac{T}{6\sigma} = \frac{T_u - T_l}{6\sigma} \approx \frac{T_u - T_l}{6s} \tag{8-3}$$

式中，S 代表样本的标准偏差；T_u 代表质量标准的上限值；T_l 代表质量标准的下限值。

从式（8-3）可以看出 C_p 值与公差的大小成正比，与标准偏差的大小成反比。

进一步，用 P_u 表示工序质量特性值超过标准上限而造成的不合格品率，用

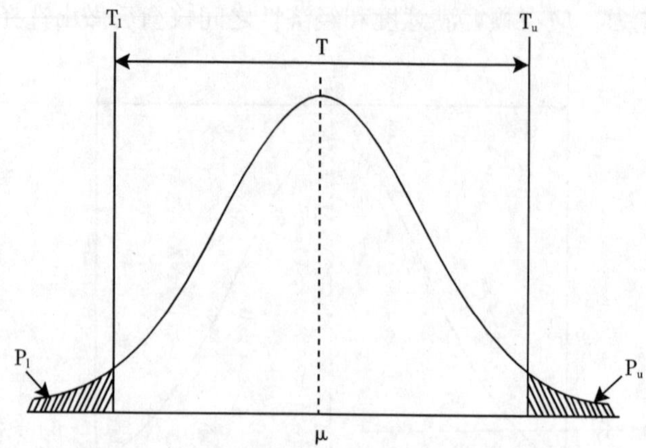

图 8-3　工序分布中心与标准中心重合的情况

P_l 表示工序质量特性值低于标准下限而造成的不合格品率，通过 C_p 可以计算出此时工序的不合格品率 P：

$$P = P_u + P_l = P(x > T_u) + P(x < T_l) = \Phi\left(\frac{T_l - \bar{x}}{S}\right) + \Phi\left(\frac{T_u - \bar{x}}{S}\right)$$

$$= \Phi\left(\frac{-T/2}{S}\right) + \left[1 - \Phi\left(\frac{T/2}{S}\right)\right] = 2\Phi(-3C_p) \tag{8-4}$$

从式（8-4）可以发现，工序能力指数与工序的不合格品率之间存在对应关系，且无论工序控制水平多高，也不可能根本杜绝不合格品的产生。

（2）工序分布中心 μ 与公差带中心 M 不重合。如图 8-4 所示，在这种情况下，首先应调整工序实际分布中心 μ，使其与质量标准中心相重合，然后再计算工序能力指数。其工序能力指数用 C_{pk} 表示，计算公式为：

$$C_{pk} = \min(C_{pu},\ C_{pl}) = \frac{T/2 - \varepsilon}{3\sigma} \approx \frac{T - 2\varepsilon}{6S} \tag{8-5}$$

式中，C_{pu} 代表分布中心右侧工序能力指数，$C_{pu} = \frac{T_u - \mu}{3\sigma} = \frac{T/2 - \varepsilon}{3\sigma}$；$C_{pl}$ 代表分布中心左侧工序能力指数，$C_{pu} = \frac{\mu - T_l}{3\sigma} = \frac{T/2 + \varepsilon}{3\sigma}$；ε 代表工序分布中心绝对偏移量，$\varepsilon = \left|M - \bar{x}\right|$；M 代表公差带中心，$M = (T_u + T_l)/2$；μ 代表实际工序分布中心；k 代表工序分布中心相对偏移量，$k = \varepsilon/(T/2)$。工序的不合格品率 P：

$$P_u = P(x > T_u) = P\left(\frac{x - \mu}{\sigma} > \frac{T_u - \mu}{\sigma}\right) = P\left(t > \frac{T/2 - \varepsilon}{\sigma}\right) = P(t > 3C_{pk})$$

$$= 1 - \Phi(3C_{pk}) = 1 - \Phi[3C_p(1 - k)]$$

$$P_l=P(x<T_l)=P\left(\frac{x-\mu}{\sigma}<\frac{T_l-\mu}{\sigma}\right)=P\left(t<\frac{-T/2-\varepsilon}{\sigma}\right)=P\left[t<-3C_p(1+k)\right]$$

$$=1-\Phi\left[3C_p(1+k)\right]$$

$$P=P_u+P_l=2-\Phi\left[3C_p(1-k)\right]-\Phi\left[3C_p(1+k)\right] \tag{8-6}$$

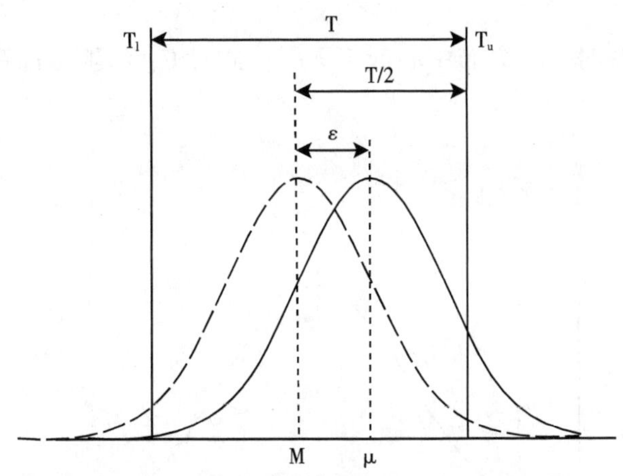

图 8-4　工序分布中心与公差带中心不重合

（3）只有上限单侧标准的情况（见图 8-5）。机械产品的形位公差（如圆度、平行度等）通常只给出上限要求，而对下限没有要求，只希望下限越小越好。这时工序能力指数计算公式为：

$$C_{pu}=\frac{T_u-\mu}{3\sigma}\approx\frac{T_u-\mu}{3S} \tag{8-7}$$

如果 $\mu\geqslant T_u$ 时，即分布中心超过上限，此时 C_{pu} 为零，工序的不合格品率高达 50%~100%。

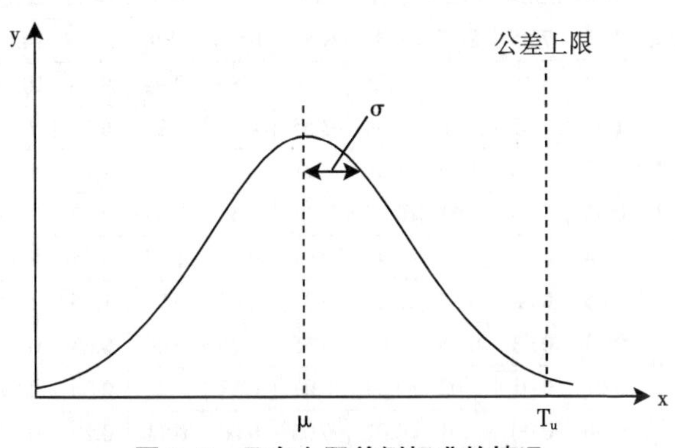

图 8-5　只有上限单侧标准的情况

（4）只有下限单侧标准的情况（见图 8-6）。产品的机械强度、寿命、可靠性等，通常只要求不低于某个下限值，且希望越大越好。这时工序能力指数计算公式为：

$$C_{pl}=\frac{\mu-T_l}{3\sigma}\approx\frac{\mu-T_l}{3S} \tag{8-8}$$

如果 $\mu\leqslant T_l$ 时，即分布中心低于下限，此时 C_{pl} 为零，工序的不合格品率高达 50%~100%。

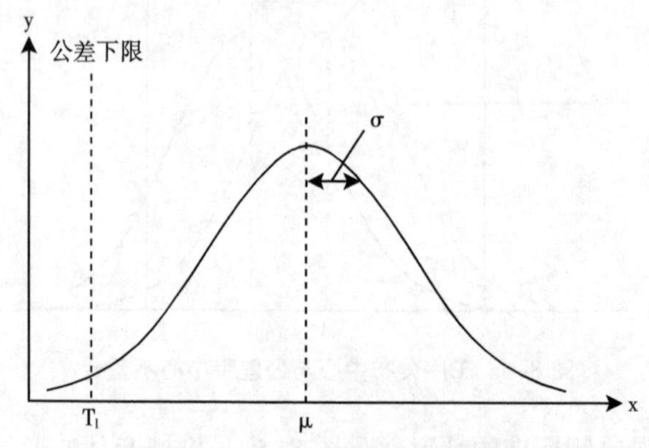

图 8-6　只有下限单侧标准的情况

表 8-1 给出了不同工序能力指数及偏移系数对应的不合格品率，图 8-7 为三者之间的关系图示。

表 8-1　工序能力指数与不合格频率的关系

C_p \ K	0.00	0.04	0.08	0.12	0.16	0.20	0.24	0.28	0.32	0.36	0.40	0.44	0.48	0.52
0.50	13.36	13.43	13.46	13.99	14.48	15.10	15.86	16.75	17.77	18.92	20.19	21.58	23.09	24.71
0.60	7.19	7.26	7.48	7.85	8.37	9.03	9.85	10.81	11.92	13.18	14.59	16.81	17.85	19.69
0.70	3.57	3.64	3.83	4.16	4.63	5.24	5.99	6.89	7.94	9.16	10.55	12.10	13.84	15.74
0.80	1.64	1.69	1.89	2.09	2.46	2.94	3.55	4.13	5.21	6.28	7.53	8.98	10.62	12.48
0.90	0.69	0.73	0.83	1.00	1.25	1.60	2.0	2.62	3.34	4.21	5.27	6.53	8.02	9.75
1.00	0.27	0.29	0.35	0.45	0.61	0.84	1.14	1.55	2.07	2.75	3.59	4.65	5.94	7.49
1.10	0.10	0.11	0.14	0.20	0.29	0.42	0.61	0.88	1.24	1.74	2.39	3.23	4.31	5.66
1.20	0.03	0.04	0.05	0.08	0.13	0.20	0.31	0.48	0.72	1.06	1.54	2.19	3.06	4.20
1.30	0.01	0.01	0.03	0.03	0.05	0.09	0.15	0.25	0.40	0.63	0.96	1.45	2.13	3.06
1.40	0.00	0.00	0.01	0.01	0.02	0.04	0.07	0.13	0.22	0.36	0.59	0.93	1.45	2.10
1.50			0.00	0.00	0.01	0.02	0.03	0.06	0.11	0.20	0.35	0.59	0.96	1.54
1.60					0.00	0.01	0.01	0.03	0.06	0.11	0.20	0.36	0.63	1.07

续表

K / C_p	0.00	0.04	0.08	0.12	0.16	0.20	0.24	0.28	0.32	0.36	0.40	0.44	0.48	0.52
1.70						0.00	0.01	0.01	0.03	0.06	0.11	0.22	0.40	0.72
1.80							0.00	0.01	0.01	0.03	0.06	0.13	0.25	0.48
1.90								0.00	0.01	0.01	0.03	0.07	0.15	0.31
2.00									0.00	0.01	0.02	0.04	0.09	0.20
2.10										0.00	0.11	0.02	0.05	0.18
2.20											0.00	0.01	0.03	0.08
2.30												0.01	0.02	0.05
2.40												0.00	0.01	0.03
2.50													0.01	0.02
2.60													0.00	0.01
2.70														0.01
2.80														0.00

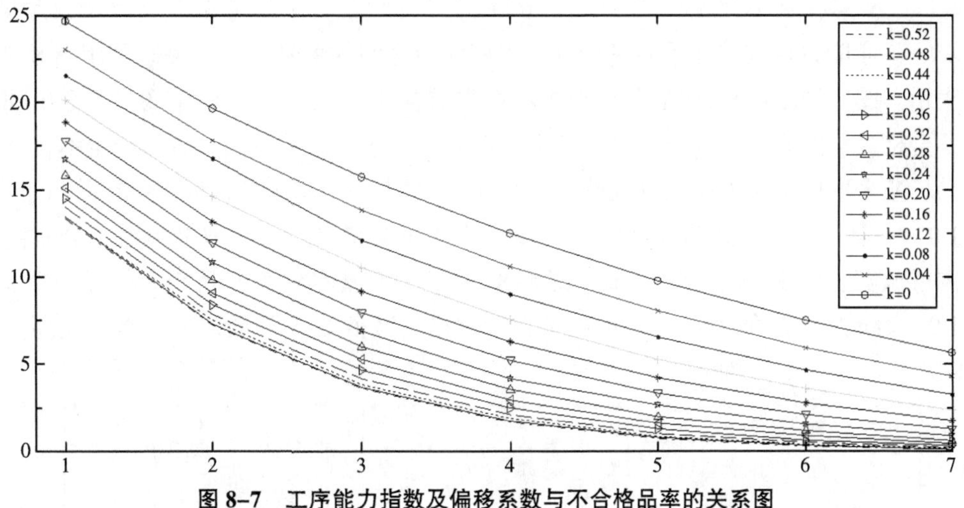

图 8-7　工序能力指数及偏移系数与不合格品率的关系图

三、工序能力指数评价

工序能力指数客观且定量地反映了工序能力满足质量标准的程度。工序能力指数越大，工序加工精度就越高，相应地加工成本也会增加，所以在实际生产中，应根据工序能力指数的大小，对工序的加工能力进行分析和评价，并采取必要的措施，既要保证产品质量又要尽量降低成本。

按照 C_p 的大小工序能力水平可以分为五个等级，按其等级的高低，在管理上可以做出相应的处理，如表 8-2 所示。

表 8-2 工序能力指数的分级评判和处理参考表

类型	C_p 或 C_{pk}	工序能力判断	处理措施
特级加工	$C_p>1.67$	工序能力过于充足	①可将公差缩小到约 4σ 范围；②允许较大的外来波动，以提高效率；③改用精度差一些的设备，降低成本；④简略检验
一级加工	$1.67\geqslant C_p>1.33$	工序能力充足	①若不是加工关键件，允许一定程度的外来波动；②简化检验；③用控制图进行控制
二级加工	$1.33\geqslant C_p>1.0$	工序能力尚可	①用控制图控制，防止外来波动；②对产品进行抽样检验，注意抽样方式和间隔；③当 $C_p\to1$ 时，应检查设备等方面的情况
三级加工	$1.0\geqslant C_p>0.67$	工序能力不足	①分析极差 R 过大的原因，并采取措施；②若不影响产品最终质量和装配，适当放大公差范围；③对产品全数检验或进行分级筛选
四级加工	$C_p\leqslant0.67$	工序能力严重不足	①必须追查各方面原因，对工艺进行改革；②对产品进行全数检查

四、质量标准与工序能力之间的关系

工序能力指数表达了质量标准与工序能力之间的关系，这种关系可用图 8-8 表示。图 8-8(a)分布中心与公差中心基本重合，且 T>B，故 $C_p>1.0$，不会出现不合格品；图 8-8 (b)分布中心发生向左偏移，接近公差下限，容易产生不合格品，应采取措施对工序加以调整；图 8-8(c)两中心基本重合，但 T≈B，故 $C_p\approx1.0$，一旦生产条件出现微小波动，就会产生不合格品，应采取措施缩小分布范围或放宽公差 T，以提高 C_p 值；图 8-8(d)两中心基本重合，但 T>>B，故 $C_p>>1.0$，表现为工序能力过高，可以考虑采取措施减低 C_p，降低加工成本，提高生

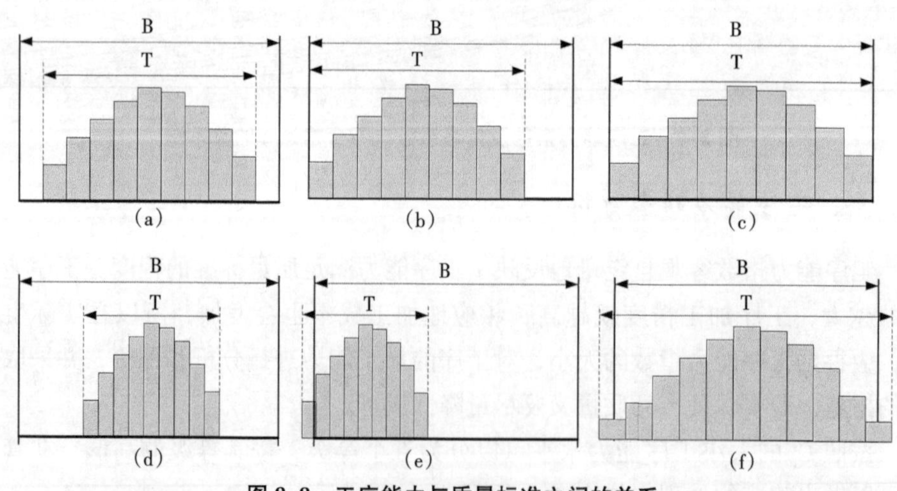

图 8-8 工序能力与质量标准之间的关系

产经济型；图 8-8(e)分布中心向左发生严重偏移，且工序能力显著过高，应加以纠正；图 8-8(f)两中心基本重合，但 T<B，故 $C_p<1.0$，会产生较多的不合格品，必须采取措施提高工序能力。

五、提高工序能力的途径

由工序能力指数的计算公式 $C_{pk}=(T-2\varepsilon)/6S$ 可知，影响工序能力指数的因素有三个，即质量标准 T、偏移量 ε 和样本标准偏差 S。所以提高工序能力，减少废品可以从以下三个方面考虑：

(1) 调整工序加工的分布中心，减少偏移量 ε。首先找出造成分布中心偏移的原因，再采取措施加以消除。减少偏移量的主要措施如下：如果偏移量是由于刀具磨损和加工条件随时间变化引起的，则可以采取设备自动补偿或刀具自动调整等措施；如果偏移量是由于设备、刀具、夹具等的定位误差和调整误差引起的，则可通过首件检验，重新调整；改变操作者在加工孔时偏向下差，加工轴时偏向上差的习惯性倾向，以公差中心值作为加工依据；采用更为精密的量规，由量规检验改为量值检验，采用更为精密的量具。

(2) 提高工序能力，减低分散程度。工序的分散程度，即工序加工的标准偏差。材料不均匀、设备精度低、可靠性差、工装及模具精度低、工艺方法不正确等因素，对质量特性值的分散程度影响较大。一般可以采取以下措施：修订工序，改进工艺方法；修订操作规程，优化工艺参数，增加中间工序；推广采用新材料、新工艺、新技术；检修、更新或改造设备；改变材料的进货周期，尽量采用同一批次的材料；提高工装、夹具的精度；改变生产现场的环境条件；对关键工序的操作进行培训，提高技术水平；加强现场质量控制，增加检验频率和数量。

(3) 调整质量标准。在保证产品质量的前提下，适当放宽公差以减低生产成本。扩大工序加工公差范围，工序能力指数会随之增大，但这样做必须十分谨慎。扩大加工公差，必须通过严格的论证和实践考察，确定放宽公差不致影响产品质量，由工艺设计部门提出，经过严格审批程序批准才能执行。实际生产中，对产品的次要部位及还要经过深加工的工序，公差不必定得过严。例如，对于后面还需镗、磨的钻孔工序，对孔径公差要求过严，便是工序能力的浪费，增加制造成本。

第二节　基于模糊统计的不确定质量特性过程能力指数计算模型

具有不确定质量特性的过程评价存在许多模糊信息，无法直接估算过程的能力指数，使能力指数在这种场合的应用受到限制。为了利用不确定质量特性的主观评价数据估算模糊过程能力指数，本节提出了利用模糊评分数据估计评价结果的模糊统计特征值的方法，并利用模糊统计特征值计算不确定质量特性过程能力指数，最后将不同模糊能力指数进行比较，分析结果表明本节所采用的模糊能力指数对过程中心偏移及质量损失的方面具有较高的灵敏性。

一、不确定质量特性评价数据的模糊统计模型

（一）常用隶属函数

工序能力指数的估算，需要过程的统计特征值以及产品的规格范围。对于不确定质量特性而言，首先需要确定模糊评价数据的隶属函数类型。

按照几何形状分类，常用隶属函数有三角形、梯形、正态形、高斯形以及Π形等，如图 8-9 所示。隶属函数的形状特点，可以较准确地刻画评价决策者的主

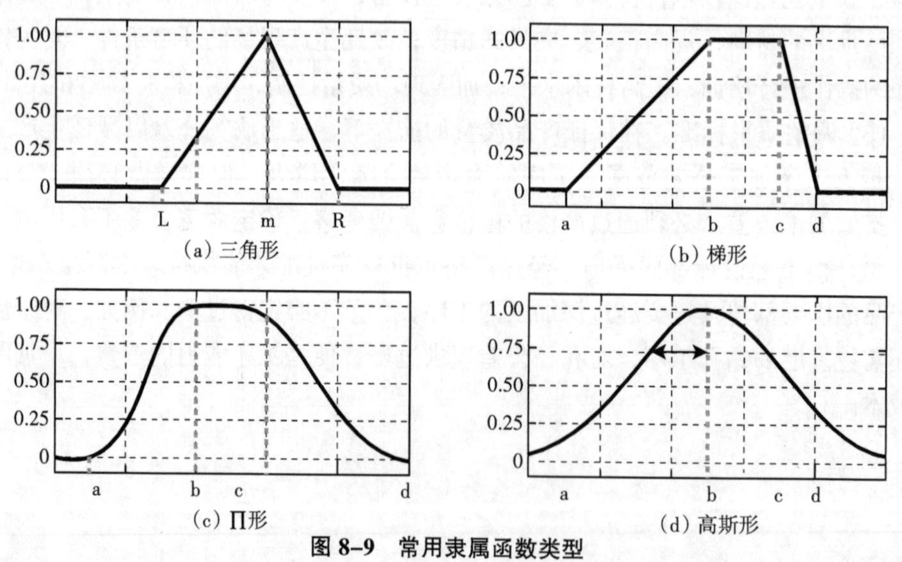

图 8-9　常用隶属函数类型

观偏好，即主观上有一个最佳满意度区域，在该区域的两侧满意度逐渐下降。所以可以利用服从这些隶属函数的模糊变量来对不确定质量特性的直觉感知做出评价。

（二）不确定质量特性模糊统计量构建

给定不确定质量特性的专家打分范围为［0，R］，［r_1，r_2，…，r_n］为质量特性的评分样本，假设与这一评分样本相对应的三角模糊数为 T［a，m，b］，下面阐述如何由质量特性的评分样本估计三角模糊数参数。

如隶属函数形状所示，位于不同点处的变量值，其隶属度不同，以图 8-9（a）为例，m 点的隶属度为：$\mu(m)=1$，a、b 两点的隶属度为：$\mu(a)=\mu(b)=0$，而［a，m］、［m，b］内点的隶属度介于（0，1），因此计算模糊数的模糊均值时，应该取各点的加权平均值。

设 $d_{ij}=|r_i-r_j|$ 为评分值 r_i 与 r_j 之间的距离，由 d_{ij} 构建的评分值相互距离矩阵 D 为：

$$D=\begin{bmatrix} 0 & r_1-r_2 & \cdots & r_1-r_n \\ r_2-r_1 & 0 & \cdots & r_2-r_n \\ \vdots & \vdots & \vdots & \vdots \\ r_n-r_1 & r_n-r_2 & \cdots & 0 \end{bmatrix}=[d_{ij}]_{n\times n} \tag{8-9}$$

设 $\bar{d}_i=\sum_{j=1}^{n} d_{ij}/(n-1)$，表示评分值 r_i 与其他分值的平均距离，该值的大小反映 r_i 距离中心点的远近，用各评分值的 $\bar{d}_i$ 构建的两两比较矩阵 Q 为：

$$Q=\begin{bmatrix} 1 & d_1/d_2 & \cdots & d_1/d_n \\ d_2/d_1 & 1 & \cdots & d_2/d_n \\ \vdots & \vdots & \vdots & \vdots \\ d_n/d_1 & d_n/d_2 & \cdots & 1 \end{bmatrix}=[q_{ij}]_{n\times n} \tag{8-10}$$

利用上述两个矩阵即可求解出各分值的权重 ω_i 以及评分数据的模糊均值：

$$\omega_j=1/\sum_{j=1}^{n} q_{ij} \tag{8-11}$$

$$m=\sum_{j=1}^{n} \omega_i r_i \tag{8-12}$$

以模糊均值 m 为界，将评分值分为两部分，即位于 m 左侧与位于 m 右侧，利用下式可以对评分样本的模糊标准方差做出估计：

$$\hat{s}^2=\frac{1}{2}\left\{\frac{\sum_{i\in\arg(g_i<m)} \omega_i(m-r_i)^2}{\sum_{i\in\arg(g_i<m)} \omega_i}+\frac{\sum_{i\in\arg(g_i>m)} \omega_i(m-r_i)^2}{\sum_{i\in\arg(g_i>m)} \omega_i}\right\} \tag{8-13}$$

(三)由模糊统计量计算模糊能力指数模型

用不确定质量特性评分数据的模糊均值 m 以及模糊标准方差估计值$\hat{s}^2$替代第三代能力指数计算公式中的 μ 与 σ^2,得到第三代能力指数 C_{pmk} 的模糊估算模型:

$$\tilde{C}_{pmk}=\min\left\{\frac{USL-m}{3\sqrt{\hat{s}^2+(m-T)^2}},\ \frac{m-LSL}{3\sqrt{\hat{s}^2+(m-T)^2}}\right\} \tag{8-14}$$

对于规格限以及目标值也为模糊描述时,如用三角模糊数给定的 USL、LSL 以及 T,利用上述公式计算时代入它们各自的模糊均值。

为了对比分析$\tilde{C}_{pmk}$在过程中心偏移及质量损失方面的灵敏性,对其他几种能力指数的模糊估算定义如下:

$$\tilde{C}_p=\frac{USL-LSL}{6\hat{s}} \tag{8-15}$$

$$\tilde{C}_{pk}=\min\left\{\frac{USL-m}{3\hat{s}},\ \frac{m-LSL}{3\hat{s}}\right\} \tag{8-16}$$

$$\tilde{C}_{pm}=\min\left\{\frac{USL-T}{3\sqrt{\hat{s}^2+(m-T)^2}},\ \frac{T-LSL}{3\sqrt{\hat{s}^2+(m-T)^2}}\right\} \tag{8-17}$$

二、实例分析

对某工件外观感知质量特性采取专家主观评分的方法进行综合评价,表 8-3 为从工序随机抽取的 50 个样本的评分结果:

表 8-3 外观感知质量特性评分数据

8.7	5.4	5.7	5.6	8.0	8.4	8.2	8.7	7.0	7.2
9.1	6.3	9.4	6.9	5.2	8.3	5.1	8.1	6.7	7.0
5.6	7.5	9.3	9.1	8.8	6.8	6.2	6.4	8.4	7.9
9.1	9.3	7.2	8.6	9.2	7.9	5.2	9.3	8.6	8.2
7.8	9.3	8.6	9.3	8.1	5.8	5.4	5.2	5.8	8.4

用上述数据,代入式(8-9)~式(8-11),计算得到的各评分值的权重 ω_i,如表 8-4 所示:

代入式(8-12),得到评分模糊数的均值为:m=7.6881。

利用式(8-13),得到评分样本的模糊标准方差的估计值:$\hat{s}^2$=1.7396。

为了分析过程无偏移、左偏移以及右偏移三种情况下,不同工序能力指数对同一过程的评价,考虑过程本身及质量经济性因素,假设下面几种情况的目标值

表 8-4　外观感知质量特性评分值的权重

0.0220	0.0138	0.0154	0.0149	0.0253	0.0241	0.0249	0.0220	0.0226	0.0235
0.0187	0.0186	0.0163	0.0221	0.0128	0.0245	0.0123	0.0252	0.0209	0.0226
0.0149	0.0244	0.0172	0.0187	0.0211	0.0215	0.0180	0.0192	0.0241	0.0253
0.0187	0.0172	0.0235	0.0228	0.0179	0.0253	0.0128	0.0172	0.0228	0.0249
0.0251	0.0172	0.0228	0.0172	0.0252	0.0159	0.0138	0.0128	0.0159	0.0241

及规格限（假定目标值为规格限的中心）：① $T_1=6.7$ ［4.95，8.45］；② $T_2=7$ ［5.25，8.75］；③ $T_3=m=7.6881$，［5.9381，9.4381］；④ $T_4=8.25$，［6.5，10］［5.9381，9.4381］；⑤ $T_5=8.5$，［6.75，10.25］；⑥ $T_6=9$，［7.25，10.75］。

应用模糊能力指数的估算模型（8-14）~模型（8-17），可以得到上述六种情况下的不同类型的模糊能力指数值：

$T_1=6.7$：$\tilde{C}_{pmk}=0.1541$，$\tilde{C}_{pm}=0.3540$，$\tilde{C}_{pk}=0.1925$，$\tilde{C}_p=0.4423$

$T_2=7$：$\tilde{C}_{pmk}=0.2379$，$\tilde{C}_{pm}=0.3921$，$\tilde{C}_{pk}=0.2684$，$\tilde{C}_p=0.4423$

$T_3=7.6881$：$\tilde{C}_{pmk}=0.4423$，$\tilde{C}_{pm}=0.4423$，$\tilde{C}_{pk}=0.4423$，$\tilde{C}_p=0.4423$

$T_4=8.25$：$\tilde{C}_{pmk}=0.2763$，$\tilde{C}_{pm}=0.4069$，$\tilde{C}_{pk}=0.3003$，$\tilde{C}_p=0.4423$

$T_5=8.5$：$\tilde{C}_{pmk}=0.2019$，$\tilde{C}_{pm}=0.3766$，$\tilde{C}_{pk}=0.2371$，$\tilde{C}_p=0.4423$

$T_6=9$：$\tilde{C}_{pmk}=0.0785$，$\tilde{C}_{pm}=0.3136$，$\tilde{C}_{pk}=0.1107$，$\tilde{C}_p=0.4423$

图 8-10 为不同规格限及目标值下的能力指数曲线。

从图 8-10 可以看出：

（1）只要规格范围的上下限差值固定，同一过程的 $\tilde{C}_p$ 值不变；

（2）当过程模糊均值与规格中心重合时，不同的能力指数值相等，且各种能力指数取得最大值（对应图中第三种情况）；

（3）六种情况下，各种指数中 $\tilde{C}_{pmk}$ 最小；

（4）过程均值相对于规格中心的偏移越小，对应的能力指数值越大。

对于计量型能力指数，通常会给出一个用于评价工序状况的指数值范围，例如，$1.67>C_p>1.33$ 时，对应的工序能力充足；$1.33>C_p>1.0$ 时，对应的工序能力基本合格等，对于本节所提方案估算得出的模糊能力指数，确定其不同的取值范围与工序状况的对应关系，对于工序能力的判断以及采取相应措施改善工序具有重要的意义，可以作为进一步研究的方向。本节实例分析过程只考虑了目标值在规格范围中心时的均值偏移情况，对于目标值本身靠近上限、靠近下限以及单侧

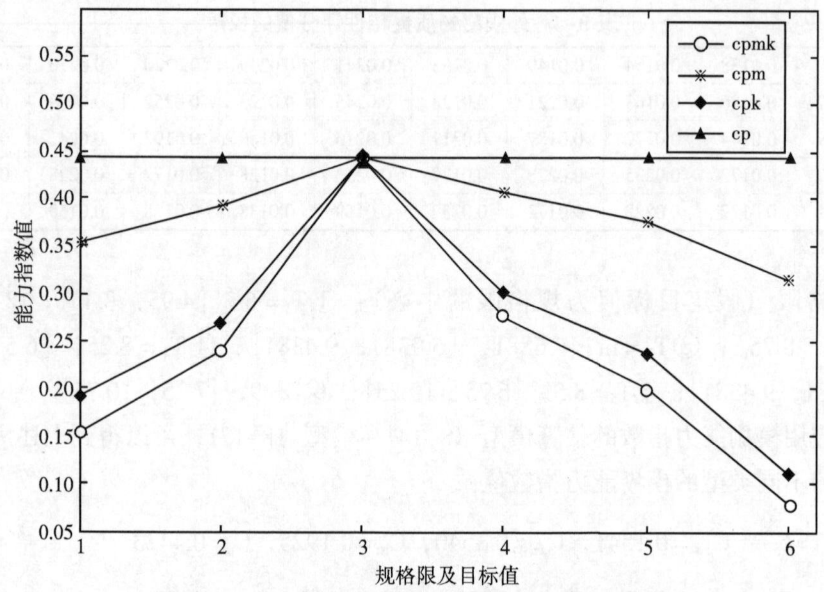

图 8-10 不同规格限及目标值情况下的能力指数

注：①T = 6.7，[LSL，USL] = [4.95，8.45]；②T = 7，[LSL，USL] = [5.25，8.75]；③T = m = 7.6881，[LSL，USL] = [5.9381，9.4381]；④T = 8.25，[LSL，USL] = [6.5，10]；⑤T = 8.5，[LSL，USL] = [6.75，10.25]；⑥T = 9，[LSL，USL] = [7.25，10.75]。

公差时，本节所提方案的效果有待进一步验证。

第三节 本章小结

本章在介绍过程能力及过程能力指数相关概念的基础上，提出基于模糊统计的不确定质量特性过程能力指数的估算方法，根据不确定质量特性的主观评分数来估计相应评价模糊数统计特征值，并以该特征值估算过程的工序能力指数，实现了利用不确定质量特性的模糊评价信息对过程能力的估计。

第九章
不确定质量控制原型系统

第一节　不确定质量控制系统框架

按照前面的研究结果，设计并开发了一个不确定质量控制系统（Uncertain Quality Control System，UQCS）的原型系统，该系统可以实现前几章涉及的主要功能，包括模糊质量控制图的绘制、模糊质量异常粗诊断、基于模糊关系方程GA求解的质量异常详细诊断及FRPNs模型仿真四个模块。图9-1是UQCS的系统框架示意图，图9-2是系统的主界面。

第二节　系统功能及算法流程

一、系统功能描述

考虑Matlab环境下数值计算、模糊推理、遗传算法及Simulink仿真方面的突出优势，结合系统功能特点，系统开发采用Matlab程序语言，通过GUIDE界面开发平台编辑系统界面，并对框架程序添加应用程序代码，实现系统功能，数据存储采用Mat文件与Excel表格两种形式。图9-3为系统功能结构模型。其

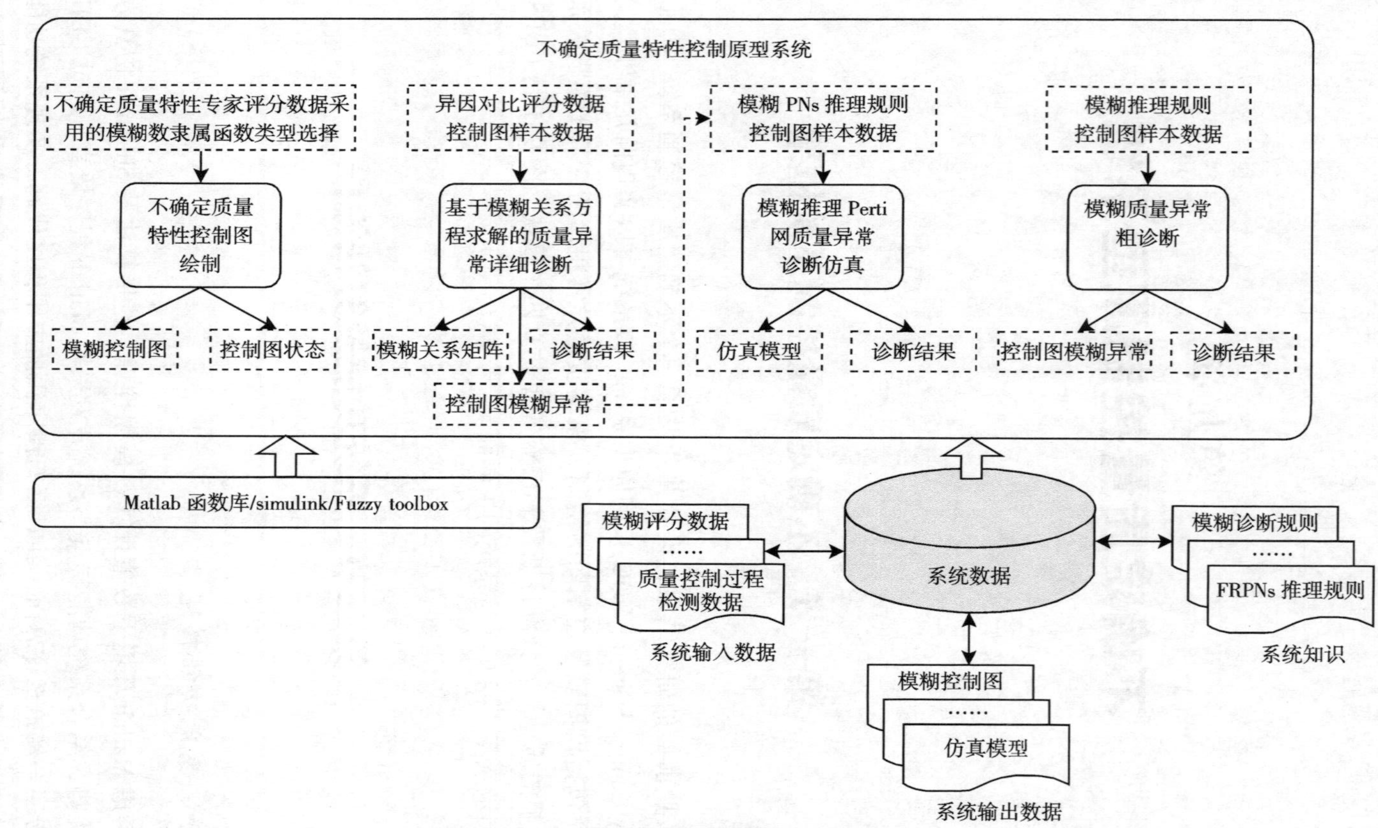

图 9-1 不确定质量特性控制原型系统框架

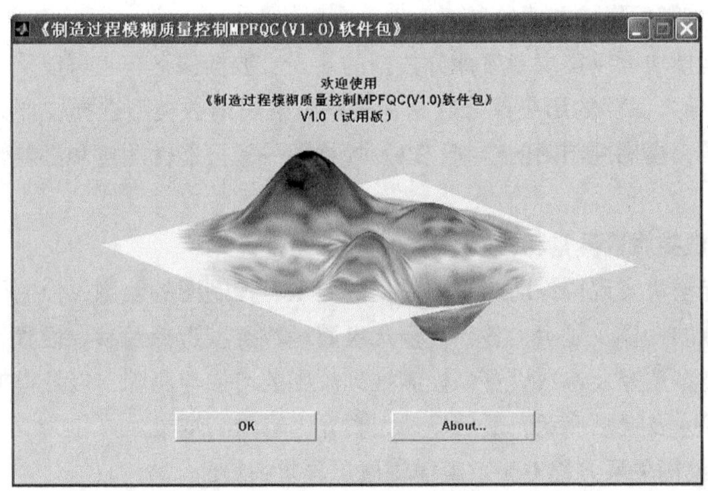

图 9-2 系统主界面图

中，控制图数据处理为一个调用功能模块，为模糊质量异常粗诊断、模糊质量异常详细诊断及模糊推理 Petri 网质量异常诊断仿真三个模块共用，在系统主菜单中不单独列出，如图 9-3 虚线所示。

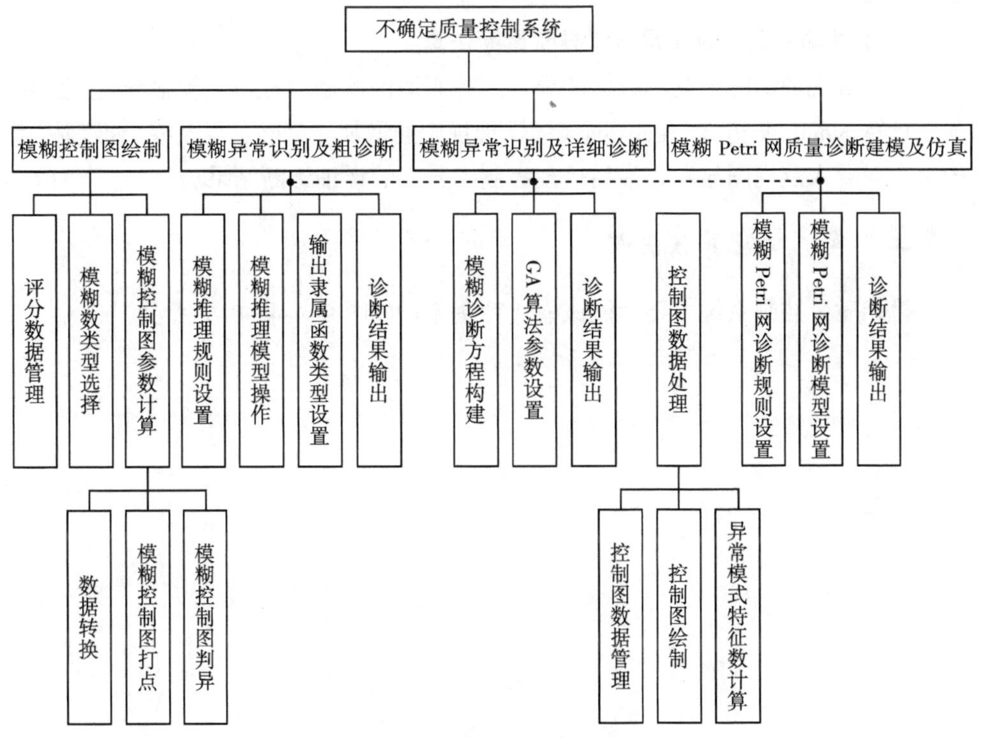

图 9-3 系统功能结构图

（一）模糊质量控制图绘制

该功能模块可以实现专家评分数据的录入、数据保存，也可以从 Mat 文件或 Excel 表格导入保存的历史评分数据，模糊数隶属函数类型选择，评分数据向模糊数的转换，模糊控制图的绘制，以及规格限——可能性测度和必要性测度的计算与绘制。

（二）模糊质量异常粗诊断

该功能模块实现待诊断控制图数据的导入、控制图的绘制，控制图模糊异常模式特征数的计算及显示，各异常模式隶属函数类型选择及参数设置，诊断输出隶属函数类型选择及参数设置，模糊推理规则的增加与删除，以及模糊推理模型的保存、导入及视图显示，最后呈现大类异因粗诊断结果。

（三）模糊关系方程 GA 求解模糊质量异常细诊断

可以实现待诊断控制图数据的导入、控制图的绘制，控制图模糊异常模式特征数的计算及显示，控制图小波分解重构图形显示，重构信号参数拟合图形显示，各异常模式异因成对比较评分数据录入、保存及导入，模糊关系矩阵构建及显示，GA 算法参数设置，模糊关系方程 GA 求解运行过程显示，最后呈现详细诊断结果。

（四）模糊推理 Petri 网质量异常诊断仿真

可以实现待诊断控制图数据的导入、控制图的绘制，控制图模糊异常模式特征数计算 Simulink 仿真，Petri 网模糊推理规则的增加与删除，以及模糊推理模型的保存、导入及视图显示，最后呈现控制图异常的详细诊断结果。

二、系统功能算法流程

模糊质量控制系统主要功能该模块算法流程如图 9-4~图 9-7 所示。

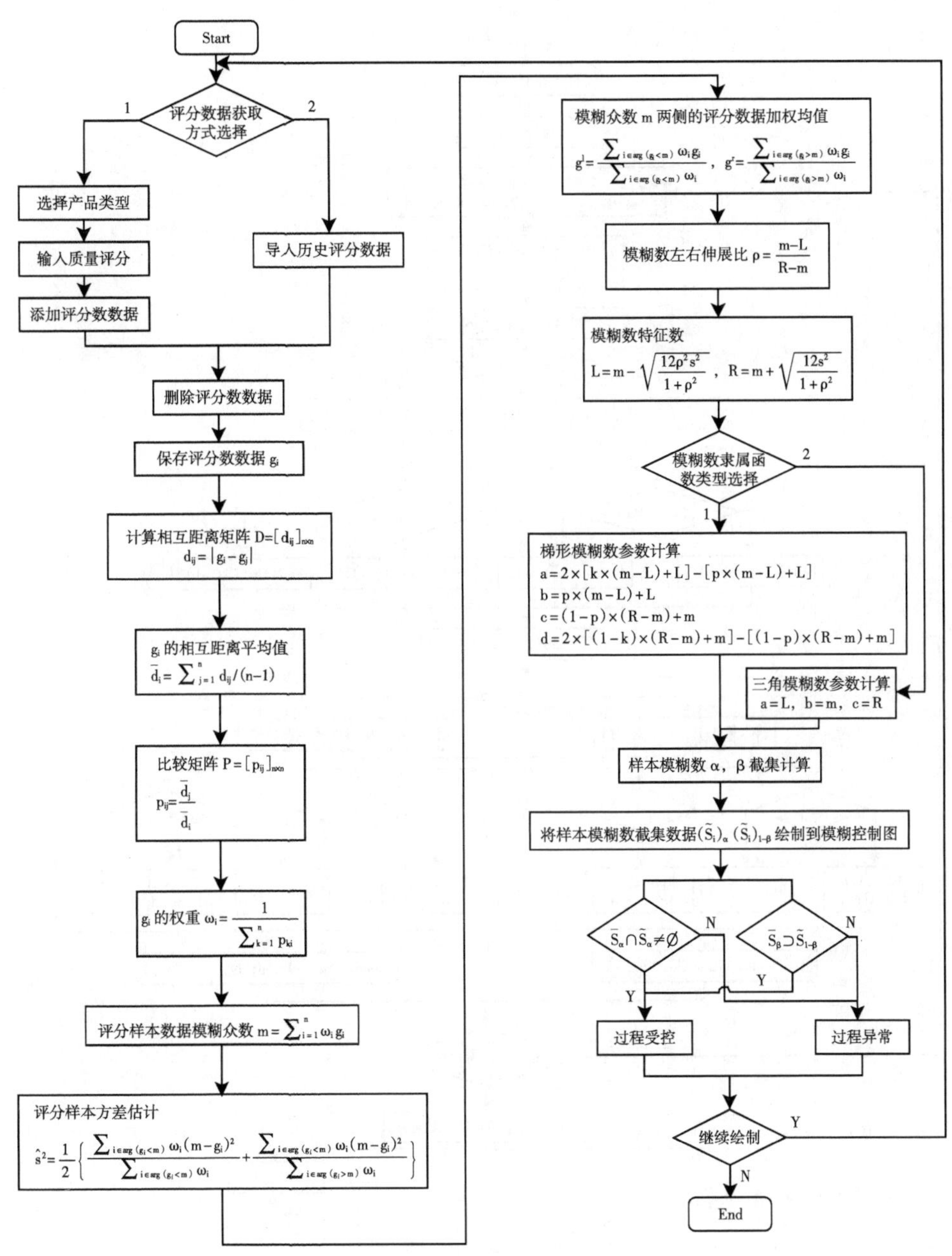

图 9-4　模糊控制图绘制流程

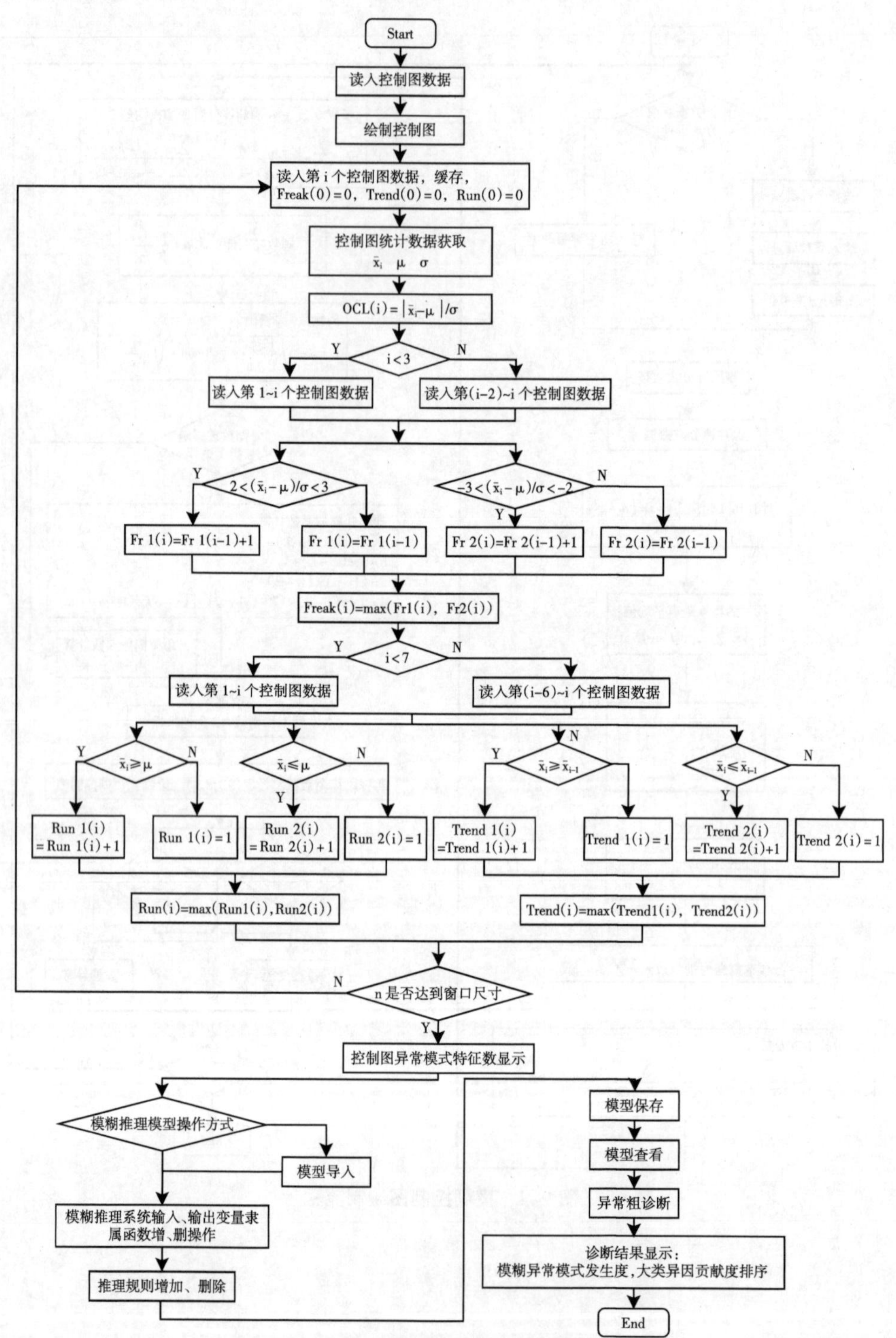

图 9–5 模糊质量异常粗诊断模块算法流程

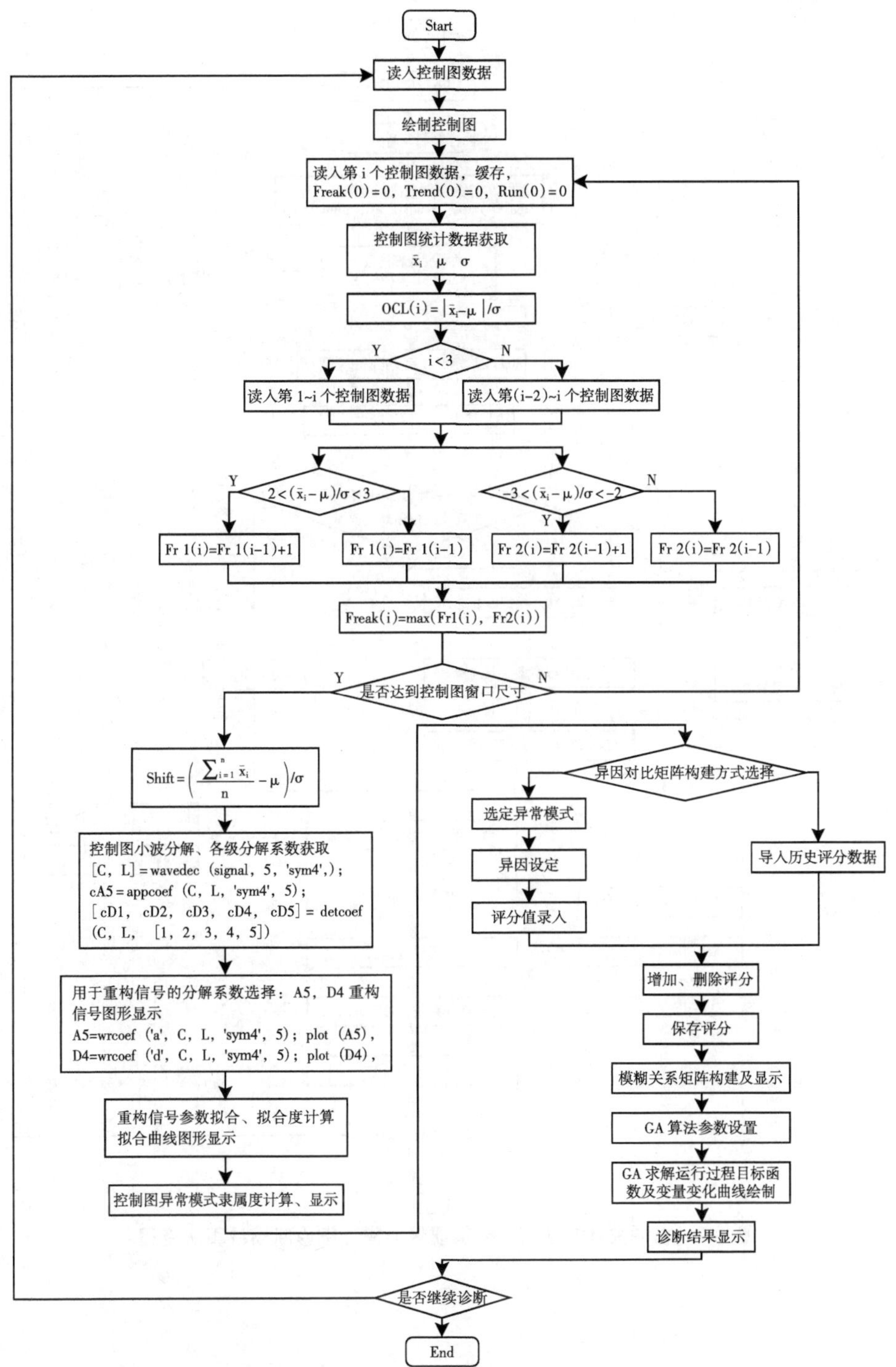

图 9-6　模糊关系方程 GA 求解质量异常详细诊断模块算法流程

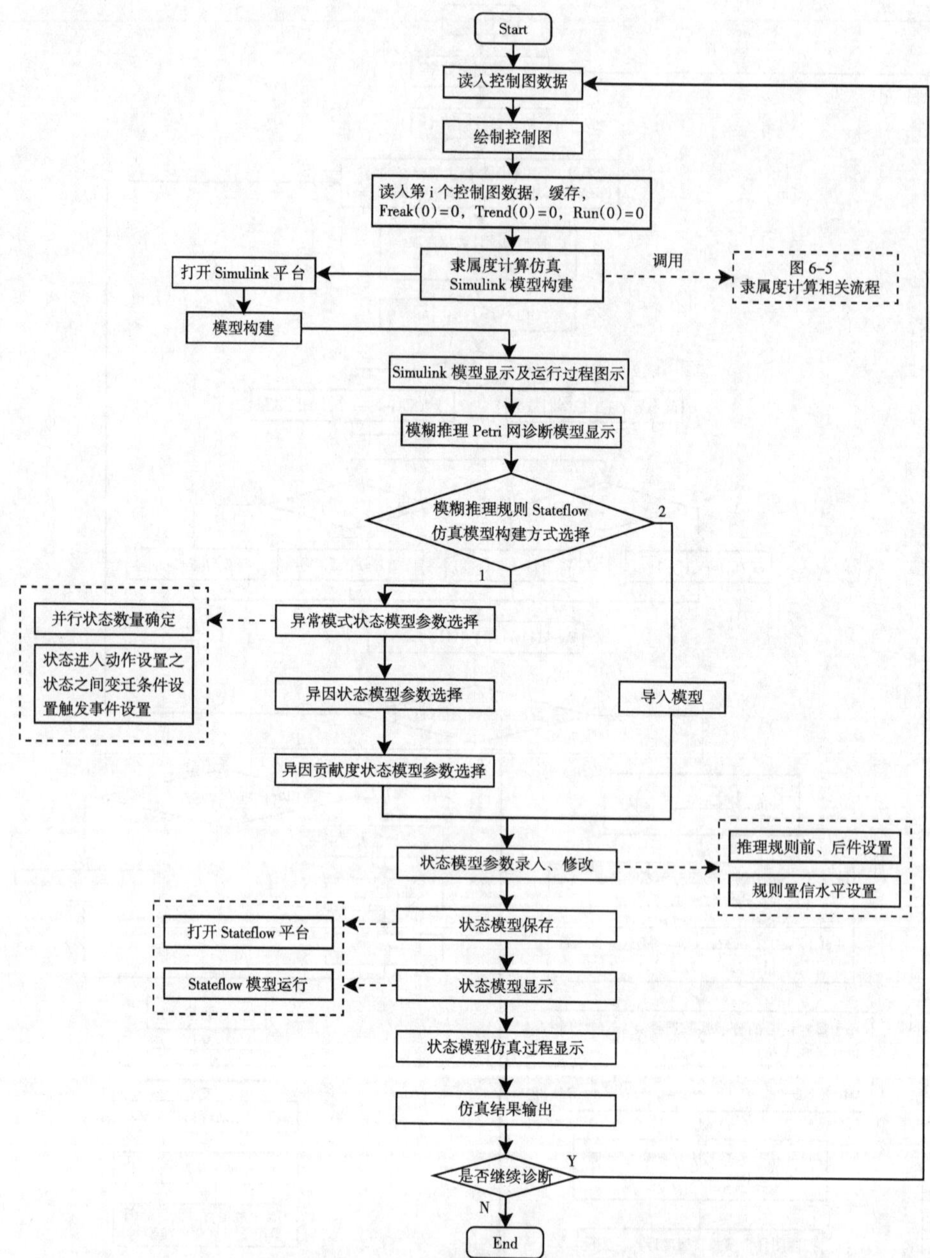

图 9-7　模糊关系方程 GA 求解质量异常详细诊断模块算法流程

第三节　系统应用实例

针对某纺织机械厂精密罗拉生产车间的质量控制特点，即罗拉件加工效果综合评价，加工质量异常及诊断等实际问题中存在模糊不确定特性，表现为罗拉件加工效果综合评价特性无法用检（量）具进行量化测定，质量控制图为并发加工异常综合作用的结果，且质量异常与异因之间的关系复杂，应用前述提出的模糊质量控制系统，解决车间的模糊质量控制问题。

图 9–8 为模糊控制图绘制模块的主界面，用户输入对过程模糊质量特性的评分样本数据，选择用于构建模糊控制图的模糊数隶属函数类型并设置其形状参数，图例选择为“梯形隶属函数”，执行计算功能即可完成评分数据向构建模糊控制图用模糊数的转换，并显示结果。

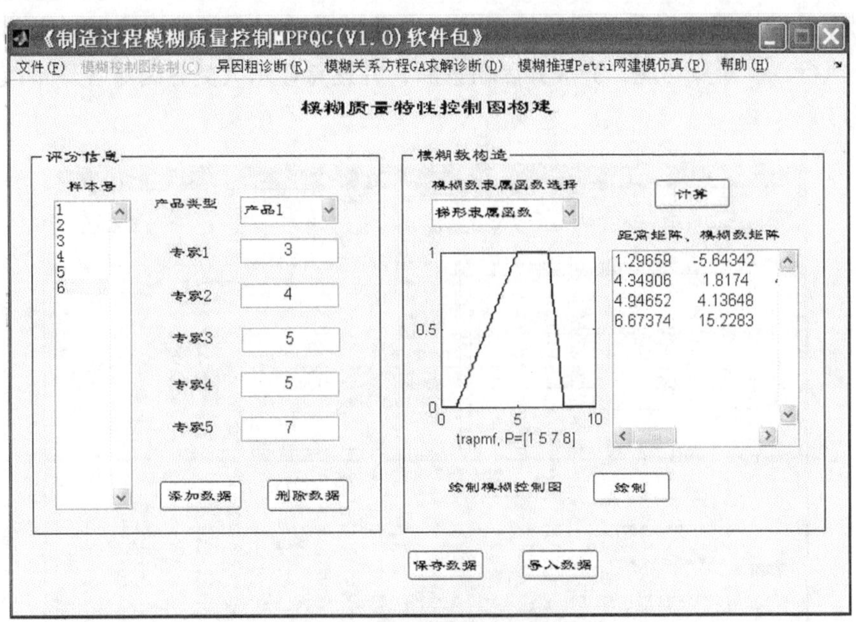

图 9–8　模糊质量控制图构建界面

图 9–9 为模糊控制图绘制结果，按照可能性测度判异准则，控制图处于受控状态，表现为样本模糊数 α–截集与均值模糊数 α–截集的交集均为非空。

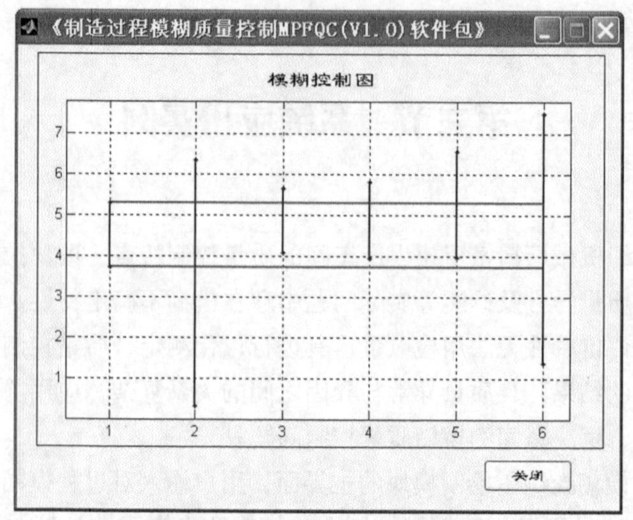

图 9-9　绘制的模糊控制图结果

图 9-10 为质量异常粗诊断模块的主界面，用户执行“导入数据”，读入待诊断质量控制图信息并以控制图的形式显示，执行“特征数分析”，逐点计算当前控制图异常模式特征数并显示结果；用户设置异常粗诊断模糊推理规则相关参数，执行“诊断”功能，完成异因粗诊断，并逐点显示大类异因对各异常模式的贡献度。

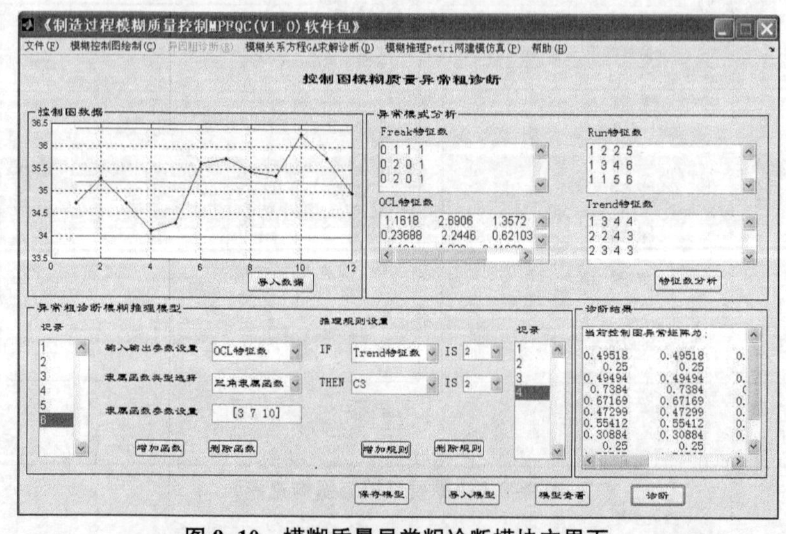

图 9-10　模糊质量异常粗诊断模块主界面

图 9-11 即为模糊推理模型视图，查看当前设置的模糊推理系统模型结构。

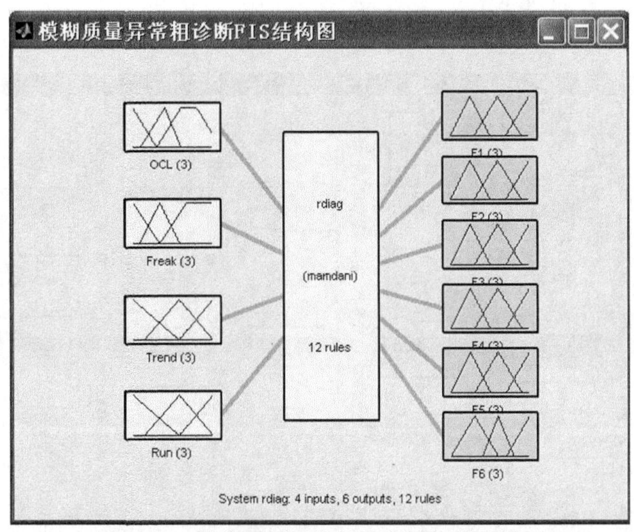

图 9–11　模糊质量异常粗诊断模糊推理模型

图 9–12 为质量异常细诊断模块的主界面，用户执行“导入数据”，读入待诊断质量控制图信息并以控制图的形式显示，执行“隶属度计算”，对于并发异常模式可以完成小波分解重构，并显示拟合情况，最终计算出当前控制图不同异常模式特征数并显示结果；用户输入异因两两比较得分，可以完成模糊矩阵 R 的构建并显示结果；用户可以设置 GA 算法相关参数。

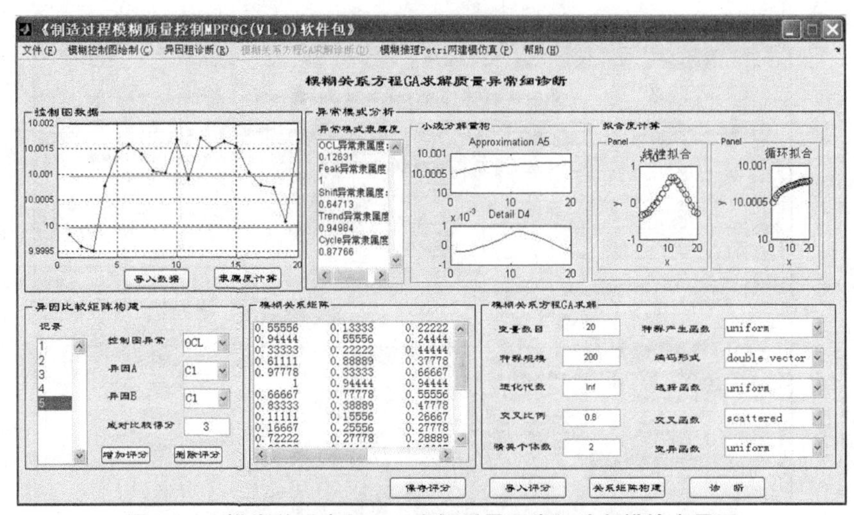

图 9–12　模糊关系方程 GA 求解质量异常细诊断模块主界面

执行“诊断”功能，即开始 GA 求解诊断过程，图 9–13 为 GA 求解运行过程各异因变量隶属度变动图。

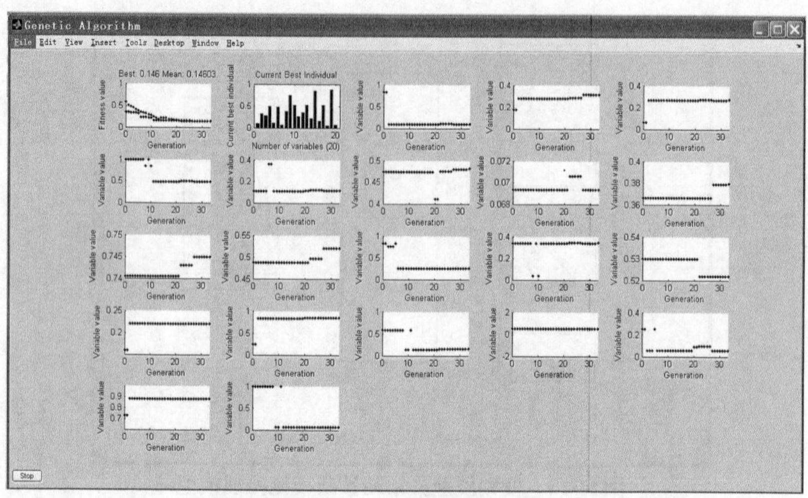

图 9-13　模糊关系方程 GA 求解质量异常细诊断运行过程

图 9-14 为 FRPNs 诊断建模与仿真该模块的主界面，用户执行“导入数据”，读入待诊断质量控制图数据并绘制控制图，执行“隶属度计算”，输出当前控制图不同异常模式隶属度并显示结果；通过模糊推理规则参数录入框，完成规则库的建立；在 Stateflow 仿真模型参数设置框内，完成模糊推理规则向 Stateflow 模型元素的转换，执行“推理诊断”，完成诊断过程并输出各异因隶属度。

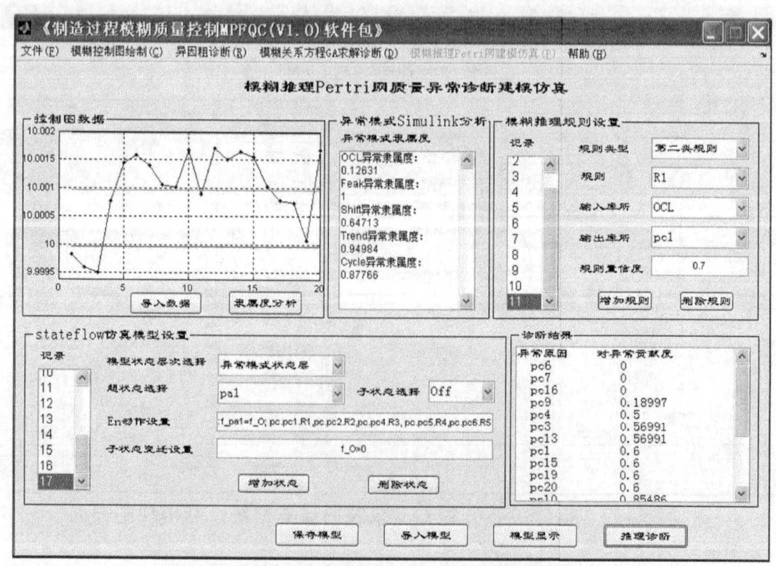

图 9-14　模糊推理 Petri 网诊断、仿真主界面

执行“模型显示”功能，可以查看完成参数设置后仿真模型结构，图 9-15 为当前仿真模型视图。

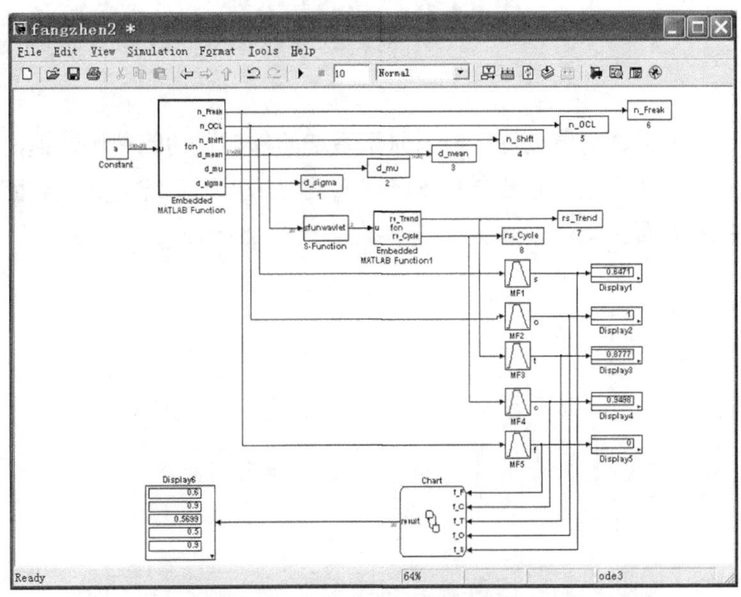

图 9-15　模糊关系方程 GA 求解质量异常细诊断仿真模型

执行“推理诊断”功能，同时会弹出 Stateflow 运行图，动态显示诊断过程中的状态变化，图 9-16 为仿真运行过程视图。

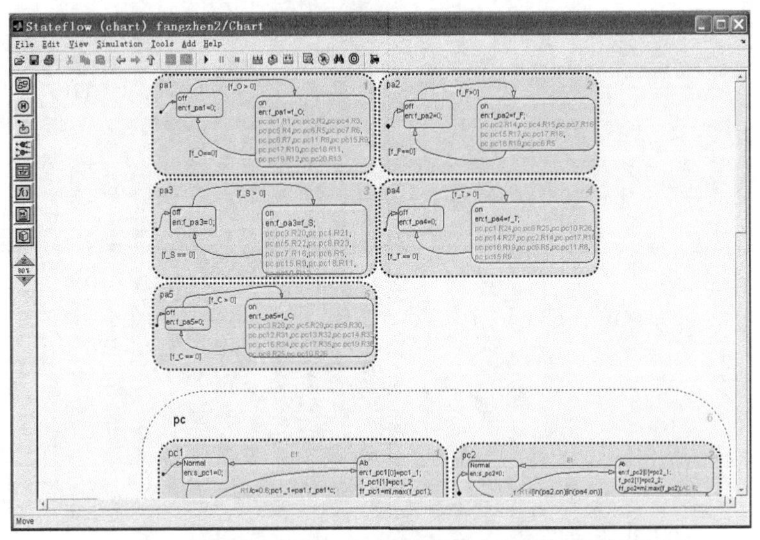

图 9-16　模糊关系方程 GA 求解质量异常细诊断运行过程

第四节　本章小结

本章分析了不确定质量特性控制原型系统的框架及功能结构，提出了各模块的实现功能、处理流程，并结合具体应用实例，给出了系统的交互界面、运行过程及运行结果界面。

参考文献

[1] A. Rotshtein. Modification of Saaty method for the construction of fuzzy set membership functions [C]. Fuzzy Logic and Its Applications: International Conference FUZZY-1997, Zichron, Israel, 1997: 125-130.

[2] Abdolshah M., Yusuff R. M., Hong T. S., et al. Measuring process capability index C pmk with fuzzy data and compare it with other fuzzy process capability indices [J]. Expert Systems with Applications, 2011, 38 (6): 6452-6457.

[3] Adel Alaeddini, Mehdi Ghazanfari, Majid Amin Nayeri. A hybrid fuzzy-statistical clustering approach for estimating the time of changes in fixed and variable sampling control charts [J]. Information Sciences, 2009, 179 (11): 1769-1784.

[4] Alcalde C., Burusco A., Fuentes-González R. Application of the L-fuzzy concept analysis in the morphological image and signal processing[J]. Ann Mate Artif Intel, 2014 (1-2): 5-128.

[5] Antika Thapar, Dhaneshwar Pandey, S. K. Gaur. Optimization of linear objective function with max-t fuzzy relation equations [J]. Appl. Soft Comput, 2009 (3): 1097-1101.

[6] B. C. Khoo Michael, S. Y. Teh, Zhang Wu. Monitoring process mean and variability with one double EWMA chart [J]. Communications in Statistics-Theory and Methods, 2010, 39 (20): 3678-3694.

[7] B. S. Shieh. Minimizing a linear objective function under a fuzzy max-t norm relation equation constraint [J]. Information Sciences, 2011, 181: 832-841.

[8] Barnett N. S. Process control and product quality [J]. International Journal of Quality & Reliability Management, 1990 (7): 34-43.

[9] Barzola O. R. Multivariate multinomial control chart using fuzzy approach [J]. International Journal of Production Research, 2015 (53): 2225-2238.

[10] Boyles R. A. The Taguchi capability index [J]. Journal of Quality Technology, 1991, 23 (1): 17-26.

[11] C. W. Chang, B. S. Shieh. Linear optimization problem constrained by fuzzy max min relation equations [J]. Information Sciences, 2013 (234): 71-79.

[12] Chan L. K., Cheng S. W., Spiring F. A. A new measure of process capability, Cpm [J]. Journal of Quality Technology, 1988, 20 (3): 162-175.

[13] Chen C. C., Lai C. M., Nien H. Y. Measuring process capability index Cpm with fuzzy data [J]. Quality & Quantity, 2010, 44 (3): 529-535.

[14] Chen T. W., Lin J. Y., Chen K. S. Selecting a supplier by fuzzy evaluation of capability indices Cpm [J]. International Journal of Advanced Manufacturing Technology, 2003 (22): 534-540.

[15] Chen Yongting. Fuzzy quality and analysis on fuzzy probability [J]. Fuzzy Sets and Systems, 1996 (83): 283-290.

[16] D. J. C., Medina J. S. Solving systems of fuzzy relation equations by fuzzy property-oriented concepts [J]. Information Sciences, 2013 (222): 405-412.

[17] Didier Dubois, Henri Prade. Ranking fuzzy numbers in the setting of possibility theory [J]. Information Sciences, 1983 (30): 183-224.

[18] Dubois D., Prade H. Fuzzy relation equations and causal reasoning [J]. Fuzzy Set Syst, 1995 (2): 119-134.

[19] E. Bartl. Minimal solutions of generalized fuzzy relational equations: Probabilistic algorithm based on greedy approach [J]. Fuzzy Sets and Systems, 2015 (260): 25-42.

[20] E. Shivanian. An algorithm for finding solutions of fuzzy relation equations with max-lukasiewicz composition [J]. Mathware Soft Comput, 2010 (1): 15-26.

[21] Ebrahimzadeh A., Ranaee V. Control chart pattern recognition using an optimized neural network and efficient features [J]. ISA Transactions, 2010 (3): 387-393.

[22] El-Midany Tawfik T., El-Baz M. A., Abd-Elwahed M. S. A proposed

framework for control chart pattern recognition in multivariate process using artificial neural networks [J]. Expert Systems with Applications, 2010, 37 (2): 1035–1042.

[23] Faraz A., Shapiro A. F. An application of fuzzy random variables to control charts [J]. Fuzzy Sets and Systems, 2010, 16 (20): 2684–2694.

[24] G. Lee, S. O. Song, E. S. Yoon. Multiple–fault diagnosis based on system decomposition and dynamic PLS [J]. Ind. Eng. Chem. Res, 2003, 42 (24): 6145–6154.

[25] Ghobadi S., Noghondarian K., Noorossana R. Developing a fuzzy multivariate CUSUM control chart to monitor multinomial linguistic quality characteristics [J]. International Journal of Advanced Manufacturing Technology, 2015 (79): 1893–1903.

[26] Grant E. L., Leavenwonrth R. S. Statistical quality control [M]. New York: McGraw–Hill, 1996.

[27] Guh Ruey–Shy, Hsieh Yi–Chih. A neural network based model for abnormal pattern recognition of control charts [J]. Computers & Industrial Engineering, 1999, 36 (1): 97–108.

[28] H. Alipour, R. Noorossana. Fuzzy multivariate exponentially weighted moving average control chart [J]. International Journal of Advanced Manufacturing Technology, 2010 (48): 1001–1007.

[29] H. Taleb, M. Limam. On fuzzy and probabilistic control charts [J]. International Journal of Production Research, 2002, 40 (12): 2849–2863.

[30] H. W. Cho, K. J. Kim. Fault diagnosis of batch processes using discriminant model [J]. International Journal of Production Research, 2004, 42 (3): 597–612.

[31] Hou Shiwang, Li Mengqun. Modeling and simulating of uncertain quality abnormity diagnosis [J]. Research Journal of Applied Sciences, Engineering and Technology, 2013, 5 (20): 4843–4849.

[32] Hou Shiwang, Li Mengqun. Quality abnormity diagnosis of multivariate manufacturing process based on neural networks [J]. Journal of Computational Information Systems, 2013, 9 (5): 1851–1858.

[33] Hou Shiwang, Tong Shurong. Fuzzy logic based assignable causes ranking system for control chart abnormity diagnosis [R]. The 2008 IEEE World Congress on

Computational Intelligence (WCCI 2008), 2008 (1): 49-53.

[34] Hou Shiwang, Wen Haijun, Tong Shurong. Application of neural networks to fault diagnosis of multivariate control charts [R]. ISTM/2007 Proceedings of 7th International Symposium on Test and Measurement (Vol.3), 2007.

[35] Hou Shiwang. Study on the stateflow-based dynamically simulating model of fuzzy reasoning petri nets [R]. The 8th World Congress on Intelligent Control and Automation (WCICA 2010), 2010.

[36] Hou Shiwang. Uncertain quality abnormity diagnosis by stateflow-based simulating of fuzzy reasoning petri nets model a case study [R]. The 2011 IEEE International Conference on Quality and Reliability (IEEE ICQR 2011), 2011 (1): 268-272.

[37] Hsi-Mei Hsu, Yan-Kwang Chen. A fuzzy reasoning based diagnosis system for X control charts [J]. Journal of Intelligent Manufacturing, 2001, 12 (1): 57-64.

[38] Hsu B. M., Shu M. H., Pearn W. L. Measuring process capability based on Cpmk with gauge measurement errors [J]. Quality and Reliability Engineering International, 2007, 23 (5): 597-614.

[39] Hsu B. M., Shu M. H. Fuzzy testing and selecting the better manufacturing process using loss-based capability index [R]. Proceedings of the First International Conference on Innovative Computing, 2006: 204-208.

[40] Hyun-Woo Cho. An orthogonally filtered tree classifier based on nonlinear kernel-based optimal representation of data [J]. Expert Systems with Applications, 2008, 34 (2): 1028-1037.

[41] Hyun-Woo Cho. Identification of contributing variables using kernel-based discriminant modeling and reconstruction [J]. Expert Systems with Applications, 2007, 33 (2): 274-285.

[42] Hyun-Woo Cho. Nonlinear feature extraction and classification of multivariate data in kernel feature space [J]. Expert Systems with Applications, 2007, 32 (2): 534-542.

[43] I. Perfilieva, V. Novak. System of fuzzy relation equations as a continuous model of IF-THEN rules [J]. Information Sciences 2007 (16): 3218-3227.

[44] Ioana Fagarasan, Stéphane Ploix, Sylviane Gentil. Causal fault detection

and isolation based on a set-membership approach [J]. Automatica, 2004 (12): 2099-2110.

[45] J. Chen, H. H. Chen. On-line batch process monitoring using MHMT-based MPCA [J]. Chemical Engineering Science, 2006, 61 (10): 3223-3239.

[46] J. D. T. Tannock. A fuzzy control charting method for individuals [J]. International Journal of Production Research, 2003, 41 (5): 1017-1032.

[47] J. C. Díaz, J. Medina. Multi-adjoint relation equations: Definition, properties and solutions using concept lattices [J]. Information Sciences, 2013 (253): 100-109.

[48] J. C. Díaz-Moreno, J. Medina. Using concept lattice theory to obtain the set of solutions of multi-adjoint relation equations [J]. Information Sciences, 2014 (266): 218-225.

[49] K. David Jamison, Weldon A. Lodwick. The construction of consistent possibility and necessity measures [J]. Fuzzy Sets and Systems, 2002 (132): 1-10.

[50] Kane V. E. Process capability indices [J]. Journal of Quality Technology, 1986, 18 (1): 41-52.

[51] Kaya I., Kahraman C. Air pollution control using fuzzy process capability indices in the six-sigma approach [J]. Human and Ecological Risk Assessment, 2009, 15 (4): 689-713.

[52] Kaya I., Kahraman C. Process capability analyses based on fuzzy measurements and fuzzy control charts [J]. Expert Systems with Applications, 2011, 38 (4): 3172-3184.

[53] Kerre E. E., Nachtegael M. Fuzzy relational calculus and its application to image processing [C]. Proceedings of International Workshop on Fuzzy Logic and Applications. Palermo, Italy, June 9-12, 2009, 179-188.

[54] Kun-Lin Hsieh, Lee-Ing Tong, Min-Chia Wang. The application of control chart for defects and defect clustering in IC manufacturing based on fuzzy theory [J]. Expert Systems with Applications, 2007 (32): 765-776.

[55] L. A. Zadeh. Fuzzy sets as a basis for a theory of possibility [J]. Fuzzy Sets and Systems, 2002 (100): 9-34.

[56] Li D. Y., Zhang G. B., Li M. Q. The diagnosis of abnormal assembly quality based on fuzzy relation equations [J]. ADV MECH, 2015 (1): 1-9.

[57] M. H. Fazel Zarandi，A. Alaeddini，I. B. Turksen. A hybrid fuzzy adaptive sampling-run rules for shewhart control charts [J]. Information Sciences，2008，178 (4)：1152-1170.

[58] M. Matcovschi，C. Popescu，O. Pastravanu. A new approach to hybrid system simulation：Development of a Simulink Library for Petri Net Models [J]. Sintes，2005 (12)：125-130.

[59] Medhat H. A. Awadalla1 I. I. Ismaeil1. Spiking neural network -based control chart pattern recognition [J]. Journal of Engineering and Technology Research，2011，3 (1)：5-15.

[60] Ming J. Zuo，Jing Lin，Xianfeng Fan. Feature separation using ICA for a one-dimensional time series and its application in fault detection [J]. Journal of Sound and Vibration，2005，287 (3)：614-624.

[61] Morabi Z. S.，Owlia M. S.，Bashiri M. Multi-objective design of control charts with fuzzy process parameters using the hybrid epsilon constraint PSO [J]. Appl Soft Comput，2015 (30)：390-399.

[62] Murat Gülbay，Cengiz Kahraman，Da Ruan. A-cut fuzzy control charts for linguistic data [J]. International Journal of Intelligent System，2004 (19)：1173-1195.

[63] Murat Gülbay，Cengiz Kahraman. An alternative approach to fuzzy control charts：Direct fuzzy approach[J]. Information Sciences，2007，177(6)：1463-1480.

[64] Murat Gülbay，Cengiz Kahraman. Development of fuzzy process control charts and fuzzy unnatural pattern analyses [J]. Computational Statistics & Data Analysis，2006，51 (1)：434-451.

[65] Nelson L. S. Intepreting Shewhart X-bar Control Charts [J]. Journal of Quality Technology，2985 (17)：114-116.

[66] Niaki Seyed Taghi Akhavan，Abbasi Babak. Fault diagnosis in multivariate control charts using artificial neural networks [J]. Quality and Reliability Engineering International，2005，21 (8)：825-840.

[67] P. Grzegorzewski，O. Hryniewicz. Soft methods in statistical quality control [J]. Control Cybern，2000 (29)：119-140.

[68] Pappis C. P.，Karacapilidis N. I. Application of a similarity measure of fuzzy sets to fuzzy relational equations [J]. Fuzzy Sets and Systems，1995 (2)：135-

142.

[69] Pearn W. L., Kotz S., Johnson N. L. Distributional and inferential properties of process control indices [J]. Journal of Quality Technology, 1992, 24 (4): 216-231.

[70] Pugh G. A. Synthetic neural networks for process control [J]. Computers & Industrial Engineering, 1989, 17 (1-4): 24-26.

[71] R. Davidrajuh. Developing a new petri net tool for simulation of discrete event systems [C]. AICMS 08. Second Asia International Conference on Modeling & Simulation, 2008: 861-866.

[72] R. S. Guh. Simultaneous process mean and variance monitoring using artificial neural networks [J]. Computers and Industrial Engineering, 2010, 58 (4): 739-753.

[73] R. S. Guh, J. D. T. Tannock, C. O. Brien. IntelliSPC: A hybrid intelligent tool for on-line economical statistical process control [J]. Expert Systems with Applications, 1999 (17): 195-212.

[74] R. S. Guh, J. D. T. Tannock. Recognition of control chart concurrent patterns using a neural network approach [J]. International Journal of Production Research, 1999, 37 (8): 1743-1765.

[75] R. S. Guh. Integrating artificial intelligence into on-line statistical process control [J]. The International Journal of Quality and Reliability Management, 2003 (19): 1-20.

[76] R. S. Guh. Robustness of the neural network based control chart pattern recognition system to non-normality [J]. The International Journal of Quality and Reliability Management, Bradford, 2002, 19 (1): 97-112.

[77] Rotshtein A. P., Rakytyanska H. B. Optimal design of rule-based systems by solving fuzzy relational equations [J]. Issues and Challenges in Artificial Intelligence, 2014 (559): 167-178.

[78] S. Mousavi, Reynolds, M. R. Jr. A Cusum chart for monitoring a proportion with autocorrelated binary observations [J]. Journal of Quality Technology, 2009, 41 (4): 401-414.

[79] Sevil Şentürk, Nihal Erginel, Hsan Kaya, Cengiz Kahraman. Fuzzy exponentially weighted moving average control chart for univariate data with a real

case application [J]. Applied Soft Computing, 2014, 22 (9): 1-10.

[80] Shahryar Sorooshian. Fuzzy approach to statistical control charts [J]. Journal of Applied Mathematics, 2013 (19): 4499-4588.

[81] Shieh B. S. Solutions of fuzzy relation equations based on continuous tnorms [J]. Information Science, 2007 (19): 4208-4215.

[82] Shih-Yen Lin, Ruey-Shiang Guh, Yeou-Ren Shiue. Effective recognition of control chart patterns in autocorrelated data using a support vector machine based approach [J]. Computers & Industrial Engineering, 2011 (4): 1123-1134.

[83] Shu M. H., Wu H. C. Fuzzy and R control charts: Fuzzy dominance approach [J]. Computers & Industrial Engineering, 2011, 61 (3): 676-685.

[84] Sorooshian S., Sorooshian S. Fuzzy approach to statistical control charts [J]. Journal of Applied Mathematics and Compating, 2013 (19): 4499-4588.

[85] Tsai C. C. Measuring process capability index Cpk with fuzzy data [J]. Journal of Information and Optimization Sciences, 2006, 27 (3): 733-746.

[86] Tsai C. C., Chen C. C. Making decision to evaluate process capability index Cp with fuzzy numbers [J]. International Journal of $\bar{X}$ Advanced Manufacturing Technology, 2006 (30): 334-339.

[87] Zahra Sorayanezhad Morabi, Mohammad Saleh Owlia, Mahdi Bashiri, Mohammad Hadi Doroudyan. Multi-objective design of control charts with fuzzy process parameters using the hybrid epsilon constraint PSO [J]. Applied Soft Computing, 2015, 30 (5): 390-399.

[88] Zhang Jinsong, Li Qiqiang, Guo Qingqiang, Wang Zhaoxia. A simulation method of controlled Hybrid Petri nets based on matlab simulink/stateflow [C]. 2007 IEEE International Conference on Automation and Logistics, 2007.

[89] Zhiqiang Cheng, Yizhong Ma. A research about pattern recognition of control chart using probability neural network [C]. 2008 ISECS International Colloquium on Computing, Communication, Control, and Management, 2008 (2): 140-145.

[90] Zhong R. Y., Dai Q. Y., Qu T., Hu G. J., Huang G. Q. RFID-enabled real-time manufacturing execution system for mass-customization production [J]. Robotics and computer integrated Manufacturing, 2013, 29 (2): 283-292.

［91］ Zhong R. Y.， Huang G. Q.， Dai Q. Y.， Zhang T. Mining SOTs and dispatching rules from RFID -enabled Real -time shop floor production data［J］. Journal of Intelligent Manufacturing，2014，25（4）：825–843.

［92］ Zhou J.， Yu Y.， Liu Y. Solving nonlinear optimization problems with bipolar fuzzy relational equation constraints［J］. Jinequal Appl，2016（1）：1–10.

［93］陈江红，李宏光. 基于 Matlab 环境的 Petri 网的仿真方法［J］. 微计算机信息，2003（12）：103–104.

［94］巩敦卫，许世范. 基于模糊模式识别的选煤厂工序失控原因诊断系统［J］. 系统工程理论与实践，2000（11）：135–138.

［95］何曙光，齐二石，何桢. 基于投影变换的多元统计过程控制与诊断模型［J］. 天津大学学报，2008，41（12）：1512–1517.

［96］侯世旺，刘永姜，温海骏. Minitab 质量控制在炼钢车间的应用研究［J］. 计算机工程与应用，2011，47（14）：237–241.

［97］侯世旺，同淑荣，马飞. 基于模糊阈值的质量控制图模糊诊断系统［J］. 计算机集成制造系统，2009，15（10）：2039–2044.

［98］侯世旺，同淑荣. 基于模糊数的不确定质量控制图及其选型研究［J］. 计算机集成制造系统，2012，18（2）：415–421.

［99］侯世旺，同淑荣. 基于模糊数的模糊过程质量控制图研究［J］. 郑州大学学报（工学版），2008，29（1）：39–43.

［100］侯世旺，同淑荣. 基于神经网络——模糊集的多元过程质量异常检测及分类［J］. 制造业自动化，2008，30（2）：86–91.

［101］侯世旺，同淑荣. 基于小波重构的控制图并发异常模式识别方法研究［J］. 计算机工程与应用，2008，44（28）：18–21.

［102］侯世旺，朱慧明，李荣. 基于 Simulink 仿真的质量控制图不确定异常模式识别［J］. 计算机应用，2012，32（10）：2940–2943.

［103］侯世旺，朱慧明，李瑞琴，同淑荣. 制造过程不确定质量异常诊断的 Stateflow 方法［J］. 系统工程理论与实践，2013，33（3）：733–741.

［104］侯世旺，朱慧明，夏莉. 基于模糊统计的不确定质量特性控制图研究［J］. 统计与决策，2016（16）：25–28.

［105］侯世旺，朱慧明. 基于模糊关系方程和遗传算法的质量异常原因诊断方法［J］. 计算机集成制造系统，2012，18（12）：2736–2743.

［106］侯世旺，朱慧明. 基于模糊统计的不确定质量特性过程能力指数计算

模型 [J]. 统计与决策，2016 (1)：22-24.

[107] 黄勇，张友良，汪惠芬，王志亮. 基于广义随机 Petri 网的可视化建模与仿真工具 [J]. 计算机集成制造系统，2004 (8)：892-897.

[108] 李刚，王霄，蔡兰. 基于神经网络的控制图模式识别技术研究 [J]. 制造业自动化，2000 (5)：31-34.

[109] 李孟清，张春良，杨叔子等. 质量管理图中趋势模态及阶跃模态的模糊神经网络识别 [J]. 中国机械工程，2004 (22)：1998-2000.

[110] 李乃永，王林先. 基于 MATLAB 状态流和故障信息网的保护动作分析方法 [J]. 电力系统自动化，2008 (13)：67-70.

[111] 卢娟，刘飞. 基于规范变量分析的化工单元多变量统计监控 [J]. 计算机与应用化学，2007，24 (2)：247-250.

[112] 陶继平，徐文艳，杨根科，王豪. 基于 Stateflow 的 Petri 网仿真方法 [J]. 计算机仿真，2006 (12)：96-99.

[113] 王斌会. 两类过程能力指数的计算及比较 [J]. 统计与决策，2008 (17)：147-148.

[114] 王洪刚，韩文秀. 基于 MATLAB 小波工具箱的开发与应用 [J]. 微型机与应用，2002 (5)：52-54.

[115] 王华忠，俞金寿. 核函数方法及其在过程控制中的应用 [J]. 石油化工自动化，2005 (1)：25-30.

[116] 吴常坤，赵丽萍. 基于小波分析和 SVM 的控制图模式识别[J]. 中国机械工程，2010，21 (13)：1572-1576.

[117] 徐湖，潘尔顺. 基于改进人工神经网络的 SMT 质量智能鉴别 [J]. 工业工程与管理，2009，14 (6)：54-55.

[118] 杨剑锋，徐济超，常广庶等. 基于 Taguchi 过程能力指数的合格率评价 [J]. 系统工程，2005，23 (8)：99-103.

[119] 姚杰，倪秀晖，陈超. 基于 Simulink 与 Stateflow 的船舶避碰决策支持系统仿真 [J]. 系统仿真学报，2007 (12)：2768-2771.

[120] 曾小伟，向华，陈吉红，黄菲. Petri 网可视化工具的设计与实现 [J]. 华中科技大学学报（自然科学版），2002 (6)：43-45.

[121] 张剑，李从东. 基于控制图的模糊资料判别研究 [J]. 工业工程，2006 (1)：104-106.

[122] 张克勇，侯世旺，周国华. 不确定需求下供应链定价延迟策略研究

[J]. 管理工程学报，2014，28（1）：195-201.

［123］ 赵方方，何桢. 基于 SVM 的控制图模式识别方法研究［J］. 组合机床与自动化加工技术，2009（8）：1-4.

［124］ 赵永满，何桢，何曙光等. 基于 PSO 的支持向量机多元控制图均值偏移诊断模型［J］. 天津大学学报，2013，46（5）： 469-475.